Escritos sobre a História

Coleção Debates
Dirigida por J. Guinsburg

Equipe de Realização – Tradução: J. Guinsburg e Tereza Cristina Silveira da Mota; Revisão: Angélica Dogo Pretel e Vera Lúcia B. Bolognani; Produção: Ricardo W. Neves, Sergio Kon e Juliana Sergio.

fernand braudel
ESCRITOS SOBRE A HISTÓRIA

PERSPECTIVA

Título do original em francês
Écrits sur l'Histoire

Copyright © 1969, Flamarion, Paris

CIP-Brasil. Catalogação-na-Fonte
Sindicato Nacional dos Editores de Livros, RJ

Braudel, Fernand, 1902-1985.
 Escritos sobre a história / Fernand Braudel; [tradução J. Guinsburg e Tereza Cristina Silveira da Mota]. – 3. ed. São Paulo: Perspectiva, 2014. – (Debates; 121 / dirigida por J. Guinsburg)

 Título original: Écrits sur l'histoire.
 1. reimpr. da 3. ed. de 2013.
 Bibliografia.
 ISBN 978-85-273-0334-7

 1. História – Coletâneas I. Guinsburg, J. II. Título. III. Série.

05-4914   CDD: 902

Índices para catálogo sistemático:
1. História: Artigos e estudos : Coletânea   902

3ª edição – 1ª reimpressão
[PPD]
Direitos reservados em língua portuguesa à

EDITORA PERSPECTIVA LTDA.

Av. Brigadeiro Luís Antônio, 3025
01401-000 São Paulo SP Brasil
Telefax: (11) 3885-8388
www.editoraperspectiva.com.br

2019

SUMÁRIO

Prefácio 7

I. OS TEMPOS DA HISTÓRIA

   1. O Mediterrâneo e o Mundo Mediterrâneo à
      Época de Filipe II. Extraído do Prefácio 13
   2. Posições da História em 1950 17

II. A HISTÓRIA E AS OUTRAS CIÊNCIAS
    DO HOMEM

   3. História e Ciências Sociais. A Longa Duração ... 41
   4. Unidade e Diversidade das Ciências do Homem 79
   5. História e Sociologia 91
   6. Para uma Economia Histórica 115
   7. Para uma História Serial: Sevilha e o Atlântico
      (1504-1650) 125

    8. Há uma Geografia do Indivíduo Biológico? 143
    9. Sobre uma Concepção da História Social 161
    10. A Demografia e as Dimensões das Ciências do Homem 177

III. HISTÓRIA E TEMPO PRESENTE

    11. No Brasil Baiano: O Presente Explica o Passado 219
    12. A História das Civilizações: O Passado Explica o Presente 235

Bibliografia 289

PREFÁCIO

A origem desta coletânea me é estranha. Meus amigos poloneses, primeiro, e depois os espanhóis, decidiram há dois ou três anos, traduzir e reunir num volume alguns artigos e estudos que publiquei no decorrer dos últimos vinte anos sobre a própria natureza da história. Daí derivou por fim esta coletânea francesa. Caso contrário, teria eu pensado nisso por mim mesmo? É a questão que me proponho no momento em que acabo de ler-lhe as provas.

Como toda e qualquer pessoa, sem dúvida, não reconheço minha voz quando escuto seu registro. Tampouco, não estou certo, na leitura, de reconhecer imediatamente o que se chama reconhecer, meu pensamento de ontem. Antes de tudo, esses artigos relidos um após o outro evocam para mim circunstâncias antigas. Revejo-me com Henri Brunschwig medindo o campo de Lübeck durante nossa interminável prisão; jantando à rua Vaneau, em casa de Georges Gurvitch; mais frequentemente ainda, conversando com

7

Lucien Febvre, ou antes, ouvindo-o como em determinado fim de tarde em Souget, sua casa do Jura, quando a noite, sob os cedros do jardim, nos engolira a todos na sua sombra já de há muito. Um pensamento alimentado de tantos ecos, de lembranças, onde as vozes ouvidas revivem naturalmente, é o meu pensamento? Sim e não. Desde então tantas coisas se passaram, tantas coisas novas me assediam hoje! Visto que não sou um homem de polêmica, que sou atento a meu caminho, a meu caminho só, chego – diálogo e polêmica sendo uma dupla necessidade que não se pode evitar – a dialogar, a polemizar comigo mesmo, a me despreender naturalmente de textos pelos quais, evidentemente, permaneço responsável. Foi o mesmo sentimento ontem que me levou a reescrever *La Méditerranée*.

Desta vez, não se tratava de reescrever. Salvo mínimas correções materiais, estas páginas aparecem sob sua forma original e com sua data. É pois lógico que eu as olhe um pouco de longe e no seu conjunto. Agrada-me que esse conjunto seja coerente. Reencontro aí, sem cessar, essa preocupação que, ainda hoje, me leva a confrontar a história – nosso ofício com outras ciências tão vivas do homem; a ver as luzes que elas projetam no campo de nosso trabalho e o que o historiador, em contrapartida, poderia trazer a nossos vizinhos, tão reticentes em solicitar e até mesmo em escutar nossa opinião.

O entendimento útil deveria fazer-se (digo-o e repito-o insistindo) sobre a longa duração, essa estrada essencial da história, não a única mas que coloca por si só todos os grandes problemas das estruturas sociais, presentes e passadas. É a única linguagem que liga a história ao presente, convertendo-a em um todo indissolúvel. Talvez eu ainda tivesse o tempo de me explicar a respeito dessa preocupação essencial, do lugar da história na sociedade atual cujas inovações se precisam em nosso horizonte, da maneira pela qual a história se enraíza na sociedade onde vive o historiador. Pois a única coisa que me apaixona em nosso mister, é o que ela explica da vida dos homens a tecer-se sob nossos olhos, com face à modificação ou à tradição, aquiescências e reticências, recusas, cumplicidades ou abandonos.

A presente coletânea não aborda esses problemas. Esboça-lhes somente a circunferência. Não quis insinuar nos intervalos vazios as páginas de meus cursos, nos últimos anos sobre a convergência das ciências humanas, o lugar da estatística, o papel dos computadores, as possibilidades de um entendimento com a Psicologia Social e a Psicanálise, ou com a ciência política tão lenta em tornar-se científica. Mais que a renovação dos setores, o problema continua sendo o da globalidade.

A parte mais difícil dessa reestruturação de conjunto das ciências do homem, refere-se sempre a nossas relações cruciais com a Sociologia, ciência maciça e confusa de todas as riquezas de ontem e de amanhã. Desde o desaparecimento de Georges Gurvitch, a fragmentação da Sociologia tornou-se a regra ou a moda. Interdita-nos, a nós que estamos fora de suas pesquisas próprias, uma saída ou um fácil acesso. Que sociólogo retomaria hoje a seu cargo a sociedade global de Georges Gurvitch? Ora, temos necessidade desses utensílios, desses conceitos para nos integrar se possível no trabalho de nossos vizinhos. Numa discussão recente – e que, uma vez mais achei decepcionante – com especialistas das ciências sociais, I. Chiva sorrindo me aconselhava e aconselhava aos historiadores a fabricar a nossa sociologia, pois que os sociólogos não no-la oferecem inteiramente pronta. Em seguida, construir nossa economia, nossa psicologia... É possível?

Dito isto, temo, para contestar de passagem Emmanuel Le Roy Ladurie, que não haja nisso qualquer ilusão ou qualquer álibi, para afirmar, falando de uma "história estatística", que o historiador do futuro "será programador, ou não existirá". O programa do programador, é o que me interessa. No momento ele deveria visar à reunião das ciências do homem (pode-se fabricar para eles, graças à informática, uma linguagem comum?) mais que o aperfeiçoamento de tal ou tal canteiro de obras. O historiador de amanhã fabricará essa linguagem – ou não existirá.

I. OS TEMPOS DA HISTÓRIA

1. O MEDITERRÂNEO E O MUNDO MEDITERRÂNEO À ÉPOCA DE FILIPE II

Extraído do prefácio[1]

Este livro[1] divide-se em três partes, sendo cada uma, por si mesma, uma tentativa de explicação.

A primeira põe em questão uma história quase imóvel, a do homem em suas relações com o meio que o cerca; uma história lenta no seu transcorrer e a transformar-se, feita com frequência de retornos insistentes, de ciclos incessantemente recomeçados. Não quis negligenciar essa história, quase fora do tempo, ao contato das coisas inanimadas, nem me contentar, relativamente a ela, com essas tradicionais introduções geográficas à história, inutilmente coloca-

---

1. O livro acabado em 1946, foi publicado em 1949: *La Méditerranée et le monde méditerranéen à l'époque de Philippe II*, Paris, Armand Colin, XV + 1160 p., in-8°; 2.ª ed. revista e aumentada, *ibid.*, 1966, 2 v., 589 e 629 p., in 8v. Cf. p. XIII e XIV da 1ª ed.

das ao limiar de tantos livros, com suas paisagens minerais, suas lavras e suas flores que as pessoas mostram rapidamente e das quais em seguida não mais tomam conhecimento, como se as flores não voltassem a cada primavera, como se os rebanhos parassem em seus deslocamentos, como se os navios não tivessem de vogar sobre um mar real, que muda com as estações.

Acima dessa história imóvel, uma história lentamente ritmada, dir-se-ia de bom grado, não fosse a expressão desviada de seu sentido pleno, uma história *social*, a dos grupos e dos agrupamentos. Como é que essas ondas do fundo levantam o conjunto da vida mediterrânea? Eis o que me perguntei na segunda parte de meu livro, estudando sucessivamente as economias e os Estados, as sociedades, as civilizações, tentando enfim, para melhor esclarecer minha concepção da história, mostrar como todas essas forças de profundidade agem no domínio complexo da guerra. Pois a guerra, nós o sabemos, não é puro domínio de responsabilidades individuais.

Terceira parte, enfim, a da história tradicional, se quisermos, da história à dimensão não do homem, mas do indivíduo, a história ocorrencial (*évènementide*) de François Simiand: uma agitação de superfície, as ondas que as marés elevam em seu poderoso movimento. Uma história com oscilações breves, rápidas, nervosas. Ultrassensível por definição, o menor passo põe em alerta todos os seus instrumentos de medida. Mas que, sendo assim, é a mais apaixonante, a mais rica em humanidade, a mais perigosa também. Desconfiemos dessa história ainda ardente, tal como os contemporâneos a sentiram, descreveram, viveram, no ritmo de sua vida, breve como a nossa. Ela tem a dimensão de suas cóleras, de seus sonhos e de suas ilusões. No século XVI, após o verdadeiro Renascimento, virá o Renascimento dos pobres, dos humildes, encarniçadamente empenhados em escrever, narrar e falar dos outros. Toda essa preciosa papelada é assaz deformante, invade abusivamente esse tempo perdido, toma aí um lugar que não condiz com a verdade. É para um mundo bizarro, ao qual faltaria uma dimensão, que se vê transportado o historiador-leitor dos papéis de Filipe II, como que sentado em seu lugar e porto; seguramente um mundo de vivas paixões; um mundo cego como todo mundo vivente, como o nosso, despreocupado com as histórias de profundidade, com essas águas sobre as quais nosso barco navega como o mais ébrio dos barcos. Um mundo perigoso, dizíamos, mas do qual teríamos conjurado os sortilégios e os malefícios havendo, previamente, fixado essas grandes correntes subjacentes, frequentemente silenciosas, cujo sentido só se revela quando se abarcam amplos períodos do tempo. Os acontecimentos retumbantes não são amiúde mais que instantes, que manifestações desses largos destinos e só se explicam por eles.

Assim chegamos a uma decomposição da história em planos escalonados. Ou, se quisermos, à distinção, no tempo da história, de um tempo geográfico, de um tempo social, de um tempo individual. Ou se preferimos ainda, à decomposição do homem num cortejo de personagens. É talvez isso o que menos me perdoarão, mesmo se afirmo que os cortes tradicionais fracionam, também, a história viva e entranhadamente una, mesmo se afirmo contra Ranke ou Karl Brandi, que a história-relato não é um método ou o método objetivo por excelência, mas antes uma filosofia da história; mesmo se afirmo e mostro em seguida, que esses planos não pretendem ser mais que meios de exposição, que não estou proibido, no caminho, de ir de um a outro... Mas de que serve pleitear? Se me reprovam por ter reunido mal os elementos desse livro, espero que se encontrarão os fragmentos convenientemente fabricados, segundo as regras de nossos canteiros de obras.

Espero também que não me reprovarão minhas ambições demasiado largas, meu desejo e minha necessidade de ver em ampla escala. A história talvez esteja condenada a estudar somente jardins bem fechados por muros. Do contrário, não falharia em uma de suas tarefas presentes, que é também responder aos angustiantes problemas da hora, manter-se em ligação com as ciências tão jovens, mas tão imperialistas como são as ciências do homem? Pode haver um humanismo atual, em 1946, sem história ambiciosa, consciente de seus deveres e de seus imensos poderes? "Foi o medo da grande história que matou a grande história", escrevia Edmond Faral em 1942. Possa ela reviver!

2. POSIÇÕES DA HISTÓRIA EM 1950[1]

A história se encontra, hoje, diante de responsabilidades temíveis, mas também exaltantes. Sem dúvida porque jamais cessou, em seu ser e em suas mudanças, de depender de condições sociais concretas. "A história é filha de seu tempo." Sua inquietude é pois a própria inquietude que pesa sobre nossos corações e nossos espíritos. E se seus métodos, seus programas, suas respostas mais precisas e mais seguras ontem, se seus conceitos estalam todos de uma só vez, é sob o peso de nossas reflexões, de nosso trabalho e, mais ainda, de nossas experiências vividas. Ora, essas experiências, durante estes últimos quarenta anos, foram particularmente cruéis para todos os homens; elas nos lançaram, violentamente, no mais profundo de nós mesmos e, além, no destino conjunto dos homens, isto é, nos problemas cruciais da história. Ocasião de nos apiedar, de sofrer, de pensar, de

1. Lição inaugural no Collège de France feita a 1º de dezembro de 1950.

recolocar forçosamente tudo em questão. Aliás, por que a frágil arte de escrever a história escaparia à crise geral de nossa época? Abandonamos um mundo sem sempre termos tido tempo de conhecer ou mesmo de apreciar seus benefícios, seus erros, suas certezas e seus sonhos – diremos o mundo do primeiro século XX? Nós o deixamos, ou antes, ele se subtrai inexoravelmente, diante de nós.

I

As grandes catástrofes não são forçosamente as produtoras, mas são seguramente as anunciadoras infalíveis das revoluções reais, e constituem sempre uma intimação a ter que pensar, ou melhor, repensar o universo. Da tormenta da grande Revolução Francesa, que, durante anos, foi toda a história dramática do mundo, nasce a meditação do Conde de Saint-Simon, depois as de seus discípulos inimigos, Auguste Comte, Proudhon, Karl Marx, que não cessaram, desde então, de atormentar os espíritos e os raciocínios dos homens... Pequeno exemplo mais próximo de nós: durante o inverno seguinte à guerra franco-alemã de 1870-1871, que testemunho mais ao abrigo do que Jacob Burckhardt em sua querida Universidade de Basileia! E, entretanto, visita-o a inquietude, pressiona-o uma necessidade de grande história. Seu curso versa, naquele semestre, sobre a Revolução Francesa. Ela não é, declara numa profecia muito justa, senão um primeiro ato, um levantar de cortina, o instante inicial de um ciclo, de um século de revoluções, destinado a durar... Século interminável, na verdade, e que marcará com seus traços rubros a estreita Europa e o mundo inteiro. Entretanto, de 1871 a 1914, uma longa trégua iria percorrer o Ocidente. Mas quem dirá quanto esses anos relativamente pacíficos, quase felizes, iriam progressivamente restringir a ambição da história, como se nosso mister para estar alerta necessitasse sempre do sofrimento e da insegurança flagrante dos homens.

Posso dizer com que emoção li, em 1943, a última obra de Gaston Roupnel, *Historie et Destin*, livro profético, alucinado, meio perdido no sonho mas transportado por tanta piedade pelo "sofrimento dos humanos"? Escrever-me-ia mais tarde:

> Comecei (esse livro) nos primeiros dias de julho de 1940. Acabava de ver passar, na minha vila de Gevrey-Chambertin, sobre a grande estrada nacional, as ondas do êxodo, do doloroso êxodo, as pobres pessoas, os carros, as carroças, as pessoas a pé, uma lamentável humanidade, toda a miséria das estradas, e isso em confusão com as tropas, soldados sem armas... Esse pânico imenso, era isso a França!... Em meus velhos dias, aos infortúnios irremediáveis da vida privada, juntar-se-ia o sentimento do infortúnio público, nacional...

Mas, ao vento da infelicidade, das últimas meditações de Gaston Roupnel, a história, a grande, a aventurosa história, tornava a partir, todas as velas infladas. Michelet tornava a ser seu Deus: "parece-me, escrevia-me ainda, o gênio que preenche a história".

Nossa época é muito rica em catástrofes, em revoluções, em lances teatrais, em surpresas. A realidade do social, a realidade entranhada do homem se descobre nova a nossos olhos e, queira-se ou não, nossa velha profissão de historiador não cessa de desabrochar e de reflorir em nossas mãos... Sim, quantas mudanças! Todos os símbolos sociais, ou quase todos – e alguns pelos quais seríamos mortos ontem sem discutir muito – esvaziaram-se de seu conteúdo. A questão é saber se nos será possível, não viver, mas viver e pensar pacificamente sem suas indicações e à luz de seus faróis. Todos os conceitos intelectuais curvaram-se ou romperam-se. A ciência sobre a qual, profanos, nos apoiávamos mesmo sem o saber, a ciência, esse refúgio e essa nova razão de viver do século XIX, transformou-se brutalmente, de um dia para outro, a fim de renascer para uma vida diferente, prestigiosa, mas instável, sempre em movimento, mas inacessível, e, sem dúvida, jamais teremos outra vez o tempo nem a possibilidade de reencetar com ela um diálogo conveniente. Todas as ciências sociais, inclusive a história, evoluíram semelhantemente, de maneira menos espetacular, mas, não menos decisiva. Um novo mundo, por que não uma nova história?

Também evocaremos com ternura e um pouco de irreverência nossos mestres de ontem e de anteontem. Que se nos perdoe! Eis o diminuto livro de Charles-Victor Langlois e de Charles Seignobos, essa *Introduction aux études historiques*, publicada em 1897, hoje sem alcance, mas ontem e durante longos anos, obra decisiva. Espantoso ponto de parada. Desse livro remoto, cheio de princípios e de recomendações miúdas, se desprenderia, sem muito esforço, um retrato do historiador no início deste século. Imaginai um pintor, um paisagista. Diante dele, árvores, casas, colinas, estradas, toda uma paisagem tranquila. Tal é, em face do historiador, a realidade do passado – uma realidade verificada, escovada, reconstruída. Dessa paisagem nada devia escapar ao pintor, nem esses silvados, nem essa fumaça... Nada omitir: contudo, o pintor esquecerá sua própria pessoa, pois o ideal seria suprimir o observador, como se fosse preciso surpreender a realidade sem assustá-la, como se fora de nossas reconstruções, a história fosse tomada no estado nascente, portanto no estado de matérias brutas, de fatos puros. O observador é fonte de erros, contra ele a crítica deve permanecer vigilante.

O instinto natural de um homem na água, escrevia sem sorrir Charles-Victor Langlois, é fazer tudo o que é preciso para se afogar; aprender a nadar é adquirir o hábito de reprimir os movimentos espontâneos e executar outros. Do mesmo modo, o hábito da crítica não é natural; é preciso que seja inculcado, e somente se torna orgânico por exercícios repetidos. Assim, o trabalho histórico é um trabalho crítico por excelência; quando nos entregamos a ele sem estarmos previamente prevenidos contra o instinto, nos afogamos nele.

Nada temos a dizer contra a crítica dos documentos e materiais da história. O espírito histórico é crítico em sua base. Mas é também, além das cautelas que evidentemente se impõem, é reconstrução, o que Charles Seignobos soube dizer, com sua inteligência aguda, por duas ou três vezes. Mas, após tantas precauções, isso seria suficiente para preservar o entusiasmo necessário à história?

Certamente, se fossemos mais longe, nossa volta ao começo, se nos dirigíssemos, dessa vez, a três grandes es-

píritos, um Cournot, um Paul Lacombe, esses precursores
– ou a três grandes historiadores, um Michelet sobretudo,
um Ranke, um Jacob Burckhardt, um Fustel de Coulanges,
seu gênio nos impediria de sorrir. Entretanto – excetuando-
-se talvez Michelet, que ainda é o maior de todos, no qual
há tantos relâmpagos e premonições geniais – entretanto,
não é menos verdadeiro que suas respostas não concorda-
riam com nossas perguntas: historiadores de hoje, temos o
sentimento de pertencer a uma outra era, a uma outra aventura do espírito. Sobretudo, nosso mister não mais nos
parece essa empresa calma, segura, com justos prêmios
somente concedidos ao trabalho e à paciência. Ele não nos
deixa essa certeza de haver cingido a matéria inteira da
história que, para se nos entregar, não esperaria mais que
nossa coragem aplicada. Seguramente, nada é mais estranho ao nosso pensamento do que essa observação de Ranke
ainda jovem, em 1817, que, numa apóstrofe entusiasta a
Goethe, falava com fervor "do terreno sólido da história".

II

É uma tarefa difícil – previamente condenada – dizer
em algumas palavras o que verdadeiramente mudou no
domínio de nossos estudos e, sobretudo, como e por que a
modificação se operou. Mil pormenores nos solicitam. Albert Tribaudet pretendia que as verdadeiras reviravoltas são
sempre simples no plano da inteligência. Então, onde se
situa essa pequena coisa simples, essa inovação eficaz? Certamente, não nessa falência da filosofia da história, preparada muito tempo antes e em cujas ambições e conclusões
precoces ninguém mais aceitava, mesmo antes do início
deste século. Tampouco, na bancarrota de uma história-ciência, aliás, apenas esboçada. Só havia ciência, dizia-se ontem, capaz de prever: devia ser profética ou não existir...
Pensaríamos hoje que nenhuma ciência social, inclusive a
história, é profética e, por conseguinte, segundo as antigas
regras do jogo, nenhuma delas teria direito ao belo nome de
ciência. Além disso, somente haveria profecia, notai-o bem,

se houvesse continuidade da história, o que os sociólogos, não todos os historiadores, colocam violentamente em dúvida. Mas para que discutir sobre essa tumultuosa palavra ciência e sobre todos os falsos problemas que daí derivam? Para que empenhar-se no debate, mais clássico, porém, ainda mais estéril, da objetividade e da subjetividade na história do qual não nos libertaremos enquanto os filósofos, talvez por hábito, nele se demorarem, enquanto não ousarem perguntar a si mesmos que as ciências mais gloriosas do real não são, também, objetivas e subjetivas ao mesmo tempo. Por nós, que nos resignaríamos sem esforço a não crer na obrigação da antítese, aliviaríamos de bom grado desse debate nossas habituais discussões de método. Não é entre pintor e quadro, ou mesmo, audácia que se julgou excessiva, entre quadro e paisagem que se situa o problema da história, mas na própria paisagem, no coração da vida.

Como a própria vida, a história se nos aparece como um espetáculo fugidio, movediço, feito do entrelaçamento de problemas inextrincavelmente misturados e que pode tomar, alternadamente, cem aspectos diversos e contraditórios. Como abordar e fragmentar essa vida complexa, para poder apreendê-la ou ao menos aprender alguma coisa nela? Numerosas tentativas poderiam nos desencorajar de antemão.

Assim não mais cremos na explicação da história por este ou aquele fator dominante. Não há história unilateral. Não a dominam exclusivamente, nem o conflito das raças cujos choques ou acordo teriam determinado todo o passado dos homens; nem os poderosos ritmos econômicos, fatores de progresso ou de ruína; nem as constantes tensões sociais; nem esse espiritualismo difuso de um Ranke pelo qual se sublimam, para ele, o indivíduo e a vasta história geral; nem o reino da técnica; nem o impulso demográfico, esse impulso vegetal com suas consequências de a retardar sobre a vida das coletividades. O homem é complexo de outro modo.

Contudo, essas tentativas, para reduzir o múltiplo ao simples ou ao quase simples, significaram um enriquecimento sem precedente, desde mais de um século, de nossos estudos históricos. Colocaram-nos progressivamente no caminho da superação do indivíduo e do evento, superação prevista muito tempo antes, pressentida, entrevista, mas que, na sua plenitude, acaba de realizar-se somente diante de nós. Ali está talvez o passo decisivo que implica e resume todas as transformações. Não negamos, para tanto, a realidade dos eventos ou o papel dos indivíduos, o que seria pueril. Ainda assim cumpriria notar que, na história, o indivíduo é, muito frequentemente, uma abstração. Não há jamais na realidade viva, indivíduo encerrado em si mesmo; todas as aventuras individuais se fundem numa realidade mais complexa, a do social, uma realidade "entrecruzada", como diz a Sociologia. O problema não consiste em negar o individual a pretexto de que foi afetado pela contingência, mas em ultrapassá-lo, em distingui-lo das forças diferentes dele, em reagir contra uma história arbitrariamente reduzida ao papel dos heróis quinta-essenciados: não cremos no culto de todos esses semideuses, ou, mais simplesmente, somos contra a orgulhosa palavra unilateral de Treitschke: "Os homens fazem a história". Não, a história também faz os homens e talha seu destino – a história anônima, profunda e amiúde silenciosa, cujo incerto mas imenso domínio, é preciso abordar agora.

A vida, a história do mundo, todas as histórias particulares se nos apresentam sob a forma de uma série de eventos: entendam atos sempre dramáticos e breves. Uma batalha, um encontro de homens de Estado, um discurso importante, uma carta capital, são instantâneos da história. Guardei a lembrança, uma noite, perto da Bahia, de ter sido envolvido por um fogo de artifício de pirilampos fosforescentes; suas luzes pálidas reluziam, se extinguiam, brilhavam de novo, sem romper a noite com verdadeiras claridades. Assim são os acontecimentos: para além de seu clarão, a obscuridade permanece vitoriosa. Uma outra lembrança permitir-me-á abreviar ainda mais o meu raciocínio. Há uns vinte anos, nos Estados Unidos, um filme anunciado muito tempo antes, produzia uma sensação sem igual. Nem mais nem menos que o primeiro filme autêntico, dizia-se, sobre a Grande Guerra, convertida desde então, muito tristemente, na Primeira Guerra Mundial. Durante mais de uma hora, nos foi dado reviver as horas oficiais do conflito, assistir a cinquenta revistas militares, umas, passadas pelo rei George V da Inglaterra, outras, pelo rei dos belgas ou pelo rei da Itália, ou pelo imperador da Alemanha, ou pelo nosso presidente Raymond Poincaré. Foi-nos dado assistir, à saída das grandes conferências diplomáticas e militares, a todo um desfile de pessoas ilustres, mas esquecidas, que a projeção saracoteada dos filmes, tornava ainda mais fantasmagóricas e irreais. Quanto à verdadeira guerra, era representada por três ou quatro truques e explosões fictícias: um cenário.

O exemplo é sem dúvida excessivo, como todos os exemplos que julgamos carregados de ensinamento. Confessai, entretanto, que frequentemente são essas tênues imagens do passado e do suor dos homens, que nos oferece a crônica, a história tradicional, a história-narrativa cara a Ranke... Clarões, mas sem claridade; fatos, mas sem humanidade. Notai que essa história-narração tem sempre a pretensão de dizer "as coisas como elas se passaram realmente". Ranke acreditou profundamente nessa palavra quando a pronunciou. Na realidade, ela se apresenta como uma interpretação, a seu modo dissimulada, como uma autêntica filosofia da história. Para ela, a vida dos homens é dominada por acidentes dramáticos; pelo jogo dos seres excepcionais que aí surgem, amiúde senhores de seu destino e mais ainda do nosso. E, quando fala de "história geral", é finalmente no entrecruzamento desses destinos excepcionais que pensa, porque é preciso que cada herói conte com um outro herói. Falaciosa ilusão, todos nós o sabemos. Ou digamos, mais equitativamente, visão de um mundo demasiado estreito, familiar, à força de ter sido prospectado e posto em questão, em jogo, onde o historiador se apraz em frequentar os príncipes desse mundo – um mundo, além disso, arrancado de seu contexto, onde se poderia crer de boa fé que a história é um jogo monótono, sempre diferente, mas sempre semelhante, como as milhares de combinações das figuras de xadrez, um jogo que coloca em questão situações sempre análogas, sentimentos sempre os mesmos, sob o signo de um eterno e impiedoso retorno das coisas.

A tarefa é justamente ultrapassar essa primeira margem da história. É preciso abordar, *em si mesmas e por si mesmas*, as realidades sociais. Entendo por isto todas as formas amplas da vida coletiva, as economias, as instituições, as arquiteturas sociais, as civilizações enfim, sobretudo elas – todas as realidades que os historiadores de ontem, certamente, não ignoraram, mas que, salvo assombrosos precursores, viram com demasiada frequência como um pano de fundo, disposto apenas para explicar, ou como se se quisesse explicar as ações de indivíduos excepcionais em torno dos quais o historiador se demora com complacência.

Imensos erros de perspectiva e de raciocínio, porque o que assim se procura harmonizar, inscrever no mesmo quadro, são movimentos que não têm nem a mesma duração, nem a mesma direção, que se integram, uns no tempo dos homens, o de nossa vida breve e fugidia, outros nesse tempo das sociedades para as quais uma jornada, um ano não significam grande coisa, para as quais, por vezes, um século inteiro não é mais que um instante de duração. Entendamo-nos: não há um tempo social com uma única e simples corrente, mas um tempo social com mil velocidades, com mil lentidões que quase nada têm a ver com o tempo jornalístico da crônica e da história tradicional. Creio assim na realidade de uma história particularmente lenta das civilizações, nas suas profundezas abissais, nos seus traços estruturais e geográficos. Por certo, as civilizações são mortais nas suas florações mais preciosas; por certo, elas brilham, depois se extinguem, para reflorir sob outras formas. Mas essas rupturas são mais raras, mais espaçadas do que se pensa. E sobretudo, elas não destroem tudo igualmente. Quero dizer que, em tal ou tal área de civilização, o conteúdo social pode renovar-se duas ou três vezes quase inteiramente sem atingir certos traços profundos de estrutura que continuarão a distingui-la fortemente das civilizações vizinhas.

Além disso, há, ainda mais lenta que a história das civilizações, quase imóvel, uma história dos homens em suas relações estreitas com a terra que os suporta e os alimenta; é um diálogo que não cessa de repetir-se, que se repete para durar, que pode mudar e muda na superfície, mas prossegue, tenaz, como se estivesse fora do alcance e da mordedura do tempo.

III

Hoje em dia, se não me engano, os historiadores começam a tomar consciência de uma nova história, de uma história pesada cujo tempo não mais se harmoniza com nossas antigas medidas. Essa história não se lhes oferece como uma fácil descoberta. Cada forma de história implica, com efeito, uma erudição que lhe corresponde. Posso dizer que todos aqueles que se ocupam dos destinos econômicos, das estruturas sociais e dos múltiplos problemas, muitas vezes de interesse menor, das civilizações, se encontram em face de pesquisas diante das quais os trabalhos dos eruditos mais conhecidos do século XVIII e mesmo do século XIX, nos parecem de uma espantosa facilidade? Uma história nova só é possível pelo enorme levantamento de uma documentação que responde a essas novas questões. Duvido mesmo que o habitual trabalho artesanal do historiador esteja na medida de nossas atuais ambições. Com o perigo que isso pode representar e as dificuldades que a solução implica, não há salvação fora dos métodos do trabalho por equipes.

Portanto, há todo um passado por reconstruir. Tarefas intermináveis se propõem e se nos impõem, mesmo para as realidades mais simples dessas vidas coletivas: quero dizer, os ritmos econômicos, de breve duração, da conjuntura. Eis bem identificada em Florença, uma crise de recuo bastante viva, entre 1580 e 1585, que iria aprofundar-se depressa e depois aplainar-se de um golpe. Pesquisas em Florença, e em torno de Florença, indicam-na por sinais tão claros quanto esses repatriamentos de mercadores florentinos que deixam então a França e a Alta Alemanha e por vezes, mais ainda, abandonam suas lojas para comprar terras na Toscana. Essa crise, tão clara à primeira ausculta-ção, seria preciso diagnosticá-la melhor, estabelecê-la cientificamente por séries coerentes de preços, trabalho local ainda – mas a questão que se coloca imediatamente é saber se a crise é toscana ou geral. Reencontramo-la depressa em Veneza, reencontramo-la facilmente em Ferrara... Mas até onde ela fez sentir sua brusca ação? Sem conhecer sua área exata, não saberíamos precisar sua natureza... Então, é mister que o historiador se ponha a caminho, e vá a todos os depósitos de arquivos da Europa, onde prospectará séries ordinariamente ignoradas pela erudição? Viagem interminável!, pois tudo lhe resta a fazer. Para o cúmulo dos embaraços, esse historiador que se preocupa com a Índia e com a China e pensa que o Extremo Oriente comandou a circulação dos metais preciosos no século XVI e, por conseguinte, o ritmo da vida econômica do mundo inteiro – esse historiador nota que a esses anos de mal-estar florentino correspondem, apenas deslocados no tempo, anos de perturbação no Extremo Oriente para o comércio das especiarias e da pimenta. Este é então retomado das frágeis mãos portuguesas por hábeis mercadores mouros e, além desses velhos frequentadores do Oceano Indico e da Sunda, pelos caravaneiros da Índia, sendo finalmente tudo engolido pela Alta Ásia e a China... Por si mesma, nesses domínios tão simples, a pesquisa acaba de fazer a volta ao mundo.

Estou justamente preocupado, com alguns jovens historiadores, em estudar a conjuntura geral do século XVI e espero entreter-vos com isso proximamente. É necessário dizer-vos, a esse respeito, que ainda é o mundo inteiro que se impõe à nossa atenção? A conjuntura do século XVI não se reduz apenas a Veneza, ou Lisboa, Antuérpia ou Sevilha, Lião ou Milão, mas é ainda a complexa economia do Báltico, os velhos ritmos do Mediterrâneo, as importantes correntes do Atlântico e as do Pacífico dos ibéricos, dos juncos chineses e omito muitos elementos de propósito. Mas é preciso dizer ainda que a conjuntura do século XVI, é igualmente de um lado o século XV e de outro, o século XVII; não é somente o movimento conjunto dos preços, mas o feixe diverso desses preços e sua comparação, uns se acelerando mais ou menos do que outros. Sem dúvida é verossímil que os preços do vinho e dos bens imóveis precedessem então todos os outros no seu curso regular. Assim se explicaria, a nossos olhos, de que maneira a terra absorveu, se assim podemos dizer, atraiu, imobilizou, a fortuna dos novos ricos. Todo um drama social. Por aí se explicaria também essa civilização invasora, obstinada, da vinha e do vinho: os preços o querem; então engrossam essas frotas de navios carregados de toneis, em direção ao norte, a partir de Sevilha, das costas portuguesas ou da Gironda; então, engrossam igualmente esses rios de carriolas, esses *carretoni* que, pelo Brenner, trazem cada ano à Alemanha os novos vinhos do Friul e da Venezia esses vinhos turvos que o próprio Montaigne terá provado no local, com prazer...

A história das técnicas, a simples história das técnicas, para além das pesquisas incertas, minuciosas, interrompidas sem cessar, pois o fio rompe-se muito frequentemente entre nossos dedos, ou, se o quereis, os documentos a interrogar faltam bruscamente; essa história das técnicas descobre, ela também, vastíssimas paisagens, coloca amplos problemas... No século XVI, o Mediterrâneo, o Mediterrâneo tomado em conjunto, conheceu toda uma série de dramas técnicos. Instala-se então a artilharia sobre a ponte estreita dos barcos, com que lentidão, aliás. Seus segredos se transmitem então às regiões do alto Nilo ou ao interior do Oriente Próximo. A cada vez, rudes consequências daí defluem... Então, outro drama e mais silencioso: produz-se uma lenta e curiosa diminuição das tonelagens marítimas. Os cascos se tornam cada vez mais medidos e leves. Veneza e Ragusa são as pátrias dos grandes cargueiros: seus veleiros de carga deslocam até mil toneladas e mais. São os grandes corpos flutuantes do mar. Mas, em breve, contra os gigantes do mar, assinala-se por toda parte a boa fortuna dos pequenos veleiros, gregos, provençais, marselheses ou nórdicos. Em Marselha, é a hora vitoriosa das tartanas, das saetas, das naves minúsculas. Poder-se-ia segurar esses esquifes no côncavo da mão; raramente ultrapassam cem toneladas. Mas, no trabalho, esses navios de bolso mostram o seu valor. O menor vento os impele; entram em todos os portos; carregam em alguns dias, em algumas horas, enquanto que os navios de Ragusa requerem semanas e meses para receberem suas cargas.

Se um desses grandes cargueiros de Ragusa apreende por acaso um leve navio marselhês, se apodera de sua carga e, lançando à água a tripulação, faz desaparecer num instante tudo que é do navio rival, o incidente ilustra, por um instante, a luta dos grandes contra os pequenos barcos do mar. Mas seria erro crer que o conflito se circunscreva ao Mar Interior. Grandes e pequenos se chocam e se devoram sobre os sete mares do mundo. No Atlântico, sua luta é a maior do século. Os ibéricos invadirão a Inglaterra? É o problema que se coloca antes, durante e após a Invencível Armada. Os nórdicos atacarão a península, e a expedição é contra Cádiz, ou atacarão o império dos ibéricos, e é Drake e Cavendish e muitos outros... Os ingleses dominam o Mancha. Os ibéricos, Gibraltar. Qual dessas supremacias é a mais vantajosa? Mas, acima de tudo, quem triunfará sobre as pesadas carracas portuguesas, os pesados galeões espanhóis ou os delgados veleiros do Norte, 1000 toneladas de um lado, 200, 100, por vezes 50, do outro? Luta amiúde desigual, ilustrada por essas gravuras da época que mostram um dos gigantes ibéricos cercado por uma nuvem de cascos liliputianos. Os pequenos importunavam os grandes, crivando-os de golpes. Quando deles se apoderam, tomam o ouro, as pedras preciosas, alguns pacotes de especiarias, e depois queimam a enorme e inútil carcaça... Mas a última palavra da história está somente nesse resumo muito claro? Se a resistência ibérica continua, é porque não obstante passam mais ou menos indenes, guiados pela mão de Deus, dizem os genoveses, os comboios de galeões que vão para as Antilhas e voltam carregados de prata; é porque as minas do Novo Mundo permanecem ao serviço dos senhores ibéricos... A história dos navios não é uma história em si. É mister ressituá-la entre as outras histórias que a rodeiam e a sustentam. Assim, a verdade, sem se recusar, se subtrai uma vez mais diante de nós.

Todo problema em equacionamento, repito-o, não cessa de se complicar, de se ampliar em superfície e em espessura, de abrir sem fim novos horizontes de labor... Terei ocasião de vos falar a respeito dessa vocação imperial do século XVI com a qual devo entreter-vos este ano e que, como imaginais não deve ser lançado somente a crédito do século XVI. Nenhum problema, jamais, se deixa encerrar num só quadro.

Se deixarmos o domínio do econômico, da técnica, pelo das civilizações, se pensarmos nessas insidiosas, quase invisíveis fendas que, num século ou dois, se convertem em fraturas profundas para além das quais tudo muda na vida e na moral dos homens, se pensarmos nessas prestigiosas revoluções interiores, então o horizonte, lento em se delinear, se alarga e se complica com mais intensidade ainda. Um jovem historiador italiano, após pacientes prospecções, tem o sentimento de que a ideia da morte e a representação da morte mudam inteiramente por volta da metade do século XV. Um profundo fosso então se abre: a uma morte celeste, voltada para o outro mundo – e calma – porta amplamente aberta por onde todo o homem (sua alma e seu corpo quase inteiro) passa sem se crispar muito antes: essa morte serena é substituída por uma morte humana, já sob o primeiro signo da razão. Resumo mal o apaixonante debate. Mas que essa nova morte, lenta na revelação da sua verdadeira face, nasce ou parece nascer muito tempo antes nas complexas regiões renanas, eis o que orienta a investigação, e nos coloca em contato com essa história silenciosa, mas imperiosa, das civilizações. Então, navegaremos além do habitual cenário da Reforma, não sem tatear, aliás, à força de precauções e de pacientes pesquisas. Será preciso ler os livros de devoção e os testamentos, colecionar os documentos iconográficos, ou, nas cidades, boas guardiãs de seus cartórios, como em Veneza, consultar os papéis dos *Inquisitori contra Bestemmie*, esses "arquivos negros" do controle dos costumes, de imprescritível valor.

Mas não basta, vós o sabeis, refugiar-se nessa necessária e interminável prospecção de novos materiais. É preciso que esses materiais sejam submetidos a métodos. Sem dúvida, estes, alguns ao menos, variam de um dia para outro. Em dez ou vinte anos, nossos métodos em economia, em estatística, têm possibilidades de perder seu valor, ao mesmo tempo em que nossos resultados serão contestados, lançados por terra: a sorte de estudos relativamente recentes aí está para no-lo dizer. É preciso também levantar essas informações, esses materiais, repensá-los à medida do homem e, além de suas especificações, tratar-se, se possível, de reencontrar a vida: mostrar como suas forças se ligam, se acotovelam ou se chocam, como também frequentemente, misturam suas águas furiosas. Retomar tudo, para tudo ressituar no quadro geral da história, para que sejam respeitadas, não obstante as dificuldades, as antinomias e as contradições entranhadas, a unidade da história que é a unidade da vida.

Tarefas demasiado árduas, direis. Pensa-se sempre nas dificuldades de nossa profissão; sem querer negá-las, não é possível assinalar, por uma vez, suas insubstituíveis comodidades? Ao primeiro exame, não podemos destacar o essencial de uma situação histórica, quanto a seu dever? Das forças em luta, sabemos quais as que prevalecerão, discernimos antecipadamente os acontecimentos importantes, "os que terão consequências", às quais o futuro será finalmente entregue. Privilégio imenso! Quem saberia, nos fatos confusos da vida atual, distinguir tão seguramente o durável do efêmero? Ora, essa distinção situa-se no coração da pesquisa das ciências sociais, no coração do conhecimento, no coração dos destinos do homem, na zona de seus problemas capitais... Historiadores, somos sem esforço introduzidos nesse debate. Quem negará, por exemplo, que a imensa questão da continuidade e da descontinuidade do destino social, que os sociólogos discutem, seja, por excelência, um problema de história? Se grandes cortes retalham os destinos da humanidade, se, no dia seguinte de sua retaliação, tudo se apresenta em termos novos e nada mais valem nossos instrumentos ou nossos pensamentos de ontem – a realidade desses cortes depende da história. Há, ou não há, excepcional e breve coincidência entre todos os tempos variados da vida dos homens? Imensa questão que é nossa. Toda progressão lenta acaba um dia; o tempo das verdadeiras revoluções é também o tempo que vê florir as rosas!

IV

A história foi conduzida a essas margens talvez perigosas, pela própria vida. Já o disse, a vida é nossa escola. Mas a história não foi a única a ouvir suas lições e, tendo-as compreendido, a tirar daí as consequências. De fato, aproveitou, antes de tudo, do impulso vitorioso das jovens ciências humanas, ainda mais sensíveis, do que ela própria às conjunturas do presente. Vimos nascer, renascer ou desabrochar há cinquenta anos, uma série de ciências humanas imperialistas e, cada vez, seu desenvolvimento significou para nós, historiadores, choques, complicações, depois imensos enriquecimentos. A história é talvez a maior beneficiária desses progressos recentes.

Há necessidade de expor longamente sua dívida em relação à geografia, ou à economia política, ou ainda à sociologia? Uma das obras mais fecundas para a história, talvez mesmo a mais fecunda de todas, terá sido a de Vidal de La Blache, historiador de origem, geógrafo por vocação. Diria de bom grado que o *Tableau de la géographie de la France*, publicado em 1903, ao umbral da grande história da França de Ernest Lavisse, é uma das maiores obras não apenas da escola geográfica, mas também da escola histórica francesa. Bastará uma palavra, igualmente, para assinalar o quanto a história deve à obra capital de François Simiand, filósofo que se tornou economista, e cuja voz, aqui no Collège de France, infelizmente se fez ouvir durante muito poucos anos. O que ele descobriu a respeito das crises e dos ritmos da vida material dos homens possibilitou a obra brilhante de Ernest Labrousse, a mais recente contribuição à história desses últimos vinte anos. Vede também o que a história das civilizações pôde reter do prestigioso ensinamento de Marcel Mauss, que foi uma das glórias autênticas do Collège de France. Quem melhor que ele nos ensinou, a nós historiadores, a arte de estudar as civilizações nos seus câmbios e seus aspectos friáveis, a segui-las nas suas realidades rudimentares, fora dessa zona de excelência e de qualidade onde a história de ontem, a serviço de todas as vedetas do dia, deleitou-se por muito tempo e de maneira demasiado exclusiva? Direi enfim, pessoalmente, o que a sociologia de Georges Gurvitch, seus livros e mais ainda suas deslumbrantes conversas, puderam trazer-me de incitações a pensar e de novas orientações?

Não é necessário multiplicar os exemplos para explicar como a história, durante esses últimos anos, se enriqueceu com aquisições e contribuições de suas vizinhas. Verdadeiramente ela construiu com eles um novo corpo.

Ainda seria preciso convencer os próprios historiadores, constrangidos por sua formação e algumas vezes, por suas admirações. Frequentemente acontece que, sob a influência de fortes e ricas tradições uma geração inteira atravessa, sem dele participar, o tempo útil de uma revolução intelectual. Acontece também, felizmente acontece quase sempre, que alguns homens sejam mais sensíveis, mais aptos que outros para perceber essas novas correntes do pensamento de seu tempo. É evidente que foi um momento decisivo, para a história francesa, a fundação, em 1929, em Estrasburgo, dos *Annales d'histoire économique et sociale*, por Lucien Febvre e Marc Bloch. Permitir-me-ão falar deles com admiração e reconhecimento, pois que se trata de uma obra rica de mais de vinte anos de esforços e de êxito, onde não sou mais que um operário da segunda hora.

Hoje, nada é mais simples do que sublinhar e fazer compreender a vigorosa originalidade do movimento, na sua origem. Lucien Febvre escrevia na abertura de sua jovem revista:

> Enquanto que os historiadores aos documentos do passado aplicam seus bons e velhos métodos experimentados, homens cada vez mais numerosos consagram, por vezes febrilmente, sua atividade ao estudo das sociedades e das economias contemporâneas... Nada melhor, bem entendido, se cada um, praticando uma especialização legítima, cultivando laboriosamente seu jardim, se esforçasse todavia por seguir a obra do vizinho. Mas os muros são tão altos que muitas vezes tapam a vista. Entretanto, quantas sugestões pre-

ciosas sobre o método e sobre a interpretação dos fatos, que lucros em cultura, que progresso na intuição nasceriam entre esses diversos grupos de intercâmbio intelectuais mais frequentes! O futuro da história... está nesse preço, e também a justa inteligência dos fatos que amanhã serão a história. É contra esses temíveis cismas que tencionamos nos levantar...

Repetiríamos hoje de bom grado essas palavras que ainda não convenceram todos os historiadores individualmente, mas que, no entanto, queira-se ou não, marcaram toda a jovem geração. Queira-se ou não, porque os *Annales* foram acolhidos, como tudo o que é forte, por vigorosos entusiasmos e hostilidades obstinadas, mas tiveram, e têm sempre em seu favor, a lógica de nossa profissão, a evidência dos fatos e o incomparável privilégio de estar à ponta da pesquisa, mesmo se essa pesquisa é aventurosa...

Não tenho necessidade de falar, aqui diante de um público de historiadores, desse longo e múltiplo combate. Não preciso dizer-vos mais sobre a amplitude, a diversidade e a riqueza da obra de meu ilustre predecessor: todo mundo conhece, de Lucien Febvre, seu *Philippe II et la Franche--Comté, La terre et l'évolution humaine, Le Rhin, Luther*, seu magnífico livro sobre *Rabelais et l'incroyance religieuse au XVI.ᵉ siècle*, e, último em data, esse fino estudo sobre *Marguerite de Navarre*. Insistirei, em compensação, sobre os inumeráveis artigos e as inumeráveis cartas que são, digo-o sem hesitar, sua maior contribuição intelectual e humana ao pensamento e as discussões de seu tempo. Foi ali que ele abordou livremente todos os temas, todas as teses, todos os pontos de vista, com essa alegria de descobrir e de fazer descobrir diante da qual não pôde permanecer insensível nenhum dos que verdadeiramente se aproximaram dele. Ninguém poderia estabelecer a conta exata de todas as ideias assim prodigalizadas, difundidas por ele, e nós nem sempre o alcançamos em suas alertas viagens.

Ninguém além dele foi capaz, seguramente, de fixar nosso caminho no meio dos conflitos e dos entendimentos da história com as ciências sociais vizinhas. Ninguém melhor que ele esteve em condições de nos restituir a confiança em nosso mister, em sua eficácia... "Viver a história": tal é o título de um de seus artigos, um belo título e um programa. A história para ele, jamais foi um jogo de erudição estéril, uma espécie de arte pela arte, de erudição que se bastaria a si mesma. Ela lhe apareceu sempre como uma explicação do homem e do social a partir dessa coordenada preciosa, sutil e complexa – o tempo – que só nós, historiadores, sabemos manejar, e sem o que, nem as sociedades, nem os indivíduos do passado ou do presente retomam o aspecto e o calor da vida.

Foi, sem dúvida, providencial para a história francesa, que Lucien Febvre, sendo particularmente sensível aos conjuntos, à história total do homem, visto sob todos os seus aspectos, tendo compreendido com lucidez as novas possibilidades da história, nem por isso tenha permanecido, ao mesmo tempo, menos capaz de sentir, com a cultura refinada de um humanista, e de exprimir fortemente o que houve de particular e de único em cada aventura individual do espírito.

O perigo de uma história social, todos nós o percebemos: esquecer, na contemplação dos movimentos profundos da vida dos homens, cada homem às voltas com sua própria vida, seu próprio destino; esquecer, negar talvez, o que cada indivíduo sempre tem de insubstituível. Pois contestar o papel considerável que se quis dar a alguns homens abusivos na gênese da história, não é, certamente, negar a grandeza do indivíduo, enquanto indivíduo, nem o interesse para um homem, de se debruçar sobre o destino de outro homem.

Dizia-o há pouco, os homens, mesmos os maiores, não nos parecem tão livres quanto a nossos precursores na história, mas o interesse de suas vidas não é por isso diminuído, pelo contrário. E a dificuldade não é conciliar, no plano dos princípios, a necessidade da história individual e da história social; a dificuldade é ser capaz de sentir uma e outra ao mesmo tempo, e se apaixonando por uma, não desdenhar a outra. É um fato que a história francesa, empenhada por Lucien Febvre no caminho dos destinos coletivos, jamais se desinteressou, um só instante, dos ápices do espírito. Lucien Febvre viveu com paixão e obstinação perto de Lutero, de Rabelais, de Michelet, de Proudhon, de Stendhal; uma de suas originalidades é não ter jamais renunciado à companhia desses príncipes autênticos. Penso muito particularmente no mais brilhante de seus livros, no *Luther*, onde suspeito que quisesse dar a si mesmo por um instante o espetáculo de um homem verdadeiramente livre, dominando seu destino e o destino da história. Por isso te-lo-á seguido apenas durante os primeiros anos de sua vida revoltada e criadora até o dia em que se fecham nele, de maneira implacável, o destino da Alemanha e o de seu século.

Não creio que essa viva paixão do espírito haja causado em Lucien Febvre uma contradição qualquer. A história, para ele, permanece uma empresa prodigiosamente aberta. Sempre resistiu ao desejo, entretanto natural, de ligar o feixe de suas novas riquezas. Construir não é restringir-se sempre? E eis porque, se não me engano, todos os grandes historiadores de nossa geração, os maiores e portanto os mais fortemente individualizados, se sentiram à vontade na claridade e no ímpeto de seu pensamento. Não tenho necessidade de sublinhar o que opõe as obras capitais, cada uma à sua maneira, de Marc Bloch, de Georges Lefebvre, de Marcel Bataillon, de Ernest Labrousse, de André Piganiol, de Augustin Renaudet. Não é estranho que elas possam, sem esforço, conciliar-se com essa história entrevista, depois conscientemente proposta, há mais de vinte anos?

É talvez esse feixe de possibilidades que dá sua força à escola francesa de hoje. Escola francesa? Um francês apenas ousa pronunciar essa palavra e, pronunciando-a, sente imediatamente, tantas divergências internas, que hesita em repeti-la. No entanto, do estrangeiro, nossa situação não aparece tão complexa. Um jovem professor inglês escrevia recentemente:

> Se uma nova inspiração deve penetrar nosso trabalho histórico, é da França que provavelmente ela nos pode vir: a França parece destinada a preencher no presente século o papel que teve a Alemanha no precedente...

É preciso dizer que julgamentos dessa espécie não podem senão nos trazer encorajamento e orgulho? Dão-nos também o sentimento de um fardo excepcional de responsabilidade, a inquietude de não sermos dignos dela.

Essa inquietação que dou mostras de sentir, um pouco por acaso, nos últimos instantes de minha conferência, bem sabeis que ela me acompanhava mesmo antes de haver pronunciado a primeira palavra. Quem não se inquietaria, em seu íntimo, em ter que tomar lugar entre vós? Felizmente a tradição é boa conselheira; oferece ao mesmo tempo três refúgios. Ler a conferência, e é, confesso, a primeira vez em minha vida que a tanto me resigno: isso já não fala de minha perturbação? Ocultar-se atrás de um programa, ao abrigo das nossas ideias mais caras: certamente, a tela nos esconde mal. Em seguida, evocar as amizades e as simpatias para nos sentirmos menos só. Essas simpatias e essas amizades acham-se todas presentes à minha grata lembrança: simpatias ativas de meus colegas dos "Hautes Etudes", onde estive designado por quase quinze anos; simpatias ativas de meus colegas no campo da história, mais velhos, ou meus contemporâneos, que não me faltaram notadamente na Sorbonne, onde tive tanto prazer em conhecer, graças a elas, a juventude de nossos estudantes. Outras, aqui, e muito caras, velam por mim.

Fui orientado nessa casa pela enorme benevolência de Augustin Renaudet e de Marcel Bataillon. Sem dúvida porque, não obstante meus defeitos, pertenço à pátria estreita do século XVI e porque amei muito e amo, com um coração puro, a Itália de Augustin Renaudet e a Espanha de Marcel Bataillon. Eles não me guardaram rancor por ser, em relação a eles, um visitante do anoitecer: a Espanha de Filipe II não é mais a de Erasmo, a Itália de Ticiano ou de Caravage não tem mais, para iluminá-la, as inesquecíveis luzes da Florença de Lourenço, o Magnífico, e de Michelangelo... O anoitecer do século XVI. Lucien Febvre tem o habito de falar dos tristes homens de após 1560. Tristes homens, sim, sem dúvida, esses homens expostos a todos os golpes, a todas as surpresas, a todas as traições dos outros homens e da sorte, a todas as amarguras, a todas as revoltas inúteis... Em torno deles e neles próprios, tantas guerras inexpiáveis... Infelizmente! esses tristes homens se nos assemelham como irmãos.

Graças a vós, meus caros colegas, a cadeira de história da civilização moderna, restaurada em 1933, foi preservada e me incumbe a honra de assegurar-lhe a continuidade. É uma honra muito pesada. Amizades, simpatias, boa vontade, ardor na tarefa que se sente no fundo de si mesmo, não podem impedir que se tema, com toda consciência e sem falsa humildade, suceder a um homem sobre o qual repousa, ainda hoje, a tarefa imensa que define, à margem de seus livros, no próprio sulco de seu pensamento infatigável, a nosso grande e caro Lucien Febvre por quem, durante anos, para a glória desta Casa, se fez novamente ouvir a voz de Jules Michelet, que ter-se-ia podido crer silenciosa para sempre.

II. A HISTÓRIA E AS OUTRAS CIÊNCIAS DO HOMEM

3. HISTÓRIA E CIÊNCIAS SOCIAIS. A LONGA DURAÇÃO[1]

Há uma crise geral das ciências do homem: estão todas esmagadas sob seus próprios progressos, ainda que seja apenas devido à acumulação dos novos conhecimentos e da necessidade de um trabalho coletivo, cuja organização inteligente falta ainda erigir; direta ou indiretamente, todas são atingidas, queiram ou não, pelos progressos das mais ágeis dentre elas, mas permanecem entretanto às voltas com um humanismo retrógrado, insidioso, que não lhes pode mais servir de quadro. Todas, com mais ou menos lucidez, se preocupam com seu lugar no conjunto monstruoso das pesquisas antigas e novas, cuja convergência necessária hoje se adivinha.

As ciências do homem sairão, dessas dificuldades por um esforço suplementar de definição ou um acréscimo de

[1]. *Annales E.S.C.*, nº 4, out.-dez. 1958, *Débats et Combats*, p. 725-753.

mau humor? Talvez tenham a ilusão disso, pois (no risco de voltar a antigas repetições ou falsos problemas) ei-las preocupadas, hoje, ainda mais que ontem, em definir suas metas, seus métodos, suas superioridades. Ei-las, à porfia, empenhadas em chicanas sobre as fronteiras que as separam, ou não as separam, ou as separam mal das ciências vizinhas. Pois cada uma sonha, de fato, em permanecer ou retornar à sua casa... Alguns estudiosos isolados organizam paralelos: Claude Lévi-Strauss[2] impele a antropologia "estrutural" rumo aos procedimentos da linguística, aos horizontes da história "inconsciente" e ao imperialismo juvenil das matemáticas "qualitativas". Tende para uma ciência que ligaria, sob o nome de *ciência da comunicação*, a antropologia, a economia política, a linguística... Mas quem está pronto para esses franqueamentos de fronteira e para esses reagrupamentos? Por um sim, por um não, a própria geografia se divorciaria da história!

Mas, não sejamos injustos; há um interesse nessas querelas e nessas recusas. O desejo de cada um se afirmar contra os outros está forçosamente na origem de novas curiosidades: negar outrem, já é conhecê-lo. Mais ainda, sem o querer explicitamente, as ciências sociais se impõem umas às outras, cada uma tende a compreender o social no seu todo, na sua "totalidade"; cada uma invade o domínio de suas vizinhas crendo permanecer em casa. A Economia descobre a Sociologia que a rodeia, a História – talvez a menos estruturada das ciências do homem – aceita todas as lições de sua múltipla vizinhança e se esforça por repercuti-las. Assim, malgrado as reticências, as oposições, as ignorâncias tranquilas, a instalação de um "mercado comum" se esboça; valeria a pena tentá-la no decorrer dos anos vindouros, mesmo se, mais tarde, cada ciência tivesse vantagem, por um momento, em retomar uma estrada mais estreitamente pessoal.

Mas, é preciso aproximar-se desde logo, a operação é urgente. Nos Estados Unidos, essa reunião tomou a forma

---

2. *Anthropologie structurale*, Paris, Pion, 1958, *passim* e notadamente, p. 329.

de pesquisas coletivas sobre as áreas culturais do mundo atual, sendo as *area studies*, antes de tudo, o estudo, por uma equipe de *social scientists*, desses monstros políticos do tempo presente: China, Índia, Rússia, América Latina, Estados Unidos. Conhecê-los é questão vital! Cumpre ainda, fora dessa compartição de técnicas e conhecimentos, que cada um dos participantes não permaneça enterrado em seu trabalho particular, cego ou surdo, ao que dizem, escrevem, ou pensam os outros! É preciso ainda que a reunião das ciências sociais seja completa, que não se negligenciem as mais antigas em benefício das mais jovens, capazes de prometer tanto, senão de cumprir sempre. Por exemplo, o lugar dado à Geografia nessas tentativas americanas é praticamente nulo e, extremamente reduzido o que se concede à História. E além disso, de que História se trata?

As outras ciências sociais são muito mal informadas a respeito da crise que nossa disciplina atravessou no decorrer desses últimos vinte ou trinta anos, e sua tendência é desconhecer, ao mesmo tempo que os trabalhos dos historiadores, um aspecto da realidade social do qual a história é boa criada, senão hábil vendedora: essa duração social, esses tempos múltiplos e contraditórios da vida dos homens, que não são apenas a substância do passado, mas também o estofo da vida social atual. Uma razão a mais para assinalar com vigor, no debate que se instaura entre todas as ciências do homem, a importância, a utilidade da história, ou, antes, da dialética da duração, tal como ela se desprende do mister, da observação repetida do historiador; pois nada é mais importante, a nosso ver, no centro da realidade social, do que essa oposição viva, íntima, repetida indefinidamente entre o instante e o tempo lento a escoar-se. Que se trate do passado ou da atualidade, uma consciência clara dessa pluralidade do tempo social é indispensável a uma metodologia comum das ciências do homem.

Falarei, pois, longamente da história, do tempo da história. Menos para os leitores dessa revista, especialistas em nossos estudos, que para nossos vizinhos das ciências do homem: economistas, etnógrafos, etnólogos (ou antropólogos), sociólogos, psicólogos, linguistas, demógrafos, geógrafos, até mesmo, matemáticos sociais ou estatísticos – todos vizinhos que, há longos anos, seguimos nas suas experiências e pesquisas porque nos parecia (e ainda nos parece), que, colocada a seu reboque ou ao seu contato, a história se ilumina com uma nova luz. Talvez, de nossa parte, tenhamos alguma coisa a lhes dar. Das experiências e tentativas recentes da história, desprende-se – consciente ou não, aceita ou não – uma noção cada vez mais precisa da multiplicidade do tempo e do valor excepcional do tempo longo. Essa última noção, mais que a própria história – a história das cem faces – deveria interessar às ciências sociais, nossas vizinhas.

1. *História e durações*

Todo trabalho histórico decompõe o tempo decorrido, escolhe entre suas realidades cronológicas, segundo preferências e opções exclusivas mais ou menos conscientes. A história tradicional, atenta ao tempo breve, ao indivíduo, ao evento, habituou-nos há muito tempo à sua narrativa precipitada, dramática, de fôlego curto.

A nova história econômica e social põe no primeiro plano de sua pesquisa a oscilação cíclica e assenta sobre sua duração: prendeu-se à miragem, também à realidade das subidas e descidas cíclicas dos preços. Hoje, há assim, ao lado do relato (ou do "recitativo" tradicional), um recitativo da conjuntura que põe em questão o passado por largas fatias: dez, vinte ou cinquenta anos.

Bem além desse segundo recitativo, situa-se uma história de respiração mais contida ainda, e, desta vez, de amplitude secular: a história de longa, e mesmo, de longuíssima duração. A fórmula, boa ou má, tornou-se-me familiar para designar o inverso do que François Simiand, um dos primeiros após Paul Lacombe, terá batizado história ocorrencial (événementielle). Pouco importam essas fórmulas; em todo caso, é de uma à outra, de um polo ao outro do tempo, do instantâneo à longa duração que se situará nossa discussão.

Não que essas palavras sejam de uma certeza absoluta. Assim a palavra *evento*. De minha parte, quisera acantoná-la, aprisioná-la na curta duração: o evento é explosivo, "novidade sonante", como se dizia no século XVI. Com sua fumaça excessiva, enche a consciência dos contemporâneos, mas não dura, vê-se apenas sua chama.

Os filósofos nos diriam, sem dúvida, que isto significa esvaziar a palavra de uma grande parte de seu sentido. Um evento, a rigor, pode carregar-se de uma série de significações ou familiaridades. Dá testemunho por vezes de movimentos muito profundos e, pelo jogo factício ou não das "causas" e dos "efeitos" caros aos historiadores de ontem, anexa um tempo muito superior à sua própria duração. Extensível ao infinito, liga-se, livremente ou não, à toda uma corrente de acontecimentos, de realidades subjacentes, e impossíveis, parece, de destacar desde então uns dos outros. Por esse jogo de adições, Benedetto Croce podia pretender que, em todo evento, a história inteira, o homem inteiro se incorporam e depois se redescobrem à vontade. Sob a condição, sem dúvida, de acrescentar a esse fragmento o que ele não contém à primeira vista e portanto saber o que é justo – ou não – associar-lhe. É esse jogo inteligente e perigoso que as reflexões recentes de Jean-Paul Sartre propõem[3].

Digamos então mais claramente, em lugar de ocorrencial: o tempo curto, à medida dos indivíduos, da vida cotidiana, de nossas ilusões, de nossas rápidas tomadas de consciência – o tempo, por excelência, do cronista, do jornalista. Ora, notemo-lo, crônica ou jornal fornecem, ao lado dos grandes acontecimentos, ditos históricos, os medíocres acidentes da vida ordinária: um incêndio, uma catástrofe ferroviária, o preço do trigo, um crime, uma representação teatral, uma inundação. Assim, cada um compreenderá que haja um tempo curto de todas as formas da vida, econômica, social, literária, institucional, religiosa e mesmo geográfica (uma ventania, uma tempestade) assim como política.

3. Jean Paul Sartre, Questions de méthode, *Les Temps Modernes*, 1957 nº 139 e 140.

À primeira apreensão, o passado é essa massa de fatos miúdos, uns brilhantes, outros obscuros e indefinidamente repetidos, esses mesmos fatos que constituem, na atualidade, o despojo cotidiano da microssociologia ou sociometria (há também uma micro-história). Mas essa massa não forma toda a realidade, toda a espessura da história sobre a qual a reflexão científica pode trabalhar à vontade. A ciência social tem quase horror do evento. Não sem razão: o tempo curto é a mais caprichosa, a mais enganadora das durações.

Donde, entre alguns de nós, historiadores, uma viva desconfiança relativamente a uma história tradicional, dita ocorrencial, confundindo-se a etiqueta com a da história política, não sem alguma inexatidão: a história política não é forçosamente ocorrencial, nem condenada à sê-lo. Entretanto, é um fato que, salvo os quadros factícios, quase sem espessura temporal, de onde recortava suas narrações[4], salvo as explicações de longa duração de que era preciso sorti-la, é um fato que, no seu conjunto, a história dos últimos cem anos, quase sempre política, centrada no drama dos "grandes eventos", trabalhou no e sobre o tempo curto. Foi talvez, o preço dos progressos realizados, durante esse mesmo período, na conquista científica de instrumentos de trabalho e de métodos rigorosos. A descoberta maciça do documento levou o historiador a crer que, na autenticidade documentária estava toda a verdade.

<small>Basta, escrevia ainda ontem Louis Halphen[5] deixar-se de algum modo levar pelos documentos, lidos um após o outro, tal como se nos oferecem, para ver a corrente dos fatos se reconstituir quase automaticamente.</small>

Esse ideal, "a história no estado nascente", resulta por volta do fim do século XIX numa crônica de novo estilo, que, na sua ambição de exatidão, segue passo a passo a história ocorrencial tal como ela se desprende de correspondências de embaixadores ou de debates parlamentares.

---

4. "A Europa em 1500", "O Mundo em 1880", "A Alemanha à véspera da Reforma"...
5. Louis Halphen, *Introduction à l'Histoire*, Paris, PU.F. 1946, p. 50.

Os historiadores do século XVIII e do início do XIX haviam estado mais atentos às perspectivas da longa duração que, a seguir, somente grandes espíritos, como um Michelet, um Ranke, um Jacob Burckhardt, um Fustel souberam redescobrir. Se aceitarmos que essa superação do tempo curto foi o bem mais precioso, porque o mais raro, da historiografia dos últimos cem anos, compreenderemos o papel eminente da história das instituições, das religiões, das civilizações, e, graças à arqueologia, a qual necessita de vastos espaços cronológicos, o papel de vanguarda dos estudos consagrados à Antiguidade clássica. Ontem, eles salvaram nossa profissão.

A recente ruptura com as formas tradicionais da história do século XIX não foi uma ruptura total com o tempo curto. Sabe-se que ela redundou em benefício da história econômica e social, em detrimento da história política. Daí uma reviravolta e uma inegável renovação; daí, inevitavelmente, modificações de método, deslocamentos de centros de interesses com a aparição de uma história quantitativa que, certamente, não disse sua última palavra.

Mas sobretudo, houve alteração do tempo histórico tradicional. Ontem, um dia, um ano podiam parecer boas medidas para um historiador político. O tempo era uma soma de dias. Mas, uma curva dos preços, uma progressão demográfica, o movimento dos salários, as variações da taxa de juro, o estudo (mais imaginado do que realizado) da produção, uma análise precisa da circulação reclamam medidas muito mais amplas.

Aparece uma nova forma de narrativa histórica, digamos o "recitativo" da conjuntura, do ciclo, até mesmo do "interciclo", que propõe à nossa escolha uma dezena de anos, um quarto de século e, no limite extremo, o meio século do ciclo clássico de Kondratieff. Por exemplo, sem levar em conta acidentes breves e de superfície, os preços sobem, na Europa, de 1791 a 1817; baixam de 1817 a 1852: esse duplo e lento movimento de elevação e de recuo representa na época um interciclo completo da Europa e, mais ou menos, do mundo inteiro. Sem dúvida, esses períodos cronológicos não têm um valor absoluto. Em outros barômetros, o do crescimento econômico e da, renda ou do produto nacional, François Perroux[6] nos ofereceria outros limites, mais válidos talvez. Mas pouco importam essas discussões em curso! O historiador dispõe seguramente de um tempo novo, elevado à altura de uma explicação onde a história pode tentar inscrever-se, dividindo-se de acordo com referências inéditas, segundo essas curvas e sua própria respiração.

Foi assim que Ernest Labrousse e seus alunos prepararam, após seu manifesto no último Congresso Histórico de Roma (1955), uma vasta investigação de história social, sob o signo da quantificação. Não creio trair seu desígnio dizendo que essa investigação levará forçosamente à determinação de conjunturas (até mesmo de estruturas) sociais, sem que nada nos assegure, de antemão, que esse tipo de conjuntura terá a mesma velocidade ou a mesma lentidão que a econômica. Além disso, essas duas grandes personagens, conjuntura econômica e conjuntura social, não nos devem fazer perder de vista outros atores, cuja marcha será difícil de determinar, talvez indeterminável, por falta de medidas precisas. As ciências, as técnicas, as instituições políticas, as ferramentas mentais, as civilizações (para empregar essa palavra cômoda), têm igualmente seu ritmo de vida e de crescimento, e a nova história conjuntural, só estará no ponto, quando houver completado sua orquestra.

Com toda lógica, esse recitativo deveria, por seu próprio excesso, conduzir à longa duração. Mas, por mil razões, o excesso não foi a regra e um retorno ao tempo curto se realiza sob nossos olhos; talvez porque parece mais necessário (ou mais urgente) costurar juntas a história "cíclica" e a história curta tradicional, do que ir do anterior para o desconhecido. Em termos militares, tratar-se-ia no caso de consolidar posições adquiridas. Assim, o primeiro grande livro de Ernest Labrousse, em 1933, estudava o movimento geral dos preços na França no século XVIII[7], movimento secular. Em 1943, no maior livro de história publicado na

---

6. Cf. sua *Théorie générale du progrès économique*, Cahiers de l'I.S.E.A. 1957.

7. *Esquisse du mouvement des prix et des revenus en France au XVIIIe siècle*, Paris, Dalloz, 1933, 2 v.

França no decorrer desses últimos vinte e cinco anos, o mesmo Ernest Labrousse cedia à essa necessidade de retorno a um tempo menos embaraçante, quando, no próprio côncavo da depressão de 1774 a 1791, assinalava uma das fontes vigorosas da Revolução Francesa, uma de suas rampas de lançamento. Apelava ainda para um meio interciclo, grande medida. Sua comunicação ao Congresso Internacional de Paris, em 1948, *Comment naissent les révolutions?*, se esforça em ligar, desta vez, um patetismo econômico de curta duração (novo estilo) a um patetismo político (estilo muito antigo), o dos dias revolucionários. Eis-nos novamente no tempo curto, e até o pescoço. Bem entendido, a operação é lícita, útil, mas como é sintomática! O historiador é, de bom grado, encenador. Como renunciaria ao drama do tempo breve, aos melhores fios de uma velhíssima profissão?

Além dos ciclos e interciclos, há o que os economistas chamam, sem estudá-la, sempre, a tendência secular. Mas ela ainda interessa apenas a raros economistas e suas considerações sobre as crises estruturais, não tendo sofrido a prova das verificações históricas, se apresentam como esboços ou hipóteses, apenas enterrados no passado recente, até 1929, quando muito até o ano de 1870[8]. Entretanto, oferecem útil introdução à história de longa duração. São uma primeira chave.

A segunda, bem mais útil, é a palavra *estrutura*. Boa ou má, ela domina os problemas da longa duração. Por *estrutura*, os observadores do social entendem uma organização, uma coerência, relações bastante fixas entre realidades e massas sociais. Para nós, historiadores, uma estrutura é sem dúvida, articulação, arquitetura, porém mais ainda, uma realidade que o tempo utiliza mal e veicula mui longamente. Certas estruturas, por viverem muito tempo, tornam-se elementos estáveis de uma infinidade de gerações: atravancam a história, incomodam-na, portanto, comandam-lhe o escoamento. Outras estão mais prontas à se esfarelar. Mas

---

8. Apreciação em René Clemens, *Prolégomènes d'une théorie de la structure économique*, Paris, Domat-Montchrestien, 1952 – ver também Johann Akerman, Cycle et Structure, *Revue économique*, 1952, n⁰ 1.

todas são ao mesmo tempo, sustentáculos e obstáculos. Obstáculos, assinalam-se como limites (envolventes, no sentido matemático) dos quais o homem e suas experiências não podem libertar-se. Pensai na dificuldade em quebrar certos quadros geográficos, certas realidades biológicas, certos limites da produtividade, até mesmo, estas ou aquelas coerções espirituais: os quadros mentais também são prisões de longa duração.

O exemplo mais acessível parece ainda o da coerção geográfica. Durante séculos, o homem é prisioneiro de climas, de vegetações, de populações animais, de culturas, de um equilíbrio lentamente construído, do qual não pode desviar-se sem o risco de pôr tudo novamente em jogo. Vede o lugar da transumância na vida montanhesa, a permanência de certos setores de vida marítima, enraizados em certos pontos privilegiados das articulações litorâneas, vede a durável implantação das cidades, a persistência das rotas e dos tráficos, a fixidez surpreendente do quadro geográfico das civilizações.

As mesmas permanências ou sobrevivências no imenso domínio cultural. O magnífico livro de Ernst Robert Curtius[9] que finalmente apareceu numa tradução francesa, é o estudo de um sistema cultural que prolonga, deformando-a por suas escolhas, a civilização latina do Baixo Império, esmagada, ela própria, sob uma pesada herança: até os séculos XII e XIV, até o nascimento das literaturas nacionais, a civilização das elites intelectuais viveu dos mesmos temas, das mesmas comparações, dos mesmos lugares--comuns e refrões. Numa linha análoga de pensamento, o estudo de Lucien Febvre, *Rabelais et le problème de l'incroyance au XVI' siècle*[10] dedicou-se a precisar a ferramenta mental do pensamento francês na época de Rabelais, esse conjunto de concepções que, bem antes de Rabelais e muito tempo depois dele, comandou as artes de viver, de pensar e de crer, e limitou duramente, de antemão, a aven-

9. Ernst Robert Curtius, *Europalsche Literatur und lateinisches Mittelalter*, Berna, 1948 trad. fr.: *La Littérature aurepèenne et le Moyen Age latin*, Paris, P.U.F., 1956.
10. Paris, Albin Michel, 1943, 3ª ed., 1969.

tura intelectual dos espíritos mais livres. O tema que Alphonse Dupront[11] trata, se apresenta também como uma das mais novas pesquisas da Escola Histórica francesa. A ideia de cruzada é aí considerada, no Ocidente, para além do século XIV, isto é, muito além de a "verdadeira" cruzada, na continuidade de uma atitude de longa duração que, repetida incessantemente, atravessa as sociedades, os mundos, os psiquismos mais diversos e toca com um último reflexo os homens do século XIX. Num domínio ainda vizinho, o livro de Pierre Francastel, *Peinture et Société*[12] assinala a partir dos inícios do Renascimento florentino, a permanência de um espaço pictural "geométrico" que nada mais alterará até o cubismo e a pintura intelectual dos inícios de nosso século. A história das ciências também conhece universos construídos que são outras tantas explicações imperfeitas, mas aos quais, séculos de duração são regularmente concedidos. São rejeitados apenas depois de haverem servido longamente. O universo aristotélico se mantém sem contestação, ou quase, até Galileu, Descartes e Newton; oblitera-se então diante de um universo profundamente geometrizado que, por sua vez, afundará, porém muito mais tarde, diante das revoluções einsteinianas[13].

A dificuldade, por um paradoxo só aparente, é discernir a longa duração no domínio onde a pesquisa histórica acaba de obter seus inegáveis sucessos: o domínio econômico. Ciclos, interciclos, crises estruturais ocultam aqui as regularidades, as permanências de sistemas, alguns disse-

---

11. *Le mythe de Croisade. Essai de sociologie religieuse*. Sorbonne, tese datilografada.
12. Pierre Francastel, *Peinture et Société. Naissance et destruction d'un espace plastique, de la Renaissance au cubisme*, Lyon, Audin, 1951.
13. Outros argumentos: colocam cit. bom grado em questão os poderosos artigos que todos defendem no mesmo sentido, de Otto Brunner sobre a história social da Europa, *Historische Zeitschrift*, t. 177, n⁰ 3 – de R. Bultmann, Ibidem, t. 176, n⁰ 1, sobre o humanismo; – de Georges Lefebvre, *Annales historiques de la Révolution française*, 1949, n⁰ 114, e de F. HARTUNG, *Historiche Zeitschrift*, t. 180, n⁰ 1, sobre o Despotismo esclarecido...

ram de civilizações[14] – isto é, velhos hábitos de pensar e de agir, quadros resistentes, duros de morrer, por vezes contra toda lógica.

Mas raciocinemos com base em um exemplo, analisado depressa. Eis, perto de nós, no quadro da Europa, um sistema econômico que se inscreve em algumas linhas e regras gerais bastante claras: mantém-se mais ou menos no lugar, do século XIV ao século XVIII, digamos, para maior segurança, até por volta de 1750. Durante séculos, a atividade econômica depende de populações demograficamente frágeis, como hão de mostrar os grandes refluxos de 1350-1450 e, sem dúvida, de 1630-1730[15]. Durante séculos, a circulação vê o triunfo da água e do navio, sendo toda a espessura continental, obstáculo, inferioridade. Os surtos de progresso europeus, salvo as exceções que confirmam a regra (feiras de Champagne já em seu declínio no início do período, ou feiras de Leipzig no século XVIII), todos esses surtos de progresso se situam ao longo das franjas litorâneas. Outras características desse sistema: a prioridade dos mercadores; o papel eminente dos metais preciosos, ouro, prata, e mesmo o cobre, cujos choques incessantes somente serão amortecidos, pelo desenvolvimento decisivo do crédito, e ainda, com o fim do século XVI; os abalos repetidos das crises agrícolas estacionais; a fragilidade, diremos, do próprio soalho da vida econômica; enfim, o papel desproporcionado à primeira vista, de um ou dois grandes tráficos exteriores: o comércio do Levante do século XII ao século XIV, o comércio colonial no século XVIII.

Assim, por minha vez, defini ou antes, evoquei após alguns outros, os traços principais, do capitalismo comercial, para a Europa Ocidental, etapa de longa duração. Não obstante todas as modificações evidentes que os percorrem, esses quatro ou cinco séculos de vida econômica tiveram uma *certa* coerência, até a agitação do século XVIII e da revolução industrial da qual ainda não saímos. Alguns tra-

---

14. René Courtin, *La Civilisation économique du Brésil*, Paris, Librairie de Médicis, 1941.
15. À hora francesa. Na Espanha o refluxo demográfico se nota desde o fim do século XVI.

ços lhes são comuns e permanecem imutáveis, enquanto que em torno deles, entre outras continuidades, mil rupturas e agitações renovavam o aspecto do mundo.

Entre os diferentes tempos da história, a longa duração se apresenta assim como um personagem embaraçante, complicado, amiúde inédito. Admiti-lo no coração de nosso mister não será um simples jogo, a habitual ampliação de estudos e curiosidades. Não se tratará, tampouco, de uma escolha cujo único beneficiário será ele. Para o historiador, ocultá-lo é prestar-se a uma mudança de estilo, de atitude, a uma alteração de pensamento, a uma nova concepção do social. É familiarizar-se com um tempo diminuído, por vezes, quase no limite do movediço. Nessa faixa, não em outra, – voltarei a isso – é lícito desprender-se do tempo exigente da história, sair dele, depois voltar a ele, mas com outros olhos, carregados de outras inquietudes, de outras questões. Em todo caso, é em relação a essas extensões de história lenta que a totalidade da história pode se repensar, como a partir de uma infraestrutura. Todas as faixas, todos os milhares de faixas, todos os milhares de estouros do tempo da história se compreendem a partir dessa profundidade, dessa semi-imobilidade; tudo gravita em torno dela.

Nas linhas que precedem não pretendo ter definido o mister de historiador – mas uma concepção desse mister. Feliz, e bem ingênuo, quem pensasse, após as tempestades dos últimos anos, que encontramos os verdadeiros princípios, os limites claros, a boa Escola. De fato, todos os misteres das ciências sociais não cessam de transformar-se em razão de seus movimentos próprios e do vivo movimento do conjunto. A história não faz exceção. Nenhuma quietude está pois à vista e a hora dos discípulos não soou. Há uma longa distância de Charles-Victor Langlois e Charles Seignobos a Marc Bloch. Mas desde Marc Bloch, a roda não cessou de girar. Para mim, a história é a soma de todas as histórias possíveis – uma coleção de misteres e de pontos de vista, de ontem, de hoje, de amanhã.

O único erro, a meu ver, seria escolher uma dessas histórias com exclusão das outras. Foi e seria o erro historizante. Sabe-se que não será cômodo convencer todos os historiadores e, menos ainda, as ciências sociais, empenhadas encarniçadamente em nos reconduzir à história tal como era ontem. Ser-nos-á preciso muito tempo e cuidado para fazer com que todas essas mudanças e novidades sejam admitidas sob o velho nome de história. No entanto, uma nova "ciência" histórica nasceu, e continua a interrogar-se e a transformar-se. Anuncia-se, entre nós, desde 1900, com a *Revue de Synthèse Historique* e com os *Annales*, a partir de 1929. O historiador quis-se atento a "todas" as ciências do homem. Eis o que dá ao nosso mister estranhas fronteiras e estranhas curiosidades. Além disso, não imaginemos, entre o historiador e o observador das ciências sociais, as barreiras e diferenças de ontem. Todas as ciências do homem, inclusive a história, estão contaminadas umas pelas outras. Falam a mesma linguagem ou podem falá-la.

Quer se situe em 1558 ou no ano da graça de 1958, trata-se, para quem quer compreender o mundo, de definir uma hierarquia de forças, de correntes, de movimentos particulares, depois, apreender de novo uma constelação de conjunto. A cada instante dessa pesquisa, será preciso distinguir entre movimentos longos e impulsos breves, estes, tomados desde suas fontes imediatadas, aqueles, no impulso de um tempo longínquo. O mundo de 1558, tão enfadonho no momento francês, não nasceu ao umbral desse ano sem encanto. E tampouco, sempre no momento francês, nosso difícil ano de 1958. Cada "atualidade" reúne movimentos de origem, de ritmo diferentes: o tempo de hoje data, ao mesmo tempo, de ontem, de anteontem, de outrora.

2. *A Querela do Tempo Curto*

Essas verdades são certamente banais. Entretanto, as ciências sociais não se sentem quase tentadas pela busca do tempo perdido. Não que se possa levantar contra elas um firme requisitório e declará-las sempre culpadas de não aceitar a história ou a duração como dimensões necessárias de seus estudos. Aparentemente, elas nos dão mesmo uma boa acolhida; e exame "diacrônico" que reintroduz a história não está jamais ausente de suas preocupações teóricas.

Todavia, afastadas essas aquiescências, é preciso convir que as ciências sociais, por gosto, por instinto profundo, talvez por formação, tendem a escapar sempre à explicação histórica; escapam-lhe por dois procedimentos quase opostos: uma "fatualiza", ou se quisermos "atualiza" em excesso os estudos sociais, graças a uma sociologia empírica, desdenhosa de toda história, limitada aos dados do tempo curto, da investigação sobre o vivo; a outra ultrapassa pura e simplesmente o tempo, imaginando ao termo de uma "ciência da comunicação" uma formulação matemática de estruturas quase intemporais. Este último procedimento, o mais novo de todos, é evidentemente o único que pode nos interessar profundamente. Mas o ocorrencial tem ainda bastante partidários para que os dois aspectos da questão mereçam ser examinados alternadamente.

Falamos de nossa desconfiança em relação a uma história puramente fatual. Sejamos justos: se há um pecado *factualista*, a história, acusada de escolha, não é a única culpada. Todas as ciências sociais participam do erro. Economistas, demógrafos, geógrafos, estão divididos entre ontem e hoje (mas, mal divididos); ser-lhes-ia preciso para serem prudentes, manter a balança igual, o que é fácil e obrigatório para o demógrafo; o que é imediato para os geógrafos (particularmente os nossos, alimentados pela tradição vida-liana); o que, ao contrário, só acontece raramente no caso dos economistas, prisioneiros da mais curta atualidade, entre um limite à retaguarda que vai aquém de 1945 e um hoje que os planos e previsões prolongam no futuro imediato de alguns meses, quando muito alguns anos. Sustento que todo pensamento econômico fica encantoado por essa restrição temporal. Cabe aos historiadores, dizem os economistas, ir aquém de 1945, na pesquisa das economias antigas; mas, fazendo isso, privam-se de um maravilhoso campo de observação, que abandonaram por si mesmos, sem por isso negar-lhe o valor. O economista tomou o hábito de correr a serviço do atual, a serviço dos governos.

A posição dos etnógrafos e etnólogos não é tão clara, nem tão alarmante. Alguns dentre eles sublinharam bem a impossibilidade (mas todo o intelectual é obrigado ao impossível) e a inutilidade da história no interior de seu mister. Essa recusa autoritária da história não terá quase servido Malinowski e seus discípulos. De fato, como a antropologia se desinteressaria da história? É a mesma aventura do espírito, como costuma dizer Claude Lévi-Strauss[16]. Não há sociedade, por mais inferior que seja, que não revele à observação, "as garras do evento", tampouco não há sociedade cuja história tenha naufragado inteiramente. Por este lado, não teríamos razão em nos lamentar ou insistir.

Em compensação, nossa querela será bastante viva nas fronteiras do tempo curto, com respeito à sociologia das investigações sobre o atual, as investigações de mil direções, entre sociologia, psicologia e economia. Elas mergulham entre nós, como no estrangeiro. São à sua maneira, uma aposta repetida sobre o valor insubstituível do tempo presente, seu calor "vulcânico", sua riqueza abundante. Para que voltar-se para o tempo da história: empobrecido, simplificado, devastado pelo silêncio, reconstruído – insistamos bem: *reconstruído*. Na verdade, está tão morto, tão reconstruído quanto se pretende dizê-lo? Sem dúvida, o historiador tem demasiada facilidade para destacar o essencial de uma época passada; para falar como Henri Pirenne, distingue nela sem esforço os "eventos importantes", entenda-se, "aqueles que tiveram consequências". Simplificação evidente e perigosa. Mas, o que não daria o viajante do atual para ter esse recuo (ou esse avanço no tempo) que desmascararia e simplificaria a vida presente, confusa, pouco legível porque demasiado atravancada de gestos e sinais menores? Claude Lévi-Strauss pretende que uma hora de conversação com um contemporâneo de Platão o informaria, mais que nossos discursos clássicos, sobre a coerência ou a incoerência da civilização da Grécia antiga[17]. Estou bem de acordo com isso. Mas é que, durante anos, ele ouviu cem vozes gregas salvas do silêncio. O historiador preparou a viagem. Uma hora na Grécia de hoje não lhe ensinará nada, ou quase nada, acerca das coerências ou incoerências atuais.

16. Claude Lévi-Strauss, *Anthropologie structurale, op. cit.*, p. 31.
17. Diogène Couché, *Le, Temps Modernes*, nº 195, p. 17.

Mais ainda, o inquiridor sobre o tempo presente somente chega até às tramas "finas" das estruturas, à condição, também, de *reconstruir*, de adiantar hipóteses e explicações, de recusar o real tal como é percebido, de truncá-lo, de ultrapassá-lo, todas as operações que permitem escapar ao dado, para melhor dominá-lo, mas que são, todas, reconstruções. Duvido que a fotografia sociológica do presente seja mais "verdadeira" que o quadro histórico do passado, e tanto menos quanto mais afastada do *reconstruído* ela quiser estar.

Philippe Aries[18] insistiu sobre a importância do expatriamento, da surpresa na explicação histórica: tropeçais, no século XVI, em uma estranheza, estranheza para vós, homem do século XX. Por que essa diferença? O problema está colocado. Mas direi que a surpresa, o expatriamento, o afastamento – esses grandes meios de conhecimento – não são menos necessários para compreender o que vos cerca, e de tão perto que não mais o vedes com clareza. Vivei em Londres um ano, e conhecereis bem mal a Inglaterra. Mas, por comparação, à luz de vossos espantos, tereis bruscamente compreendido alguns dos traços mais profundos e originais da França, aqueles que não conheceis a força de conhecê-los. Face ao atual, o passado, também é expatriamento.

Historiadores e *social scientists* poderiam pois eternamente passar a bola um para o outro no que tange ao documento morto e ao testemunho muito vivo, ao passado longínquo, à atualidade muito próxima. Não acho que esse problema seja essencial. Presente e passado iluminam-se com luz recíproca. E se se observa exclusivamente na estreita atualidade, a atenção incidirá sobre o que se mexe depressa, brilha com razão ou sem razão, ou acaba de mudar, ou faz barulho, ou se revela sem esforço. Todo um fatual, tão fastidioso como o das ciências históricas, espreita o observador apressado, etnógrafo que encontra por três meses um povo polinésio, sociólogo industrial que entrega os clichês de sua última investigação, ou que pensa, com questionários hábeis e as combinações dos cartões perfu-

---

18. *Le Temps de l'histoire*, Paris, Pion, 1954, notadamente p. 298 e ss.

rados, cercar perfeitamente um mecanismo social. O social é uma caça muito mais ardilosa.

Na verdade, que interesse podemos encontrar, nós, ciências do homem, nos deslocamentos, de que fala uma vasta e boa investigação sobre a região parisiense[19], de uma jovem entre seu domicílio, no XVIº quarteirão, seu professor de música e o local das *Sciences-Po*? Tira-se daí um lindo mapa. Mas, tivesse ela feito estudos de agronomia ou praticado o esqui náutico e tudo teria mudado em suas viagens triangulares. Divirto-me em ver, sobre um mapa, a distribuição dos domicílios dos empregados de uma grande empresa. Mas, se não disponho de um mapa anterior da distribuição, se a distância cronológica entre os extratos não é suficiente para permitir inscrever tudo num verdadeiro movimento, onde está o problema sem o qual uma investigação permanece um esforço perdido? O interesse dessas investigações para a investigação é, quando muito, acumular ensinamentos; ainda assim nem todas serão válidas *ipso facto* para trabalhos *futuros*. Desconfiemos da arte pela arte.

Duvido igualmente que um estudo de cidade, qualquer que seja, possa ser o objeto de uma investigação sociológica como foi o caso para Auxerre[20], ou Viena em Delfinado[21], sem se inscrever na duração histórica. Toda cidade, sociedade tensa com suas crises, seus cortes, seus pânicos, seus cálculos necessários, tem que se recolocada no complexo dos campos próximos que a rodeiam, e também desses arquipélagos de cidades vizinhas das quais, um dos primeiros a falar, terá sido o historiador Richard Hapke; e portanto no movimento, mais ou menos afastado no tempo, amiúde muito afastado no tempo, que anima esse complexo. Se registrarmos um intercâmbio campo-cidade, determinada

---

19. P. Chombart De Lauwe, *Paris el Vagglomération parisienne*, Paris, P.U.F., 1952, t. I, p. 106.
20. Suzanne Frère e Charles Bettelheim, *Une Mie française moyenne, Auxerre en 1950*, Paris, Armand Colin, Cahiers des Sciences Politiques, nº 17, 1951.
21. Pierre Clément e Nelly Xydias, *Vienne-sur-le-Rhône. Sociologie d'une cité française*, Paris, Armand Colin, Cahiers des Sciences Politiques, nº 71, 1955.

rivalidade industrial ou comercial, é indiferente ou, ao contrário, não é essencial saber que se trata de um movimento jovem em pleno ímpeto ou de um fim de corrida, de um longínquo ressurgimento ou de um monótono recomeço?

Concluamos numa palavra: Lucien Febvre, durante os dez últimos anos de vida, terá repetido: 'história ciência do passado, ciência do presente". A história dialética da duração, não é à sua maneira, explicação do social em toda a sua realidade? e portanto do atual? Valendo sua lição nesse domínio como uma proteção contra o evento: não pensar apenas no tempo curto, não crer que somente os atores que fazem barulho sejam os mais autênticos; há outros e silenciosos – mas quem já não o sabia?

3. *Comunicação e Matemáticas Sociais*

Talvez não tenhamos tido razão em nos demorar na agitada fronteira do tempo curto. Na verdade, aí o debate se desenrola sem grande interesse, ou ao menos, sem surpresa útil. O debate essencial que a mais nova experiência das ciências sociais conduz, sob o duplo signo da "comunicação" e da matemática, está alhures, entre nossos vizinhos.

Mas aqui, não será fácil advogar o processo, quero dizer, será algo difícil provar que nenhum estudo social escapa ao tempo da história, a propósito de tentativas que, ao menos aparentemente, se situam absolutamente fora dele.

Em todo caso, nessa discussão, se o leitor quiser nos seguir (para nos aprovar ou divergir de nosso ponto de vista) fará bem em pesar por sua vez, e um a um, os termos de um vocabulário não inteiramente novo, mas, retomado, rejuvenescido nas novas discussões e que prosseguem sob nossos olhos. Nada temos a repetir, evidentemente, acerca do evento, ou da longa duração. Nem há grande coisa a dizer acerca das *estruturas*, ainda que a palavra – e a coisa – não esteja ao abrigo das incertezas e das discussões[22]. É

22. Ver o Colloque sur les Structures, Via Secção da "École Pratique des Hautes Études, resumo datilografado, 1958.

inútil também insistir muito nas palavras *sincronia* e *diacronia*; elas se definem por si mesmas, ainda que seu papel, num estudo concreto do social, seja menos fácil a delimitar do que parece. Com efeito, na linguagem da história (tal como eu a imagino), não pode haver sincronia perfeita: uma parada instantânea, suspendendo todas as durações, é quase absurda em si, ou, o que vem a dar no mesmo, bastante fictícia; do mesmo modo, uma descida segundo a inclinação do tempo não é pensável senão sob a forma de uma multiplicidade de descidas, segundo os diversos e inumeráveis rios do tempo.

Essas breves chamadas e cuidados bastarão, para o instante. Mas é preciso ser mais explícito no que concerne à *história inconsciente*, aos *modelos*, às *matemáticas sociais*. Esses comentários indispensáveis se reúnem alhures, ou – espero-o – não tardarão a se reunir, numa problemática comum às ciências sociais.

A *história inconsciente* é, bem entendido, a história das formas inconscientes do social. "Os homens fazem a história, mas ignoram que a fazem"[23]. A fórmula de Marx esclarece, mas não explica o problema. De fato, sob um novo nome, uma vez mais, é todo o problema do tempo curto, do "microtempo", do factual que se nos reapresenta. Os homens sempre tiveram a impressão, vivendo seu tempo, de apreender seu desenrolar no dia a dia. Essa história consciente, clara, é abusiva, como muitos historiadores, já há muito tempo, concordam em considerá-la? Ontem, a linguística acreditava tirar tudo das palavras. A história teve a ilusão de tirar tudo dos eventos. Mais de um de nossos contemporâneos acreditaria de bom grado que tudo veio dos acordos de Ialta ou de Potsdam, dos acidentes de Dien-Bien-Phu ou de Sakhiet-Sidi-Iussef, ou desse outro evento, importante de outro modo, é verdade, o lançamento dos *sputniks*. A história inconsciente se desenrola além dessas luzes, de seus *flashes*. Admiti pois que existe, a uma certa distância, um inconsciente social. Admiti, além disso, es-

---

23. Citado por Claude Lévi-Strauss, *Anthropologie structurale, op. cit.*, p. 30-31.

perando o melhor, que esse inconsciente seja considerado cientificamente mais rico que a superfície cintilante à qual nossos olhos estão habituados; cientificamente mais rico, isto é, mais simples, mais fácil para explorar – senão para descobrir. Mas a separação entre superfície clara e profundezas obscuras – entre ruído e silêncio – é difícil, aleatória. Acrescentemos que a história "inconsciente", em parte domínio do tempo conjuntural e, por excelência, do tempo estrutural, é muitas vezes, mais claramente percebida do que se costuma dizer. Cada um de nós, além de sua própria vida, tem o sentimento de uma história de massa cuja potência e cujos impulsos reconhece melhor, é verdade, do que as leis ou a direção. E se essa consciência, hoje, é cada vez mais viva, ela não data apenas de ontem. (É o que acontece no tocante à história econômica.) A revolução, pois, é uma revolução no espírito, consistiu em abordar de frente essa semiobscuridade, em lhe conceder um lugar cada vez maior ao lado, até em detrimento, do factual.

Nessa prospecção em que a história não está só (ao contrário, ela nada mais fez senão seguir nesse domínio os pontos de vista das novas ciências sociais e adaptá-los ao seu uso), novos instrumentos de conhecimento e investigação foram construídos: temos assim, mais ou menos aperfeiçoados, por vezes ainda artesanais, os *modelos*. Os modelos não são mais do que hipóteses, sistemas de explicação solidamente ligados segundo a forma da equação ou da função: isso é igual aquilo ou determina aquilo. Mas uma certa realidade não aparece sem que uma outra não a acompanhe e, desta para aquela, relações estreitas e constantes se revelam. O modelo estabelecido com cuidado permitirá, pois, colocar em questão, fora do meio social observado – a partir do qual foi, em suma, criado – outros meios sociais de mesma natureza, através do tempo e espaço. É seu valor recorrente.

Esses sistemas de explicações variam ao infinito segundo o temperamento, o cálculo ou o alvo dos utilizadores: simples ou complexos, qualitativos ou quantitativos, estáticos ou dinâmicos, mecânicos ou estatísticos. Retomo em Claude Lévi-Strauss esta última distinção. Mecânico, o modelo estaria na própria dimensão da realidade diretamente observada, realidade de pequenas dimensões interessando somente a grupos minúsculos de homens (assim procedem os etnólogos a propósito das sociedades primitivas). Quanto às vastas sociedades, onde os grandes números intervém, o cálculo das médias se impõe: elas conduzem aos modelos estatísticos. Mas pouco importam essas definições, por vezes discutíveis!

De minha parte, o essencial antes de estabelecer um programa comum das ciências sociais, é precisar o papel e os limites do modelo, que certas iniciativas arriscam engrandecer excessivamente. Daí também, a necessidade de confrontar os modelos, por sua vez, com a ideia de duração; pois, da duração que implicam dependem bastante estreitamente, a meu ver, a respectiva significação e o valor de explicação.

Para ser mais claro, tomemos exemplos entre modelos históricos[24], ou seja, fabricados por historiadores, modelos bastante grosseiros, rudimentares, raramente desenvolvidos até o rigor de uma verdadeira regra científica e nunca preocupados em desembocar numa linguagem matemática revolucionária – todavia, modelos à sua maneira.

Falamos mais acima do capitalismo comercial entre os séculos XIV e XVIII: trata-se aí de um modelo, entre vários, que podemos depreender da obra de Marx. Se deixa a porta aberta a todas as extrapolações, aplica-se plenamente apenas a uma família dada de sociedades, durante um tempo dado.

Já não é o mesmo com o modelo que esbocei, num livro antigo[25], de um ciclo de desenvolvimento econômico, a propósito das cidades italianas entre os séculos XVI e XVIII, alternadamente mercadoras, "industriais", depois especializadas no comércio do banco; esta última atividade, a mais lenta a desabrochar, é também a mais lenta a se apagar. Mais restrito, de fato, que a estrutura do capitalismo

---

24. Seria tentando dar um lugar aos "modelos" dos economistas que, na verdade, comandaram nossa imitação.
25. *La Méditerranée et le monde méditerranéen à l'époque de Philippe II*, Paris, Armand Colin, 1949, p. 264 e ss.

comercial, esse esboço seria, mais facilmente que aquele, extensível na duração e no espaço. Registra um fenômeno (alguns diriam uma estrutura dinâmica, mas todas as estruturas da história são pelo menos elementarmente dinâmicas) apto a se reproduzir num número de circunstâncias fáceis de reencontrar. Aconteceria talvez a mesma coisa com esse modelo, esboçado por Frank Spooner e por mim mesmo[26], a propósito da história dos metais preciosos, antes, durante e após o século XVI: ouro, prata, cobre – e crédito, esse ágil substituto do metal – são também, jogadores; a "estratégia" de um, pesa sobre a "estratégia" do outro. Não será difícil transportar esse modelo fora do século privilegiado e particularmente movimentado, o século XVI, que escolhemos para nossa observação. Os economistas não tentaram também à sua maneira, no caso particular dos países desenvolvidos de hoje, verificar a velha teoria quantitativa da moeda modelo[27]?

Mas as possibilidades de duração de todos esses modelos ainda são breves se as compararmos às do modelo imaginado por um jovem historiador sociólogo americano, Sigmund Diamond[28]. Atônito com a dupla linguagem da classe dominante dos grandes financistas americanos contemporâneos de Pierpont Morgan, linguagem anterior à classe e linguagem exterior (esta última, na verdade, defende em face da opinião pública a quem se representa o sucesso do financista como o triunfo típico do *self-made man*, a condição da fortuna da própria nação), atônito com essa dupla linguagem, vê nela a reação habitual a toda classe dominante que sente seu prestígio atingido e seus privilégios ameaçados; para se mascarar, precisa confundir sua sorte com a da Cidade ou da Nação, seu interesse particular com o interesse público. S. Diamond explicaria de bom

---

26. Fernand Braudel e Frank Spooner, *Les métaux monétaires et l'économie du XVIe siècle. Rapports au Congrès international de Rome*, 1955, v. IV, p. 233-264.
27. Alexandre Chabert, *Structure* économique et théorie monétaire, Paris, Armand Colin, publ. do "Centre d'Études Économiques", 1956.
28. Sigmund Diamond, *The Reputation of the American Businessman*, Cambridge (Massachusetts), 1955.

grado, da mesma maneira, a evolução da ideia de dinastia ou de império, dinastia inglesa, império romano... O modelo assim concebido é, evidentemente, capaz de correr os séculos. Supõe certas condições sociais precisas, mas cuja história tenha sido pródiga: é válido, por conseguinte, para uma duração muito mais longa do que os modelos precedentes, mas ao mesmo tempo põe em causa realidades mais precisas, mais estreitas.

No limite, como diriam os matemáticos, esse gênero de modelo assemelhar-se-ia aos modelos favoritos, quase intemporais, dos sociólogos matemáticos. Quase intemporais, isto é, na verdade, circulando pelas rotas obscuras e inéditas da longuíssima duração.

As explicações que precedem não são mais que uma insuficiente introdução à ciência e à teoria dos modelos. E é preciso que os historiadores ocupem aí posições de vanguarda. Seus modelos não passam quase de feixes de explicações. Nossos colegas são, aliás, tão ambiciosos e avançados na pesquisa, que tentam chegar à altura das teorias e das linguagens da informação, da comunicação ou das matemáticas qualitativas. Seu mérito, – que é grande– é o de acolher no seu domínio essa linguagem sutil, as matemáticas, mas que corre o risco à menor desatenção, de escapar ao nosso controle e de precipitar-se, Deus sabe para onde! Informação, comunicação, matemáticas qualitativas, tudo se reúne bastante bem sob o vocábulo, aliás amplo, das matemáticas sociais. Ainda assim, é preciso iluminar nossa lanterna, como pudermos.

As matemáticas sociais[29] são pelo menos três linguagens que ainda podem misturar-se e não excluem uma sequência. A imaginação dos matemáticos não está no fim. Em todo caso, não há *uma* matemática, *a* matemática (ou então é uma reivindicação). "Não se deve dizer a álgebra, a geometria, mas, uma álgebra, uma geometria" (Th. Guilbaud), o que não simplifica nossos problemas, nem os deles. Há três lin-

29. Ver especialmente Claude Lévi-Strauss, *Bulletin International des Sciences sociales*, UNESCO, VI, nº 4, e mais geralmente todo esse número de um grande interesse, intitulado: *Les mathématiques et les sciences sociales*.

guagens, portanto: a dos fatos de necessidade (um é dado, o outro segue), é o domínio das matemáticas tradicionais; a linguagem dos fatos aleatórios, desde Pascal – é o domínio do cálculo das probabilidades; enfim, a linguagem dos fatos condicionados, nem determinados, nem aleatórios, mas submissos a certas coerções, a regras de jogos, no eixo da "estratégia" de Von Neumann e Morgenstern[30], essa estratégia triunfante que não ficou somente nos princípios e audácias de seus fundadores. A estratégia dos jogos, pela utilização dos conjuntos, dos grupos, do próprio cálculo das probabilidades, abre o caminho às matemáticas "quantitativas". Por conseguinte, a passagem da observação à formulação matemática não mais se faz obrigatoriamente pela difícil via das medidas e dos longos cálculos estatísticos. Da análise do social, pode-se passar diretamente a uma formulação matemática, à máquina de calcular, diremos nós.

Evidentemente, é preciso preparar o trabalho dessa máquina que não engole nem tritura todos os alimentos. Além disso, foi em função de verdadeiras máquinas, de suas regras de funcionamento, para as *comunicações* no sentido mais material da palavra, que se esboçou e desenvolveu uma ciência da informação. O autor desse estudo não é, de modo algum, um especialista nesses domínios difíceis. As pesquisas com vistas à fabricação de uma máquina de traduzir, que ele seguiu de longe, mas que ainda assim seguiu, lançam-no, como alguns outros, num abismo de reflexões. Entretanto, permanece um duplo fato: 1º) tais máquinas, tais possibilidades matemáticas existem; 2º) é preciso preparar o social das matemáticas do social, que não são mais apenas nossas velhas matemáticas habituais: curvas de preços, de salários, de nascimentos...

Ora, se o novo mecanismo matemático nos escapa com muita frequência, o preparo da realidade social para seu uso, sua brocagem, seu recorte, não podem iludir nossa atenção. O tratamento prévio, até aqui, tem sido quase sempre o mesmo: escolher uma unidade restrita de observação,

---

30. *The Theory of Games and economic Behaviour*, Princeton, 1944. Cf. o relatório brilhante de Jean Fourastié, *Critique*, out. 1951, nº 51.

tal como uma "tribo" primitiva, um "isolado" demográfico, onde se possa examinar e tocar quase tudo diretamente com o dedo; estabelecer em seguida, entre os elementos distinguidos todas as relações, todos os jogos possíveis. Essas relações rigorosamente determinadas dão as próprias equações, das quais as matemáticas tirarão todas as conclusões e prolongamentos possíveis para chegar a um *modelo* que as resuma todas, ou antes, leve todas em conta.

Nesses domínios evidentemente se abrem mil possibilidades de pesquisas. Mas um exemplo valerá mais que um longo discurso. Claude Lévi-Strauss se nos oferece como um excelente guia; vamos segui-lo. Introduzir-nos-á num setor dessas pesquisas, digamos o de uma ciência da *comunicação*[31].

"Em toda sociedade", escreve Claude Lévi-Strauss[32], "a comunicação se opera pelo menos em três níveis: comunicação das mulheres; comunicação dos bens e dos serviços; comunicação das mensagens". Admitamos que sejam, em níveis diferentes, linguagens diferentes, mas linguagens. Assim sendo, não teremos o direito de tratá-las como linguagens, ou mesmo como *a* linguagem, e de associá-las, de maneira direta ou indireta, aos progressos sensacionais da linguística, ou melhor, da fonologia, que "não pode deixar de representar, em face das ciências sociais, o mesmo papel renovador que a física nuclear, por exemplo, representou para o conjunto das ciências exatas"[33]? É dizer muito, mas é preciso dizer muito, algumas vezes. Como a história presa na armadilha do evento, a linguística presa na armadilha das palavras (relação das palavras com o objeto, evolução histórica das palavras), se libertou pela revolução fonológica. Aquém da palavra, ela apegou-se ao esquema de som que é o fonema, indiferente por conseguinte a seu sentido, mas atenta a seu lugar, aos sons que o acompanham, aos agrupamentos desses sons, às estruturas infra fonêmicas, à toda realidade subjacente, *inconsciente* da língua. O novo trabalho

---

31. Todas as observações que seguem são extraídas de sua última obra, a *Anthropologie structurale*, op. cit.
32. Ibid., p. 326.
33. Ibid., p. 39.

matemático colocou-se sobre algumas dezenas de fonemas que se encontram, pois, em todas as línguas do mundo passou a aplicar-se o novo trabalho matemático, e eis a linguística, ao menos uma parte da linguística que, no decorrer desses últimos vinte anos, escapa do mundo das ciências sociais para atravessar "o desfiladeiro das ciências exatas".

Estender o sentido da linguagem às estruturas elementares de parentesco, aos mitos, ao cerimonial, às trocas econômicas, é pesquisar esse caminho difícil mas salutar do desfiladeiro, e é a proeza que realizou Claude Lévi-Strauss, à propósito, primeiramente, da troca matrimonial, essa primeira linguagem, essencial às comunicações humanas, a tal ponto que não há sociedades, primitivas ou não, onde o incesto, o casamento no interior da estreita célula familiar, não seja proibido. Portanto, uma linguagem. Sob essa linguagem, ele procurou um elemento de base correspondente, se quisermos, ao fonema, esse elemento, esse "átomo" de parentesco, o qual nosso guia apresentou na sua tese de 1949[34] sob a expressão mais simples: entenda-se o homem, a esposa, a criança, depois o tio materno da criança. A partir desse elemento quadrangular e de todos os sistemas de casamentos conhecidos nesses mundos primitivos – e são numerosos – os matemáticos procurarão as combinações e soluções possíveis. Ajudado pelo matemático André Weill, Lévi-Strauss conseguiu traduzir em termos matemáticos a observação do antropólogo. O modelo obtido deve provar a validade, a estabilidade do sistema, assinalar as soluções que este último implica.

Vê-se qual é o encaminhamento dessa pesquisa: ultrapassar a superfície da observação para atingir a zona dos elementos inconscientes ou pouco conscientes, depois reduzir essa realidade em elementos menores, em toques finos, idênticos, cujas relações possam ser precisamente analisadas. É nessa etapa "micro-sociológica" (de um certo gênero, sou eu que acrescento essa reserva) que se espera perceber as leis de estrutura mais gerais, como o linguista

---

34. *Les structures élémentaires de la parenté*, Paris, P.U.F., 1949. Ver *Anthropologie structurale*, p. 47-62.

descobre as suas na ordem infra fonêmica e o físico, na ordem intramolecular, isto é, ao nível do átomo"[35]. O jogo pode prosseguir, evidentemente, em muitas outras direções. Assim, nada mais didático, do que ver Lévi-Strauss às voltas, desta vez, com os mitos e, maneira de ser, com a cozinha (essa outra linguagem): reduzirá os mitos a uma série de células elementares, os *mitemas*; reduzirá (sem acreditar muito) a linguagem dos livros de cozinha em *gustemas*. A cada vez, está à procura de níveis de profundidade, subconscientes: ao falar, não me preocupo com os fonemas de meu discurso; à mesa, salvo exceção, não me preocupo mais, culinariamente, com "gustemas", se é que existem "gustemas". À cada vez, entretanto, o jogo das relações sutis e precisas me faz companhia. Essas relações simples e misteriosas, a última palavra da pesquisa sociológica, seria apreendê-las sob todas as linguagens, para traduzi-las em alfabeto Morse, quero dizer, a universal linguagem matemática? É a ambição das novas matemáticas sociais. Mas, posso dizer, sem sorrir, que essa é uma outra história?

Reintroduzamos, com efeito, a duração. Disse que os modelos eram de duração variável: valem o tempo que vale a realidade que eles registram. E esse tempo, para o observador do social, é primordial, porque, mais significativos ainda que as estruturas profundas da vida, são seus pontos de ruptura, sua brusca ou lenta deterioração sob o efeito de pressões contraditórias.

Comparei por vezes os modelos a navios. O navio construído, o meu interesse é pô-lo na água, ver se flutua, depois fazê-lo subir ou descer, à minha vontade, as águas do tempo. O naufrágio é sempre o momento mais significativo. Assim, a explicação imaginada por F. Spooner e por mim mesmo, para os jogos entre metais preciosos, não me parece válido antes do século XV. Aquém, os choques dos metais são de uma violência que a observação ulterior não havia assinalado. Então, cabe-nos procurar a causa. Assim como é necessário ver, rumo à jusante desta vez, porque a navegação de nosso navio muito simples torna-se difícil, depois impos-

---

35. *Anthropologie...*, p. 42-43.

sível, com o século XVIII e o impulso anormal do crédito. Para mim, a pesquisa deve ser sempre conduzida, da realidade social ao modelo, depois deste àquela, e assim por diante, por uma sequência de retoques, de viagens pacientemente renovadas. O modelo é assim, alternadamente, ensaio de explicação da estrutura, instrumento de controle, de comparação, verificação da solidez e da própria vida de uma estrutura dada. Se eu fabricasse um modelo a partir do atual, gostaria de recolocá-lo imediatamente na realidade, depois fazê-lo remontar no tempo, se possível, até seu nascimento. Após o que, calcularia sua vida provável, até a próxima ruptura, segundo o movimento concomitante de outras realidades sociais. A não ser que, servindo-me dele, como de um elemento de comparação, eu o faça passar no tempo ou no espaço, em busca de outras realidades capazes de se iluminar graças a ele, com uma luz nova.

Não tenho razão em pensar que os modelos das matemáticas qualitativas, tais como nos foram apresentadas até aqui[36], se prestariam mal a tais viagens, antes de tudo porque circulam sobre uma única das inumeráveis rotas do tempo, a da longa, *longuíssima* duração, ao abrigo dos acidentes, das conjunturas, das rupturas? Voltarei, uma vez mais, a Claude Lévi-Strauss, porque sua tentativa, nesses domínios, me parece a mais inteligente, a mais clara, a melhor enraizada também na experiência social de onde tudo deve partir, ou aonde tudo deve voltar. A cada vez, notemo-lo, ele põe em causa um fenômeno de extrema lentidão, como que intemporal. Todos os sistemas de parentesco se perpetuam porque não há vida humana possível além de uma certa taxa de consanguinidade, porque é preciso que um pequeno grupo de homens, para viver, se abra para o mundo exterior: a proibição do incesto é uma realidade de longa duração. Os mitos, lentos para se desenvolver, correspondem, eles também, a estruturas de extrema longevidade. Podemos, sem nos preocupar em escolher a mais

---

36. Digo matemáticas qualitativas, segundo a estratégia dos jogos. Sobre os modelos clássicos e tais como os elaboram os economistas, uma discussão diferente estaria por se empenhar.

antiga, colecionar as versões do mito de Édipo, sendo que o problema é ordenar as diversas variações e pôr à luz, abaixo delas, uma articulação profunda que as comande. Mas suponhamos que nosso colega se interesse não por um mito, mas pelas imagens, pelas interpretações sucessivas do "maquiavelismo", que ele pesquisa os elementos de base de uma doutrina bastante simples e muito difundida, a partir de seu lançamento real por volta do meio do século XVI. A cada instante, aqui, quantas rupturas, quantas reviravoltas, até na própria estrutura do maquiavelismo, pois esse sistema não tem a solidez teatral, quase eterna, do mito; ele é sensível às incidências e saltos, às intempéries múltiplas da história. Numa palavra, não caminha apenas sobre as estradas tranquilas e monótonas da longa duração... Assim, o procedimento que Lévi-Strauss recomenda na pesquisa das estruturas matematizáveis, não se situa apenas na etapa micro-sociológica, mas no encontro do infinitamente pequeno e da longuíssima duração.

De resto, as revolucionárias matemáticas qualitativas estarão elas condenadas a seguir somente as estradas da longuíssima duração? Nesse caso, após esse jogo cerrado, encontraríamos apenas verdades que são um pouco demais as do homem eterno. Verdades primeiras, aforismos da sabedoria das nações, dirão espíritos melancólicos. Verdades essenciais, responderemos, e que podem iluminar com uma nova luz as próprias bases de toda vida social. Mas não reside aí o conjunto do debate.

Não creio, de fato, que essas tentativas – ou tentativas análogas – não possam prosseguir fora da longuíssima duração. O que se fornece às matemáticas sociais qualitativas, não são cifras, mas relações, relações que devem ser assaz rigorosamente definidas para que possamos atribuir-lhes um sinal matemático a partir do qual serão estudadas todas as possibilidades matemáticas desses sinais, sem mesmo nos preocuparmos mais com a realidade social que representam. Todo o valor das conclusões depende portanto do valor da observação inicial, da escolha que isola os elementos essenciais da realidade observada e determina suas relações no seio dessa realidade. Concebe-se, por conseguinte, a preferência das matemáticas sociais pelos modelos que Claude Lévi-Strauss denomina mecânicos, isto é, estabelecidos a partir de grupos estreitos onde cada indivíduo, por assim dizer, é diretamente observável e onde uma vida social muito homogênea permite definir seguramente relações humanas, simples e concretas, pouco variáveis.

Os modelos ditos estatísticos se destinam, ao contrário, às sociedades amplas e complexas onde a observação só pode ser desenvolvida graças às médias, isto é, às matemáticas tradicionais. Mas, essas médias estabelecidas, se o observador é capaz de estabelecer, na escala dos grupos e não mais dos indivíduos, essas relações de base de que falávamos e que são necessárias às elaborações das matemáticas qualitativas, nada impede por conseguinte de recorrer a elas. Ainda não houve, que eu saiba, tentativas desse gênero. Mas estamos no início das experiências. Por ora, quer se trate de psicologia, de economia, de antropologia, todas as experiências foram feitas no sentido que defini à propósito de Lévi-Strauss. Mas as matemáticas sociais qualitativas só darão provas de seu valor quando houverem abordado uma sociedade moderna, seus problemas emaranhados, suas diferentes velocidades de vida. Apostemos que a aventura tentará um de nossos sociólogos matemáticos; apostemos também que provocará uma revisão obrigatória dos métodos até aqui observados pelas matemáticas novas, porque estas não podem restringir-se a isso que chamarei desta vez, a duração demasiado longa; elas devem reencontrar o jogo múltiplo da vida, todos os seus movimentos, todas as suas durações, todas as suas rupturas, todas as suas variações.

4. *Tempo do historiador, tempo do sociólogo*

Ao termo de uma incursão pelo país das intemporais matemáticas sociais, eis-me de volta ao tempo, à duração. E, historiador incorrigível, espanto-me, uma vez mais, que os sociólogos tenham podido escapar dela. Mas é que seu tempo não é o nosso: é muito menos imperioso, menos concreto também, nunca está no coração de seus problemas e de suas reflexões.

De fato, o historiador não sai jamais do tempo da história: o tempo cola em seu pensamento como a terra à pá do jardineiro. Ele sonha, seguramente, em lhe escapar. Com a angústia de 1940 ajudando, Gaston Roupnel[37] escreveu a esse propósito palavras que fazem sofrer todo historiador sincero. É igualmente o sentido de uma antiga reflexão de Paul Lacombe, também historiador de grande classe: "o tempo não é nada em si, objetivamente, não é nada senão uma ideia para nós"[38]... Mas se trata no caso de verdadeiras evasões? Pessoalmente, no decorrer de um cativeiro bastante moroso, lutei muito para escapar à crônica desses anos difíceis (1940-1945). Recusar os eventos e o tempo dos eventos, era colocar-se à margem, ao abrigo, para olhá-los um pouco de longe, melhor julgá-los e não crer muito. Do tempo curto, passar ao tempo menos curto e ao tempo muito longo (se existe, este último, só pode ser o tempo dos sábios); depois, chegado a esse termo, deter-se, considerar tudo de novo e reconstruir, ver tudo girar à volta: a operação tem com o que tentar um historiador.

Mas, essas fugas sucessivas não o repelem em definitivo, fora do tempo do mundo, do tempo da história, imperioso porque irreversível e porque corre no próprio ritmo da rotação da Terra. De fato, as durações que distinguimos são solidárias umas com as outras: não é a duração que é tanto assim criação de nosso espírito, mas as fragmentações dessa duração. Ora, esses fragmentos se reúnem ao termo de nosso trabalho. Longa duração, conjuntura, evento se encaixam sem dificuldade, pois todos se medem por uma mesma escala. Do mesmo modo, participar em espírito de um desses tempos, é participar de todos. O filósofo, atento ao aspecto subjetivo, interior à noção do tempo, não sente jamais esse peso do tempo da história, de um tempo concreto, universal, tal como o tempo da conjuntura que Ernest

---

37. *Histoire et Destin*, Paris, Bernard Grasset, 1943, *passim*, notadamente p. 169.
38. *Revue de synthèse historique*, 1900, p. 32.

Labrousse descreve no início de seu livro[39], como um viajante que, idêntico em toda parte a si mesmo, corre o mundo, impõe os mesmos constrangimentos, qualquer que seja o país onde desembarca, o regime político ou a ordem social que aborda.

Para o historiador, tudo começa, tudo acaba pelo tempo, um tempo matemático e demiúrgico, do qual seria fácil sorrir, tempo como que exterior aos homens, "exógeno", diriam os economistas, que os impele, os constrange, arrebata seus tempos particulares de cores diversas: sim, o tempo imperioso do mundo.

Os sociólogos, é claro, não aceitam essa noção muito simples. Estão muito mais próximos da *Dialectique de la durée*, tal como a apresenta Gaston Bachelard[40]. O tempo social é simplesmente uma dimensão particular de determinada realidade social que contemplo. Interior a essa realidade como pode sê-lo a determinado indivíduo, é um dos sinais – entre outros – de que ela se reveste, uma das propriedades que a marcam como ser particular. O sociólogo não é incomodado por esse tempo complacente que ele pode, à vontade, cortar, fechar, recolocar em movimento. O tempo da história prestar-se-ia menos, repito-o, ao duplo jogo ágil da sincronia e da diacronia: quase não permite imaginar a vida como um mecanismo cujo movimento podemos parar para dele apresentar, à vontade, uma imagem imóvel.

Esse desacordo é mais profundo do que parece: o tempo dos sociólogos não pode ser o nosso; repugna à estrutura profunda de nossa profissão. Nosso tempo é medida, como o dos economistas. Quando um sociólogo nos diz que uma estrutura não cessa de se destruir senão para se reconstruir, aceitamos de bom grado a explicação que a observação histórica confirma de resto. Mas quiséramos, no eixo de nossas exigências habituais, saber a duração precisa desses movimentos, positivos ou negativos. Os ci-

---

39. Ernest Labrousse, *La crise de l'économie française à la veille de la Révolution française*, Paris, P.U.F., 1944, Introdução.
40. Paris, P.U.F., 2ª ed., 1950.

clos econômicos, fluxo e refluxo da vida material, se medem. Uma crise estrutural social deve, igualmente, referir-se no tempo, através do tempo, situar-se exatamente nela mesma e mais ainda em relação aos movimentos das estruturas concomitantes. O que interessa apaixonadamente um historiador, é o entrecruzamento desses movimentos, sua interação e seus pontos de ruptura: coisas todas que só podem se registrar em relação ao tempo uniforme dos historiadores, medida geral de todos esses fenômenos, e não ao tempo social multiforme, medida particular a cada um desses fenômenos.

Essas reflexões ao contrário, um historiador as formula, com ou sem razão, mesmo quando penetra na sociologia acolhedora, quase fraternal de Georges Gurvitch. Um filósofo[41] não o definia, ontem, como aquele que "encurrala a sociologia na história"? Ora, mesmo nele, o historiador não reconhece nem suas durações, nem suas temporalidades. O vasto edifício social (diremos o modelo?) de Georges Gurvitch se organiza segundo cinco arquiteturas essenciais[42]: os patamares em profundidade, as sociabilidades, os grupos sociais, as sociedades globais – os tempos, esse último andaime, o das temporalidades, o mais novo, sendo também o último construído e como que sobreposto ao conjunto.

As temporalidades de Georges Gurvitch são múltiplas. Ele distingue toda uma série: o tempo de longa duração e em ritmo mais lento, o tempo ilusão de óptica ou o tempo surpresa, o tempo de pulsação irregular, o tempo cíclico, o tempo em atraso sobre si próprio e o tempo de alternância entre atraso e avanço, o tempo em avanço sobre si próprio, o tempo explosivo[43]... Como o historiador se deixaria convencer? Com essa gama de cores, ser-lhe-ia impossível reconstituir a luz branca unitária, que lhe é indispensável. Ele

41. GILLES GRANGER, *Événement et Structure dans les Sciences de l'homme*, Cahiers de l'Institut de Science Économique Appliquée, Série M, nº 1, p. 41-42.
42. Ver meu artigo, sem dúvida, muito polêmico, "Georges Gurvitch et la discontinuité du social", *Annales E.S.C.*, 1953, 3, p. 347-361.
43. Cf. GEORGES GURVITCH, *Déterminismes sociaux el Liberte humaine*. Paris, P.U.F., 1955, p. 38-40 e *passim*.

percebe também rapidamente, que esse tempo camaleão assinala sem mais, com um sinal suplementar, com um toque de cor, as categorias anteriormente distinguidas. Na cidade de nosso amigo, o tempo, último a chegar, se aloja muito naturalmente entre os outros; assume a dimensão desses domicílios e de suas exigências, segundo os "patamares", as sociabilidades, os grupos, as sociedades globais. É uma maneira diferente de reescrever, sem modificá-las, as mesmas equações. Cada realidade social secreta seu tempo ou suas escalas de tempo, como vulgares conchas. Mas o que nós, historiadores, ganhamos com isso? A imensa arquitetura dessa cidade ideal permanece imóvel. A história está ausente dela. O tempo do mundo, o tempo histórico aí se encontra, mas como o vento em Éolo, encerrado numa pele de bode. Não é à história que os sociólogos, final e inconscientemente, querem mal, mas ao tempo da história, – essa realidade que permanece violenta, mesmo se se procura arranjá-la, diversificá-la. Essa coerção à qual o historiador nunca escapa, os sociólogos escapam quase sempre: evadem-se ou no instante, sempre atual, como que suspenso acima do tempo, ou nos fenômenos de repetição que não são de nenhuma idade; portanto, por uma marcha oposta do espírito, que os acantona seja no factual mais estrito, seja na duração mais longa. Essa evasão é lícita? Aí reside o verdadeiro debate entre historiadores e sociólogos, inclusive entre historiadores de opiniões diferentes!

Não sei se esse artigo muito claro, muito amparado, segundo o hábito dos historiadores, terá a aquiescência dos sociólogos e de nossos outros vizinhos. Duvido. Em todo caso, não é útil repetir, à guisa de conclusão, seu *leitmotiv* exposto com insistência. Se a história está destinada, por natureza, a dedicar uma atenção privilegiada à duração, a *todos* os movimentos em que ela pode decompor-se, a longa duração nos parece, nesse leque, a linha mais útil para uma observação e uma reflexão comuns às ciências sociais. É pedir muito, a nossos vizinhos, desejar que a um dado momento de seus raciocínios, reconduzam a esse eixo suas constatações ou suas pesquisas?

Para os historiadores, que não serão todos da minha opinião, seguir-se-ia uma inversão do vapor: é para a história curta que vão, instintivamente, suas preferências. Estas têm a cumplicidade dos sacrossantos programas da Universidade. Jean-Paul Sartre, em recentes artigos[44], reforça o ponto de vista deles quando, querendo protestar contra o que, no marxismo, é ao mesmo tempo demasiado simples e demasiado pesado, ele o faz em nome do biográfico, da realidade abundante do factual. Nem tudo está dito, quando se tiver "situado" Flaubert como um burguês, ou Tintoretto como um pequeno-burguês. Estou efetivamente de acordo. Mas a cada vez, o estudo do caso concreto – Flaubert, Valéry, ou a política exterior da Gironda – reconduz, finalmente, Jean-Paul Sartre ao contexto estrutural e profundo. Essa pesquisa vai da superfície às profundezas da história e atinge minhas próprias preocupações. Alcançá-las-ia ainda melhor se a ampulheta fosse inclinada nos dois sentidos – do evento para a estrutura, depois das estruturas e dos modelos para o evento.

O marxismo é uma multidão de modelos. Sartre protesta contra a rigidez, o esquematismo, a insuficiência do modelo, em nome do particular e do individual. Protestarei como ele, (em estes ou aqueles matizes a menos), não contra o modelo, mas contra a utilização que dele se faz, que muitos se julgaram autorizados a fazer. O gênio de Marx, o segredo de seu poder prolongado, deve-se ao fato de que foi o primeiro a fabricar verdadeiros modelos sociais, e a partir da longa duração histórica. Esses modelos foram congelados na sua simplicidade ao lhes ser dado valor de lei, de explicação prévia, automática, aplicável em todos os lugares, a todas as sociedades. Ao passo que, transportando-os sobre os rios mutantes do tempo, sua trama seria posta em evidência porque é sólida e bem tecida, reapareceria sem cessar, mas matizada, alternadamente esfumaçada ou avivada pela presença de outras estruturas suscetíveis, elas próprias, de serem definidas por outras regras e, portanto,

---

44. Jean-Paul Sartre, Fragment d'un livre à paraître sur le Tintoret, *Les Temps Modernes*, nov. 1957, e artigo citado precedentemente.

por outros modelos. Assim, limitou-se o poder criador da mais poderosa análise social do último século. Ela não poderia reencontrar força e juventude senão na longa duração... Acrescentarei eu que o marxismo atual me parece a própria imagem do perigo que espreita toda ciência social apaixonada pelo modelo no estado puro, presa ao modelo pelo modelo?

O que eu quisera sublinhar também para concluir é que a longa duração é apenas uma das possibilidades de linguagem comum em vista de uma confrontação das ciências sociais. Existem outras. Assinalei, bem ou mal, as tentativas das novas matemáticas sociais. As novas me seduzem, mas as antigas, cujo triunfo é patente em economia – talvez a mais avançada das ciências do homem – não merecem esta ou aquela reflexão desabusada. Imensos cálculos nos esperam nesse domínio clássico, mas há equipes de calculadores e máquinas de calcular, dia a dia mais aperfeiçoadas. Creio na utilidade das longas estatísticas, no necessário remontar, a partir desses cálculos e pesquisas, a um passado cada dia mais recuado. O século XVIII europeu, no seu conjunto, está semeado por nossos canteiros de obra, mas já o XVII, também, e mais ainda o XVI. Estatísticas de uma dimensão inaudita nos abrem por sua linguagem universal, as profundezas do passado chinês[45]. Sem dúvida, a estatística simplifica para melhor conhecer. Mas toda ciência vai assim do complicado ao simples.

Entretanto, que não se esqueça uma última linguagem, uma última família de modelos, para falar a verdade: a redução necessária de toda realidade social ao espaço que ela ocupa. Digamos a geografia, a ecologia, sem nos deter muito nessas diferenças de vocabulário. A geografia se considera muito frequentemente como um mundo em si, e é pena. Ela teria necessidade de um Vidal de La Blache que, desta vez, em lugar de pensar tempo e espaço, pensaria espaço e realidade social. É nos problemas de conjunto das

---

45. Otto Berkelbach, Van Der Sprenkel, "Population Statistics of Ming China", *B.S.O.A.S.*, 1953; Marianne Rieger, "Zur Finanz-und Agrargeschichte der Ming Dynastie 1368-1643", *Sinica*, 1932.

ciências do homem que, por conseguinte, dar-se-ia o passo na pesquisa geográfica. Ecologia: a palavra, para o sociólogo, sem que ele o confesse sempre, é uma maneira de não dizer geografia e, ao mesmo tempo, de esquivar os problemas que o espaço coloca e, mais ainda, que ele revela à observação atenta. Os modelos espaciais são esses mapas onde a realidade social se projeta e parcialmente se explica, modelos, na verdade, para todos os movimentos da duração e sobretudo da longa duração, para todas as categorias do social. Mas a ciência social os ignora de maneira espantosa. Pensei muitas vezes que uma das superioridades francesas nas ciências sociais era essa escola geográfica de Vidal de La Blache, cujo espírito e as lições não nos consolaríamos em ver traídos. É preciso que todas as ciências sociais, por seu lado, deem lugar a uma "concepção (cada vez) mais geográfica da humanidade"[46], como Vidal de La Blache o pedia já em 1903.

Na prática – pois esse artigo tem um fim prático – desejaria que as ciências sociais, provisoriamente, cessassem de tanto discutir sobre suas fronteiras recíprocas, sobre o que é ou não é ciência social, o que é ou não é estrutura... Que procurem antes traçar, através de nossas pesquisas, as linhas, se existem linhas, que orientariam uma pesquisa coletiva, bem como os temas que permitiriam atingir uma primeira convergência. Essas linhas, chamo-as pessoalmente: matematização, redução ao espaço, longa duração... Mas estaria curioso para conhecer aquelas que outros especialistas proporiam. Pois esse artigo, é necessário dizê-lo, não foi por acaso colocado sob a rubrica *Débats et Combats*[47]. Pretende por não resolver problemas em que infelizmente cada um de nós, no que não concerne à sua especialidade, se expõe a riscos evidentes. Essas páginas são um chamado à discussão.

---

46. P. Vidal De La Blache, *Revue de synthèse historique*, 1903, p. 239.
47. Rubrica bem conhecida dos *Annales* (*E.S.C*).

4. UNIDADE E DIVERSIDADE DAS CIÊNCIAS DO HOMEM[1]

À primeira vista – ao menos se se participa por pouco que seja em seu processamento – à primeira vista, as ciências humanas nos impressionam não pela unidade, difícil de formular e de promover, mas pela diversidade entranhada, antiga, afirmada, para dizer tudo, *estrutural*. Elas são desde logo elas mesmas, estreitamente, e se apresentam como outras tantas pátrias, linguagens e também, o que é menos justificável, como outras tantas carreiras, com suas regras, seus encerramentos doutos, seus lugares-comuns, irredutíveis uns aos outros.

Certamente, uma imagem não é um raciocínio, mas ela substitui por si mesma toda explicação, para abreviar-lhe as dificuldades e ocultar-lhe as fraquezas. Então suponhamos, para ser breve, que as ciências humanas se interessem todas

[1]. *Revue de l'enseignement supérieur*, nº l, 1960, p. 17-22.

por uma mesma e única paisagem: a das ações passadas, presentes e futuras do homem. Suponhamos que uma tal paisagem, além disso, seja coerente, o que evidentemente seria preciso demonstrar. Em face desse panorama, as ciências do homem seriam outros tantos observatórios, com suas vistas particulares, seus esboços perspectivos diferentes, suas cores, suas crônicas. Por infelicidade, os fragmentos de paisagem que cada uma recorta não são peças de armar, não se chamam um ao outro, como os cubos de um quebra-cabeças infantil que reclamam uma imagem de conjunto e não valem, senão em função dessa imagem preestabelecida. À cada vez, de um observatório ao outro, o homem aparece diferente. E cada setor assim reconhecido, é regularmente promovido à dignidade de paisagem de conjunto, mesmo se o observador é prudente, e geralmente ele o é. Mas suas próprias explicações não cessam de arrastá-lo para muito longe, por um jogo insidioso, que prosseguia mesmo a despeito dele mesmo. O economista distingue as estruturas econômicas e supõe as estruturas não econômicas que as cercam, as conduzem, as constrangem. Nada mais anódino e aparentemente mais lícito, mas, ao mesmo tempo, ele reconstituiu o quebra-cabeças à sua maneira. O demógrafo que pretende controlar tudo, e mesmo explicar somente por seus critérios, não age de outra maneira. Tem seus testes, eficazes, habituais: estes lhe bastarão para compreender o homem em seu todo, ou, ao menos, para apresentar o homem que ele apreende como o homem integral ou essencial. O sociólogo, o historiador, o geógrafo, o psicólogo, o etnógrafo são frequentemente mais ingênuos ainda. Enfim, um fato é evidente: cada ciência social é imperialista, mesmo se ela se proíbe de sê-lo; tende a apresentar suas conclusões como uma visão global do homem.

O observador de boa fé e, o que é mais, provavelmente sem experiência prévia, livre de qualquer engajamento, este observador se perguntará infalivelmente, que relações podem existir entre as vistas que cada ciência lhe oferece, entre as explicações com as quais o pressionam, ou as teorias – essas super-explicações – que se lhe impõem. Se ainda fosse possível à essa ingênua testemunha, de olhos inexperientes ir ela própria lançar uma olhadela sobre a paisagem! Acabar-se-ia achando uma razão... Mas a "realidade" das ciências do homem não é essa paisagem de que falávamos, à falta de imagem melhor, ou então é uma paisagem recriada, como a própria paisagem das ciências da natureza. A realidade no estado bruto não é senão uma massa de observações por organizar.

Além disso, deixar os observatórios das ciências do homem, seria renunciar a uma imensa experiência, condenar-se à refazer tudo por si mesmo. Ora, quem caminharia sozinho, nessa noite, quem, hoje, seria capaz, por seus próprios meios, de retomar, para ultrapassá-los, os conhecimentos adquiridos, elevá-los com força, animá-los com uma mesma vida, impor-lhes uma só linguagem, e uma linguagem científica? Não são tanto os conhecimentos à acumular que se oporiam à empresa, mas antes sua utilização; seria preciso essa destreza necessária, essa vivacidade que cada um dentre nós, valha o que valer, adquiriu, mas somente na sua profissão, frequentemente ao preço de uma longa aprendizagem. A vida é muito curta para permitir a um de nós a aquisição de múltiplas maestrias. O economista permanecerá economista, o sociólogo sociólogo, o geógrafo geógrafo, etc. Melhor, sem dúvida, que seja assim, dirão os sábios, que cada um fale sua língua materna e discuta o que conhece: sua loja, sua profissão...

Talvez. Mas as ciências humanas, à medida que gradualmente estendem e aperfeiçoam seu próprio controle, verificam tanto mais suas fraquezas. Quanto mais pretendem a eficácia, mais facilmente se chocam com uma realidade hostil. Cada um de seus fracassos – no domínio prático das aplicações – torna-se então um instrumento de verificação de seu valor, até mesmo de sua razão de ser. Essas ciências, se fossem perfeitas, deveriam, além disso, se reunir automaticamente, devido ao fato mesmo de seu progresso. As regras tendenciais que elas distinguem, seus cálculos, as previsões que acreditam poder tirar daí, todas essas explicações deveriam juntar-se umas às outras para tornar claros, na massa enorme dos fatos humanos, as mesmas linhas essenciais, os mesmos movimentos profundos, as mesmas tendências. Ora, sabemos que não é nada assim, e que a sociedade que nos cerca permanece mal conhecida, confusa, na grande maioria de seus gestos, imprevisível.

Nada prova melhor essa espécie de irredutibilidade atual das ciências do homem uma à outra, que os diálogos tentados, aqui ou ali, por cima das fronteiras. Creio que a história se presta de bom grado a essas discussões e a esses encontros, uma certa história, bem entendido, (não a tradicional que domina nosso ensino e o dominará muito tempo ainda, em razão de uma inércia contra a qual a gente pode lançar maldições, mas que tem a vida dura, devido ao apoio dos sábios idosos e das instituições que se abrem diante de nós, quando não mais somos revolucionários perigosos, mas, aburguesados – porque há uma terrível burguesia do espírito). Sim, a história se presta a esses diálogos. Ela é pouco estruturada, aberta às ciências vizinhas. Mas os diálogos se mostram frequentemente bem inúteis. Que sociólogo não dirá, acerca da história, cem contra verdades? Se tem diante de si Lucien Febvre, interpela-o como se se tratasse de Charles Seignobos. É preciso que a história seja o que ela era ontem, essa pequena ciência da contingência, da narrativa particularizada, do tempo reconstruído e, por todas essas razões e algumas outras, uma ciências vizinhas. Mas os diálogos se mostram fretende ser o estudo do presente pelo estudo do passado, especulação sobre a duração, ou melhor, sobre as diversas formas da duração, o sociólogo e o filósofo sorriem, dão de ombros. É negligenciar, e sem apelo, as tendências da história atual e os importantes antecedentes dessas tendências, esquecer quantos historiadores, há vinte ou trinta anos, romperam com uma erudição fácil e de curto alcance. Se uma tese na Sorbonne (a de Alphonse Dupront), se intitula *Le mythe de Croisade. Essai de sociologie religieuse*, o fato indica do mesmo modo, por si só, que essa pesquisa dos psiquismos sociais, das realidades subjacentes, dos "patamares em profundidade", numa palavra dessa história que alguns chamam "inconsciente", não é um simples programa teórico.

E poderíamos dar de outras realizações e inovações, inumeráveis provas! Contudo, não nos lamentemos excessivamente; o problema não é, uma vez mais, definir a história, face aos que não querem compreendê-la segundo nosso gosto, nem redigir contra eles, um interminável livro de reclamações. Aliás, os erros são partilhados. A "reciprocidade das perspectivas" é evidente.

Também nós, historiadores, vemos à nossa maneira, que não é a boa, e com um atraso evidente, essas ciências nossas vizinhas. E assim, de uma casa à outra, a incompreensão se afirma. Na verdade, um conhecimento eficaz dessas pesquisas diversas, exigiria uma longa familiaridade, uma participação ativa, abandono de preconceitos e hábitos. É pedir muito. Não bastaria, com efeito, para obter êxito, nisso, inserir-se por um instante em tais ou tais pesquisas de vanguarda ou de sociologia ou de economia política – o que, em suma, é bastante fácil – mas antes ver como essas pesquisas se ligam a um conjunto e indicam-lhe os novos movimentos, o que não está ao alcance de todo mundo. Pois, não basta ler a tese de Alphonse Dupront, importa também ligá-la a Lucien Febvre, a Marc Bloch, ao Abade Bremond e a alguns outros. Pois, não basta seguir o pensamento autoritário de François Perroux, mas tão logo, situá-lo exatamente, reconhecer de onde vem e por que correntes de aquiescências e de negações ele se integra, no conjunto do pensamento econômico, sempre em movimento.

Eu protestava ultimamente, com toda boa fé, contra as investigações sociais sobre a realidade viva, prisioneiras de um presente irreal, irreal porque muito breve – protestava também, na mesma ocasião, contra uma economia política insuficientemente atenta à "longa duração", porque demasiado vinculada a tarefas governamentais limitadas, elas também, à duvidosa realidade presente[2]. Ora, a sociologia sobre a realidade viva não está, replicam-me, com razão, à proa das pesquisas sociais e, por sua vez, W. Rostow e W. Kula me afirma que a economia, nas suas pesquisas mais recentes e mais válidas, tenta integrar nela os problemas do tempo longo e mesmo que ela se alimenta disso. Assim, a

2. Cf. meu artigo: "Histoire et sciences sociales: la longue durée" (*Annales*, E.S.C., 1958, e as respostas dos Srs. Rostow e Kula, ibid., 1959 e 1960).

dificuldade é geral. Se não se tomar cuidado, nesses colóquios por cima de nossas cercas, com omissões em simplificações, alguns atrasos ajudando, não estaremos discutindo, malgrado as aparências, entre contemporâneos. Nossas conversações e nossas discussões, e mesmo nossos mui problemáticos entendimentos, hão de atrasar-se em relação ao tempo do espírito. É preciso acertar nossos relógios, ou então se resignar a inúteis, a inverossímeis quiproquós. É jogar na farsa.

Não creio, além disso, que o mercado comum das ciências do homem possa formar-se se alguma vez ele se constituir, por uma série de acordos bilaterais, por uniões aduaneiras parciais cujo círculo em seguida se estenderia pouco a pouco. Duas ciências próximas se repelem, como que carregadas da mesma eletricidade. A união "universitária" da geografia e da história, que ontem fizera seu duplo esplendor, terminou por um divórcio necessário. Discutir com um historiador ou com um geógrafo, mas isto é, para um economista ou um sociólogo, sentir-se mais economista ou sociólogo que na véspera. Na verdade, essas uniões limitadas exigem demasiado dos cônjuges. A sabedoria consistiria em que abaixássemos todos juntos nossos tradicionais direitos de aduana. A circulação das ideias e das técnicas ver-se-ia favorecida e, passando de uma à outra das ciências do homem, ideias e técnicas se modificariam sem dúvida, mas criariam, esboçariam ao menos, uma linguagem comum. Um grande passo seria dado, se certas palavras, de um de nossos pequenos países ao outro, tivessem mais ou menos o mesmo sentido ou a mesma ressonância. A história tem a vantagem e a imperfeição de empregar a linguagem corrente – entenda-se, a linguagem literária. Henri Pirenne recomendou-lhe, frequentemente, que conservasse esse privilégio. Por esse fato, nossa disciplina é a mais literária, a mais legível das ciências do homem, a mais aberta ao grande público. Mas uma pesquisa científica comum exige um certo vocabulário "de base". Chegaríamos a isso deixando mais que hoje, nossas palavras, nossas fórmulas e mesmo nossos *slogans*, passar de uma disciplina à outra.

Assim, Claude Lévi-Strauss se esforça em mostrar o que daria, nas ciências do homem, a intrusão das matemáticas sociais (ou qualitativas), intrusão ao mesmo tempo de uma linguagem, de um espírito, de técnicas. Amanhã, sem dúvida, será preciso distinguir em novas visões de conjunto, o que há e o que não há de matematizável nas ciências do homem, e nada nos diz que não seremos então obrigados a optar entre essas duas vias.

Mas, tomemos um exemplo menos importante e, para dizer tudo, menos dramático. Na economia política hoje, o essencial é, sem dúvida, a "modelização", a fábrica de "modelos". Do presente demasiado complexo, o importante é destacar as linhas simples de relações assaz constantes de estruturas. No começo, as precauções são tão numerosas que o modelo, não obstante a simplificação, mergulha no real, resume suas articulações, ultrapassa, mas com justiça, suas contingências. Assim fizeram Léontieff e seus imitadores. A partir daí, nada mais lícito do que raciocinar no quadro do modelo assim construído e segundo os meios do puro cálculo. Sob seu nome bastante novo, o "modelo" não é aliás senão uma forma tangível dos meios mais clássicos do raciocínio. Nós todos procedemos por meio de "modelo", sem sabê-lo ao certo, tal como o Sr. Jourdain falava em prosa. De fato, o modelo se encontra em todas as ciências do homem. Um mapa geográfico é um modelo. As grades dos psicanalistas, que o jovem crítico literário introduz de bom grado sob as obras dos grandes mestres de nossa literatura (veja-se o pequeno trabalho exato e pérfido de Roland Barthes sobre Michelet), essas grades são modelos. A sociologia múltipla de Georges Gurvitch é um amontoado de modelos. A história também tem seus modelos; como iria fechar-lhes suas portas? Lia ultimamente um admirável artigo de nosso colega de Nuremberg, Hermann Kellenbenz, sobre a história dos "empresários" na Alemanha do Sul, entre o século XV e o século XVIII – artigo desenvolvido segundo a própria linha do Centro de Estudos das Empresas que anima, em Harvard, a generosa e forte personalidade de Arthur Cole. Na verdade, esse artigo e a obra múltipla de Arthur Cole são a retomada, pelos historiadores, do "modelo" de Schumpeter. Para este último, o "empresário", no sentido nobre da palavra, é o "artesão, o elemento criador dos progressos econômicos, das novas combinações entre capital, terra e trabalho". E ele o foi assim através de todo o tempo da história. "A definição de Schumpeter", nota H. Kellenbenz, "é, antes de tudo, um modelo, um tipo ideal". Ora, o historiador às voltas com um modelo se compraz sempre em reconduzi-lo às contingências, em fazê-lo flutuar, como um navio, sobre as águas particulares do tempo. Os empresários na Alemanha meridional, do século XV ao XVIII, serão portanto, de natureza, de tipos diferentes, como seria fácil prevê-lo. Mas, nesse jogo, o historiador destrói, sem fim, os benefícios da "modelização", desmonta o navio. Não retornaria à regra a não ser que se reconstruísse o navio, ou um outro navio, ou se, dessa vez na linha da história, *trouxesse* os diferentes "modelos" identificados nas suas singularidades, explicando-os em seguida, todos ao mesmo tempo, por sua própria sucessão.

A "modelização" tiraria assim nossa disciplina de seu gosto pelo particular que não poderia bastar. O próprio movimento da história é uma vasta explicação. Estaríamos tentados a dizê-lo se, por exemplo, jamais se iniciasse uma discussão acerca das grades dos psicanalistas, entre críticos literários, historiadores e sociólogos: essas grades, valem ou não para *todas* as épocas? E sua evolução, se evolução houver, não é, tanto quanto a própria grade, a linha principal da pesquisa?

Assistia ultimamente, na Faculdade de Letras de Lyon, a uma defesa de tese sobre *A Escola e a Educação na Espanha, de 1874 à 1902*[3], portanto sobre essa imensa guerra de religião em torno da escola que o século XIX nos legou. A Espanha oferece um caso, entre vários outros, desse conflito múltiplo, religioso na sua essência. Nada se oporia a uma modelização dessa família de debates. Suponham a coisa realizada e os elementos bem no lugar: aqui, a necessidade de uma instrução de massa, ali as paixões antagonistas vivas

---

3. Tese de Yvonne Turin, Imprensas Universitárias da França, Paris, 453 p. in-8º.

e cegas, lá as Igrejas, o Estado, o orçamento... Toda essa construção teórica nos serviria para melhor compreender a unidade de uma longa crise, certamente ainda não fechada. Se voltássemos então, armado desse modelo, à Espanha entre 1874 e 1902, nosso primeiro cuidado, historiadores, seria particularizar o modelo, desmontar seus mecanismos para verificá-los e, sobretudo, complicá-los à vontade, restituí-los a uma vida diversa e particular, subtraí-los à simplificação científica. Mas em seguida, que vantagem se se ousasse retornar ao modelo, ou aos diversos modelos, para discernir-lhes a evolução, se evolução houver!

Detenhamo-nos; a demonstração está feita: o modelo viaja seguramente através de todas as ciências do homem e de maneira útil, mesmo nessas águas que *a priori* não lhe parecem favoráveis.

Semelhantes viagens podem multiplicar-se. Mas são meios menores de aproximação e de concordância, quando muito, alguns fios atados, aqui ou ali. Ora, sempre nos colocando no quadro total das ciências do homem, é possível fazer mais, organizar movimentos de conjunto, confluências que não sacudam tudo, mas sejam capazes de modificar profundamente as problemáticas e os comportamentos.

Nossos colegas poloneses designam esses movimentos combinados pelo cômodo nome de "estudos complexos". "Entende-se sob essa denominação, precisa Aleksander Gieysztor, o trabalho de diversos especialistas sobre um tema limitado por um, dois ou mesmo três princípios da classificação dos fenômenos sociais: geográfico, cronológico, ou segundo a própria natureza do tema." São assim "estudos complexos" como os *area studies* de nossos colegas americanos. O princípio é o de reunir várias ciências humanas para estudar e definir as grandes *áreas culturais* do mundo atual, especialmente esses monstros: Rússia, China, Américas, Índia, não ouso dizer Europa.

No vasto mundo das ciências humanas, já se combinaram, organizaram, portanto, encontros, coligações, obras comuns. E essas tentativas não são sequer inteiramente novas. Vejo-lhes, ao menos, um precedente de importância: as *Semaines de synthèse* de Henri Berr, uma vez mais autêntico precursor de tantos movimentos atuais. Recentes ou antigas, pouco importa de resto! Essas experiências exigem ser prosseguidas e, visto que seu êxito – ao menos na tarefa de unificação das ciências sociais – se mostra muito discutível, retomadas, após exame minucioso. Sem dúvida, é possível desde agora, indicar algumas regras importantes: de antemão, elas dominam os debates.

É preciso efetivamente admitir, em primeiro lugar, que essas tentativas podem um dia deslocar as fronteiras, os centros de gravidade, as problemáticas, os pastos quadrados tradicionais. E isso para todas as ciências humanas sem exceção. Seria preciso, pois, em toda parte, um certo abandono do espírito "nacionalista". Depois reconhecer que, como as estacas não se podendo plantar ao acaso, devem ser antecipadamente alinhadas e, no mesmo lance, veem-se desenhados os eixos de reunião e de reagrupamento, essas reduções ao espaço, ao tempo, de que falava A. Gieysztor, mas igualmente, ao número, ao biológico.

Enfim, e sobretudo, são *todas* as ciências do homem que é preciso colocar em jogo, as mais clássicas, as mais antigas e as mais novas. As últimas se designam antes sob o nome de ciências sociais: elas têm a pretensão de ser quatro ou cinco "grandes" de nosso mundo. Ora, sustento que para a construção de uma unidade todas as pesquisas possuem seu interesse, tanto a epigrafia grega como a filosofia, ou a biologia de Henri Laugier, ou as sondagens de opinião, se são conduzidas por um homem de espírito, como Lazarsfeld. Precisamos, também nós, de um concilio ecumênico.

O malogro dos *area studies* – entenda-se, no plano normativo, porque os trabalhos que souberam inspirar e levar a bom termo são consideráveis – esse malogro nos deveria servir de lição. Nossos colegas de Harvard, da Columbia, da corajosa equipe de Seattle talvez não alargaram bastante o círculo de suas convocações. Arriscando-se na estreita atualidade, não fizeram, para compreender a China ou a Índia, senão raramente, apelo a historiadores, jamais, ao menos segundo meu conhecimento, a geógrafos. Sociólogos, economistas (no sentido amplo), psicólogos, linguistas são capazes, por si sós, de mobilizar o conjunto do humano científico? Não o penso. Ora, essa mobilização geral, repito-o, é a única que pode ser eficaz, ao menos nesse momento.

Já sustentei muitas vezes essa tese. Aproveito a audiência que oferece a *Revue de l'enseignement supérieur* para repeti-la de novo. A França não possui nem os melhores economistas, nem os melhores historiadores, nem os melhores sociólogos do mundo. Mas possuímos um dos melhores conjuntos de pesquisadores. De outra parte, os frutos da política do C.N.R.S. são, ao menos em um ponto, indiscutíveis: dispomos, mais ou menos em cada disciplina, de homens jovens, cujo arrebatamento e a ambição foram totalmente consagrados à pesquisa. É a única coisa que seria verdadeiramente impossível improvisar. Amanhã, a *Maison des Sciences de l'Homme* reagrupará num só conjunto todos os centros e laboratórios válidos, em Paris, nesse vasto domínio. Todas essas forças jovens, todos esses meios novos estão ao alcance da mão, enquanto que temos, o mais precioso de todos, sem dúvida único no mundo, o indispensável enquadramento de todas as "ciências" clássicas do homem, sem o que nada de decisivo é possível. Não deixemos, pois, escapar essa dupla ou tripla oportunidade. Precipitemos o movimento que, em toda parte do mundo, se desenha rumo à unidade e, se necessário, queimemos as etapas, desde que isso seja possível e intelectualmente aproveitável. Amanhã, já seria muito tarde.

5. HISTÓRIA E SOCIOLOGIA[1]

Algumas observações prévias situarão, espero, o presente capítulo. Entendo aqui por *sociologia*, com bastante frequência, quase sempre, essa ciência global que Emile Durkheim e François Simiand queriam fazer dela, no início deste século – essa ciência que ela não é ainda, mas em direção à qual não cessará de tender, mesmo se não deve jamais atingi-la plenamente. Entendo por *história*, uma pesquisa cientificamente conduzida, digamos a rigor uma *ciência*, mas complexa: não há *uma* história, *um* ofício de historiador, mas, ofícios, histórias, uma soma de curiosidades, de pontos de vista, de possibilidades, soma à qual amanhã outras curiosidades, outros pontos de vista, outras possibilidades se acrescentarão ainda. Far-me-ia melhor

1. Capítulo IV da Introdução do *Traité de Sociologie*, publicado sob a direção de Georges Gurvitch, Paris, P.U.F., 2 vol., 516 e 466 p. in-8v; 1ª ed. 1958-1960, 3ª ed., 1967-1968.

compreender por um sociólogo, – que tem a tendência, como os filósofos, de ver na história uma disciplina com regras e métodos perfeitamente e, de uma vez por todas, definidos – dizendo que há tantas maneiras, discutíveis e discutidas, de abordar o passado quantas atitudes em face do presente? Pode mesmo a história se considerar como um certo estudo do presente?

Isso dito, que não se espere encontrar aqui uma resposta, ou até uma tentativa de resposta às habituais interrogações sobre as relações entre história e sociologia, ou uma sequência à polêmica, retomada incessantemente e jamais a mesma, entre esses vizinhos que não podem nem se ignorar, nem se conhecer perfeitamente e que, nas suas disputas, quando se definem, o fazem unilateralmente. Há falsas polêmicas, assim como há falsos problemas. Em todo caso, é quase sempre um falso diálogo como esse do sociólogo e do historiador. Quando François Simiand polemiza contra Charles Seignobos, crê falar com a história, enquanto fala com uma certa história, aquela que foi batizada, com Henri Berr, de *historizante*[2]. Quando, na mesma época, ele se opõe a Henri Hauser, tem em face dele o mais brilhante historiador de sua geração, certamente, mas demasiado brilhante, demasiado hábil advogado, enterrado em êxitos precoces e nas regras antigas de sua profissão. É a Paul Lacombe que ele deveria dirigir-se para ter um adversário à sua altura. Mas não se arriscava, justamente, a concordar com ele?

Ora, a polêmica não é possível a não ser que os adversários se prestam a ela, consintam "em se bater de sabre"[3], para falar como um historiador irritado e divertido que retorquia, há muito tempo, em 1900, a seu crítico, precisamente, o pró-

---

2. A célebre controvérsia é, entretanto, empenhada também, a propósito do livro de Paul Lacombe, *De l'histoire considere comme science*, Paris, 1894. O artigo de François Simiand, Méthode Historique et Science Sociale, *Revue de synthèse historique*, 1903, p. 1-22 e p. 129-157, leva, com efeito, em subtítulo, *Etude critique d'après les ouvrages récents de M. Lacombe et de M. Seignobos*. Mas a obra de Paul Lacombe praticamente não é colocada em questão.
3. Xénopol, *Revue de synthèse historique*, 1900, p. 135, nº 2.

prio Paul Lacombe. Esse apaixonado da história, na sua vontade de fazer uma "história-ciência", podia, imagino-o, se entender com François Simiand sociólogo. Um pouco de atenção bastaria. Paul Lacombe, no seu desejo de sair dos impasses e dificuldades insolúveis de nosso ofício, não chegava a se evadir do tempo: "O tempo! dizia, mas ele não é nada em si objetivamente, não é nada exceto uma ideia para nós..."[4] Infelizmente, François Simiand não atacará Paul Lacombe senão incidentalmente e investirá contra outros adversários irredutíveis. Na verdade, há sempre *uma* história que pode concordar com *uma* sociologia – ou, ao inverso, evidentemente, entredevorar-se com ela. Georges Gurvitch[5], no seu artigo de polêmica histórico-sociológico, o mais recente em data nesse gênero – pelo menos, que eu conheça –, recusa entender-se com Henri Marrou, mas se entenderia mais facilmente comigo... Ainda assim seria preciso olhar de perto: entre historiador e sociólogo, talvez não haja nem disputa, nem entendimento perfeito.

I

Primeira e essencial precaução: tentemos apresentar rapidamente a história, mas nas suas definições mais recentes, porque toda ciência não cessa de se definir de novo, de se pesquisar. Cada historiador é forçosamente sensível às modificações que traz, mesmo involuntariamente, a um ofício flexível e que evolui por si mesmo, sob o peso de conhecimentos, de tarefas, de novos pasmos, por causa também do movimento geral das ciências do homem. Todas as ciências sociais se contaminam umas às outras e a história não escapa a essas epidemias. Donde, suas modificações de ser, ou de maneiras, ou de semblante.

Se nossa retrospectiva começa com este século, teremos à nossa disposição pelo menos dez análises e mil retratos

---

4. La Science de l'Histoire d'Après M. Xenopol, *Revue de synthèse historique*, 1900, p. 32.
5. Continuité et Discontinuité en Histoire et en Sociologie, *Annales E.S.C.*, 1957, p. 73-84.

da história, sem contar as posições que se desenham nas próprias obras dos historiadores, sendo estes de bom grado levados a crer que marcam melhor suas interpretações e seus pontos de vista numa obra, do que numa discussão precisa e formal do pensamento que adotam (daí a censura divertida dos filósofos, para os quais os historiadores não conhecem nunca muito exatamente a história que fazem)...

No início da série, coloquemos, visto que todo o mundo ainda o faz, a clássica *Introduction aux sciences historiques* de Charles-Victor Langlois e Charles Seignobos[6]. Assinalemos, por esses lados, o artigo do jovem Paul Mantoux (1903)[7]; depois, bem mais tarde, após o clássico Raymond Aron, *Introduction à la philosophie de l'histoire*[8], ponto de vista de um filósofo sobre a história, alcançamos o *Métier d'historien* de Marc Bloch[9], obra póstuma e incompleta (sem dúvida bem afastada daquela que seu autor publicaria, se a morte não o tivesse surpreendido tragicamente). Cheguemos em seguida aos brilhantes *Combats pour l'histoire* de Lucien Febvre, compilação de artigos que ele mesmo reuniu[10]. Não esqueçamos, de passagem, o ensaio muito rápido de Louis Halphen[11], nem o livro vivo de Philippe Aries[12], nem a defesa existencialista de Eric Dardel[13], nem um certo artigo de Andre Piganiol[14], nem o discurso de Henri Marrou[15], interessante e sutil, talvez demasiado atento, para meu gosto somente aos espetáculos de uma história da Antigui-

---

6. Acrescentar aí, Charles Seignobos, *La méthode historique appliquée aux sciences sociales*, Paris, 1901.
7. Histoire et Sociologie, *Revue de synthèse historique*, 1903, p. 121-140.
8. Paris, 1948, 2ª ed. A primeira edição é de 1938.
9. *Apologie pour l'histoire ou métier d'historien*, 1ª ed., 1949, Paris, (3ª ed., 1959). Sobre esse belo livro ver a nota penetrante de J. Stengers, "Marc Bloch et l'Histoire", *Annales E.S.C.*, 1953, p. 329-337.
10. Paris, 1953.
11. *Introduction à l'histoire*, Paris, 1946.
12. *Le temps de l'histoire*, Paris, 1954.
13. *Histoire, science du concret*, Paris, 1946.
14. Qu'est-ce que l'Histoire?, *Revue de métaphysique et de morale*, 1955, p. 225-247.
15. *De la conaissance historique*, 1954. A completar pelos belos boletins que dá H.-J. Marrou sobre a historiografia, na *Revue historique*, 1953, p. 256-270; 1957, p. 270-289.

dade e muito enfurnado no pensamento de Max Weber, preocupado por consequência, acima de toda medida, com a objetividade da história. Objetividade, subjetividade em matéria social: este problema que apaixonou o século XIX, descobridor dos métodos científicos, é hoje primordial? Em todo caso, não nos é específico. Há aí uma fraqueza do espírito científico que só se pode superar, Henri Marrou o diz com razão, redobrando a prudência e honestidade. Mas de graça, não aumentemos desmesuradamente o papel do Historiador, mesmo com um H maiúsculo!

Abreviada, incompleta, limitada de propósito apenas à literatura francesa do tema, essa curtíssima bibliografia permitiria, entretanto, determinar o ponto em que se encontram as polêmicas passadas: elas as baliza bastante de perto. Mas, em compensação, os livros e artigos assinalados não falam da multiplicidade atual e própria da história – e contudo é o essencial. O movimento profundo da história de hoje, se não me engano, não é escolher entre rotas e pontos de vista diferentes, mas aceitar, adicionar essas definições sucessivas nas quais se tentou em vão, encerrá-las. Pois todas as histórias são nossas.

No início deste século, repetia-se de bom grado, bem depois de Michelet, que a história era a "ressurreição do passado". Belo tema, belo programa! A "tarefa da história é comemorar o passado, todo o passado", escrevia Paul Mantoux em 1908. E mesmo: desse passado, na realidade, o que se retinha? Nosso jovem historiador de 1903 respondia, sem hesitar: "O que é particular, o que não acontece senão uma vez, é do domínio da história"[16]. Resposta clássica, imagem da história que filósofos e sociólogos propõem de bom grado, com exclusão de qualquer outra. Émile Bréhier, o historiador da filosofia, no navio que nos transportava para o Brasil em 1936, não queria renunciar a isso, no decorrer de nossas discussões amistosas. O que se repetia na vida passada pertencia, para ele, ao domínio da sociologia, à botica de nossos vizinhos. Portanto, todo o passado não era nosso. Mas não discutamos. Também estou ligado, como todo historiador,

---

16. Art. cit., p 113.

aos fatos singulares, a essas flores de um dia, tão depressa fanadas e que não se tem duas vezes entre os dedos. Mais ainda, creio que sempre há, numa sociedade, viva ou extinta, milhares e milhares de singularidades. E sobretudo, se compreendemos essa sociedade no seu conjunto, pode-se afirmar que jamais repetirá o que ela é na sua totalidade: ela se oferece como um *equilíbrio* provisório, mas original, único.

Aprovo portanto Philippe Aries por embasar sua história no reconhecimento das diferenças entre as idades e as realidades sociais. Mas a história não é apenas a diferença, o singular, o inédito – o que não se verá duas vezes! Aliás, o inédito não é jamais perfeitamente inédito. Ele coabita com o repetido ou o regular. Paul Lacombe dizia acerca de Pavia (24 de fevereiro de 1525) ou melhor, de Rocroi (19 de maio de 1643), que certos incidentes dessas batalhas "procedem de um sistema de armamento, de tática, de hábitos e de costumes guerreiros que se encontram num bom número de outros combates da época"[17]. Pavia é, de certa maneira, o início da guerra moderna, um evento, mas numa família de eventos. Na verdade, como acreditar nessa história exclusiva dos eventos únicos? François Simiand[18], citando Paul Lacombe, concordava e retomava por sua conta a afirmação do historiador: "Não há fato em que não se possa distinguir uma parte de individual e uma parte de social, uma parte de contingência e uma parte de regularidade". Assim, desde o começo deste século, um protesto, uma dúvida ao menos se levantava contra uma história restrita aos eventos singulares, e desse fato prestigioso, nessa história "linear", "eventual", *fatual*, acabará por dizer Paul Lacombe.

Ultrapassar o evento, era ultrapassar o tempo curto que o contém, o da crônica, ou o do jornalismo – essas rápidas tomadas de consciência dos contemporâneos no dia a dia, cujos traços, nos tornam tão vivo o calor dos eventos e das existências passadas. Equivale a perguntar se, além dos eventos, não há uma história inconsciente dessa vez, ou melhor, mais ou menos consciente, que, em grande parte,

17. Ver acima art. cit., nota 4, p. 93.
18. Art. cit.. p. 21.

escapa à lucidez dos atores, os responsáveis ou as vítimas: eles fazem a história, mas a história os transporta.

Essa busca de uma história não factual se impôs de maneira imperiosa ao contato das outras ciências do homem, contato inevitável (as polêmicas são a prova disso) e que, na França, se organizou, depois de 1900, graças à maravilhosa *Revue de synthèse historique* de Henri Berr, cuja leitura, retrospectivamente, é tão emocionante; depois, após 1929, graças à vigorosa e eficientíssima campanha dos *Annales* de Lucien Febvre e Marc Bloch.

A história se aplicou, desde então, a compreender os fatos de repetição assim como os singulares, as realidades conscientes assim como as inconscientes. O historiador, desde então, quis ser e se fez economista, sociólogo, antropólogo, demógrafo, psicólogo, linguista... Essas novas ligações de espírito foram, ao mesmo tempo, ligações de amizade e de coração. Os amigos de Lucien Febvre e de Marc Bloch, fundadores, animadores também dos *Annales*, constituíram um colóquio permanente das ciências do homem, de Albert Demangeon e de Jules Sion, os geógrafos, a Maurice Halbwachs, o sociólogo, de Charles Blondel e de Henri Wallon, os psicólogos, a François Simiand, o filósofo-sociólogo-economista. Com eles, a história apoderou-se, bem ou mal, mas de maneira decidida, de todas as ciências do humano; ela quis ser, com seus chefes de grupo, uma impossível ciência global do homem. Fazendo-o, ela se abandonou a um imperialismo juvenil, mas na mesma qualidade e da mesma maneira que quase todas as ciências humanas de então, na verdade pequenas nações que, cada uma por sua conta, sonhavam tudo absorver, tudo sacudir, tudo dominar.

Desde então, a história continuou nessa mesma linha a se alimentar das outras ciências do homem. O movimento não parou, como seria de esperar, se transformou. O caminho é longo[19] do *Métier d'historien*, testamento de Marc Bloch, aos *Annales de* após-guerra, conduzidos, de fato, sob a única direção de Lucien Febvre. Apenas os historiadores, pouquíssimo preocupados com métodos de orientação, tê-

---

19. Vede como parecerá sábio e como de uma outra idade, o artigo de Jean Meuvret, Histoire et Sociologie, *Revue historique*, 1938.

-lo-ão notado. Entretanto, depois de 1945, a questão voltou a colocar-se: quais eram o papel e a utilidade da história? Era, devia ser apenas o estudo exclusivo do passado? Se, para os anos decorridos, ela se encarniçava em ligar o feixe de todas as ciências do homem, não se seguiriam, para ela, inevitáveis consequências? No interior de seu domínio, ela era todas as ciências do homem. Mas, onde se detém o passado?

Tudo é história, diz-se para depois sorrir disso. Claude Lévi-Strauss escrevia ainda ultimamente: "Porque tudo é história, o que foi dito ontem é história, o que foi dito há um minuto é história"[20]. Acrescentarei o que foi dito, ou pensado, ou agido, ou somente vivido. Mas se a história, onipresente, põe em jogo o social em sua totalidade, é sempre a partir desse mesmo movimento do tempo que, sem cessar, arrasta a vida, mas a subtrai a si mesma, apaga e reacende suas chamas. A história é uma dialética da duração; por ela, graças a ela, é estudo do social, de todo o social, e portanto do passado, e portanto também do presente, um e outro inseparáveis. Lucien Febvre tê-lo-á dito e repetido durante os dez últimos anos de sua vida: "A história, ciência do passado, ciência do presente".

Compreender-se-á que o autor deste capítulo, herdeiro dos *Annales* de Marc Bloch e de Lucien Febvre, sinta-se numa posição bastante particular para reencontrar "de sabre na mão", o sociólogo que lhe censuraria ou de não pensar como ele, ou de pensar demasiado como ele. A história me aparece como uma dimensão da ciência social, faz corpo com esta. O tempo, a duração, a história se impõem de fato, ou deveriam se impor a todas as ciências do homem. Suas tendências não são de oposição, mas de convergência.

II

Já escrevi[21], um pouco contra Georges Gurvitch, que sociologia e história eram uma só aventura do espírito, não o avesso e o direito de um estofo, mas o próprio estofo, em

20. *Anthropologie structurale*, Paris, 1958, p. 17.
21. *Annales E.S.C.*, 1957, p. 73.

toda a espessura de seus fios. Essa afirmação, naturalmente, permanece discutível e não poderia ser desenvolvida de ponta a ponta. Mas ela responde, em mim, a um desejo de unificação, mesmo autoritário, das diversas ciências do homem, para submetê-las menos a um mercado comum do que a uma problemática comum, que as liberaria de uma porção de falsos problemas, de conhecimentos inúteis e prepararia, após os debates e arranjos que se impõem, uma futura e nova divergência, capaz então de ser fecunda e criadora. Pois um novo lançamento das ciências do homem se impõe.

Não se pode negar que, amiúde, História e Sociologia se reúnem, se identificam, se confundem. As razões disso são simples; de uma parte, há esse imperialismo, esse inflamante da História; de outra, essa identidade de natureza; História e Sociologia são as únicas ciências *globais*, suscetíveis de estender sua curiosidade a não importa que aspecto do social. A história, na medida em que é todas as ciências do homem no imenso domínio do passado, a história é síntese, é orquestra. E se o estudo da duração *sob todas as suas formas* lhe abre, como penso, as portas do atual, então ela está em todos os lugares do festim. E aí se encontra regularmente nos costados da sociologia, que também é síntese por vocação e que a dialética da duração obriga a se voltar para o passado quer ela queira, quer não.

Mesmo se, segundo a velha fórmula, se considera a sociologia como essa "ciência dos fatos cujo conjunto constitui a vida coletiva dos homens", mesmo se a vemos, por predileção, à procura das novas estruturas que se elaboram no calor e na complexidade da vida atual – tudo, no social, não vai depender de sua curiosidade e de seu julgamento? O coletivo, mas é preciso separá-lo bem do individual, ou reencontrá-lo no individual: a dicotomia é sempre retomada. A inovação, mas não há inovação salvo em relação ao que é antigo e não quer sempre morrer no fogo do atual onde tudo queima, a madeira nova, a madeira antiga, esta, mais depressa do que aquela.

Portanto, o sociólogo, em seus campos de atividade e nos trabalhos da história, não pode estar expatriado: reencontra seus materiais, seus utensílios, seu vocabulário, seus problemas, suas próprias incertezas.

Evidentemente, a identidade não é completa e amiúde ela se dissimula: há o jogo das formações, das aprendizagens, das carreiras, das heranças, a textura do ofício, as diferentes técnicas de informação que a variedade das fontes documentárias impõe (mas isso é verdade no próprio interior da história: o estudo da Idade Média, o do século XIX, exigem uma atitude diferente em face do documento). A história, se podemos dizê-lo, é um dos misteres menos estruturados da ciência social, portanto, dos mais flexíveis, dos mais abertos. As ciências sociais, entre nós, estão talvez presentes mais frequentemente ainda que na própria sociologia, cuja vocação, entretanto, é a de contê-las todas. Há uma história econômica cuja riqueza envergonha, estou seguro disso, a magérrima e anêmica sociologia econômica. Há uma maravilhosa história geográfica e uma vigorosa geografia histórica, que não podem ser colocadas na balança com a ecologia pontilhista dos sociólogos. Há uma demografia histórica (é história, ou não é) relativamente à qual, a morfologia social é coisa superficial. Há, do mesmo modo, uma história social medíocre, mas que não se enriqueceria em contato com os maus estudos da sociologia tipológica (para não dizer o que seria pleonasmo: a sociologia social). E é bem provável que a história quantitativa, na linha dos programas de Ernest La-brousse e de seus alunos (Congresso de História de Roma, 1955), no domínio do estudo das classes sociais, tome uma dianteira decisiva sobre a sociologia abstrata, muito preocupada, na minha opinião, com o conceito de classes sociais em Marx ou seus êmulos.

Mas nos detenhamos aí. Seria muito fácil pôr em correspondência, termo a termo, o que tentam os sociólogos e o que nós, historiadores, fazemos; a sociologia do conhecimento e a história das ideias; a microssociologia e a sociometria de uma parte, e de outra, a história de superfície, dita factual, essa micro-história onde são vizinhos o fato corriqueiro e o evento brilhante, explosivo, *sociodrama*, a bem dizer, e que pode se estender às dimensões de uma nação ou de um mundo... A um certo momento mesmo, não vejo mais com clareza, a diferença que pode haver entre essas atividades intermediárias, entre sociologia da arte e história da arte, entre sociologia do trabalho e história do trabalho, sociologia literária e história literária, entre história religiosa ao nível de Henri Bremond e sociologia religiosa ao nível excepcionalmente brilhante de Gabriel Le Bras e de seus discípulos... E as diferenças, quando existem, não poderiam ser preenchidas por um alinhamento do menos brilhante sobre o mais brilhante dos parceiros? Assim, o historiador não é bastante atento aos signos sociais, aos símbolos, aos papéis sociais regulares e subjacentes. Mas, numerosos exemplos o provam, um pequeno esforço bastaria para que o historiador veja esses problemas aparecerem sob suas próprias lunetas. Trata-se aí de diferenças, de desatenções, não de imperativos ou de exclusividades do mister.

Outro sinal fraterno dessas correspondências: o vocabulário tende a identificar-se de uma ciência à outra. Os historiadores falam de crise estrutural; os economistas, de crise de estrutura, Lévi-Strauss volta à estrutural no seu último livro, a *Anthropologie structurale*[22]. Diremos, do mesmo modo, conjuntural, que soa mal, ou de conjuntura? Factual, que Paul Lacombe criou (ele hesitava, eu o disse, entre eventual e factual), que François Simiand adotou e que ricocheteou entre os historiadores, há uma dezena de anos, foi lançado, desde então, em uma órbita comum. A palavra *patamar* saiu do pensamento de Georges Gurvitch e se aclimata, nem bem nem mal, entre nós. Diremos que há patamares da realidade histórica, mais ainda patamares da explicação histórica, e, por conseguinte, patamares possíveis do acordo ou da polêmica histórico-sociológica: pode-se brigar, ou reconciliar-se, mudando de andar...

Mas deixemos esse jogo que seria fácil de prosseguir. Vale mais mostrar o seu interesse. O vocabulário é o mesmo, ou torna-se o mesmo, porque, cada vez mais, a problemática é a mesma, sob o cômodo signo de duas palavras, vitoriosas no momento: modelo e estrutura. O modelo fez sua aparição nas águas vivas da história, "utensílio artesa-

---

22. Op. cit., Paris, 1958.

nal", mas a serviço das tarefas mais ambiciosas; *a* ou *as* estruturas nos assediam: fala-se demais em estruturas, mesmo nos *Annales*, dizia Lucien Febvre[23], no decorrer de um de seus últimos escritos. De fato, a ciência social, valha o que valer, deve construir o modelo, a explicação geral e particular do social, substituir, uma realidade empírica e desconcertante, por uma imagem que seja mais clara, mais fácil de explorar cientificamente. E cumpre-lhe escolher, truncar, reconstruir, dosar, aceitar as contradições e quase procurá-las. O social tem, ou não, essa estrutura escalonada, "folheada", para retomar a palavra do Dr. Roumeguère[24]? A realidade muda a cada andar ou patamar? Então é descontínua "na vertical". É estruturada em toda sua espessura ou apenas em uma certa espessura? Fora dos invólucros duros das estruturas situar-se-iam zonas livres, inorganizadas da realidade. O estruturado e o não-estruturado, osso e carne do social. Mas o movimento que arrasta a sociedade é também estruturado, se podemos dizê-lo, segundo o esquema de uma estrutura batizada "dinâmica"? Ou, se quisermos, há uma regularidade, existem fases necessariamente repetidas em todos os fenômenos de evolução histórica? O "movimento da história" não agiria às cegas...

Na verdade, esses problemas se reúnem e se imbricam, ou deveriam se reunir e se engrenar. Por um paradoxo aparente, o historiador, aqui, seria talvez mais simplificador que o sociólogo. Com efeito, por mais que pretenda, no limite, que o atual também é de seu domínio, estuda-o mal e com menos frequência que o social oscoado, decantado, simplificado por mil razões que é inútil sublinhar. O presente, ao contrário, é um apelo ao múltiplo, ao complicado, ao "pluridimensional". Esse apelo, será que ele o ouve, o percebe menos bem que o sociólogo, observador das efervescências do atual?

III

---

23. Prefácio à Huguette e Pierre Chaunu, *Seville et l'Atlantique*, t. I, Paris, 1959, p. XI: "E depois, 'estruturas'? Palavra na moda, eu o sei; ela se estende mesmo por vezes, nos *Annales*, um pouco demais para o meu gosto".
24. Conferência da École des Hautes Études VIª secção, sobre as estruturas, resumida e datilografada, 1958.

Desse circuito de horizonte, ressalta uma impressão de analogia, de identidade bastante forte. Os dois misteres, no seu conjunto, têm os mesmos limites, a mesma circunferência. Pouco importa, se aqui o setor histórico é melhor lavrado, lá, o setor sociológico: um pouco de atenção ou de trabalho e os domínios se corresponderiam melhor e conheceriam, sem esforço, os mesmos êxitos.

Essa analogia não poderia ser recusada – e mesmo assim – a não ser que o sociólogo não quisesse a intrusão do historiador no atual. Mas seria possível, em seguida, reduzir tudo, de nossas oposições a um duvidoso contraste entre ontem e hoje? Dos dois vizinhos, um se introduz no passado que, no fim de contas, não é seu domínio específico, em nome, se quisermos, da repetição; o outro penetra no presente em nome de uma duração criadora de estruturações e desestruturações, de permanências também. Repetição e comparação, de um lado, duração e dinamismo, de outro, são atuações sobre o real, utensílios que cada um pode utilizar. Entre real vivido e real que se vive ou se vai viver, o limite é tão claro? Os primeiros sociólogos bem sabiam que o atual não sustentava senão uma parte de sua construção. É-nos forçoso, dizia François Simiand, "procurar os fatos e os casos de experiência na relação do passado da humanidade"[25].

Creio menos ainda numa oposição dos estilos. A história é mais continuísta, a sociologia mais descontinuísta? Sustentou-se essa oposição, mas eis uma questão mal posta! Seria preciso, para ter o coração limpo, colocar face à face as próprias obras, ver se essas oposições são internas ou externas a nossos respectivos ofícios. Não esqueçamos, além disso, que a descontinuidade, hoje, não faz outra coisa senão abordar em claro a reflexão histórica. Marc Bloch, por ter colocado prematuramente o grande problema desta, à véspera da guerra de 1939, terá desencadeado uma das discussões mais vãs que tiveram lugar no país dos historiadores.

Na verdade, cada historiador tem seu estilo, assim como cada sociólogo. Georges Gurvitch leva até ao excesso e ao escrúpulo seu desejo de uma sociologia complicada, hipe-

---

25. *Art. cit.*, p. 2.

rempírica, à imagem de uma realidade que ele julga, não sem razão, abundante. Claude Lévi-Strauss afasta, destrói essa abundância para descobrir a linha profunda, mas estreita, das permanências humanas. Será preciso a todo custo escolher e decidir quem é, dos dois, o sociólogo? Questão de estilo, repito-o, e de temperamento. Lucien Febvre teve, também, a preocupação com o abundante, o diverso, e seu estilo, como duas vozes, mais e melhor que um outro, prestou-se a esses desenhos complicados, retomados à vontade. Fustel é muito mais simples, preocupado com a linha traçada de um só movimento da mão. Michelet explode em linhas múltiplas. Pirenne ou Marc Bloch seriam bem mais continuístas que Lucien Febvre. Mas tanto quanto a seus temperamentos, não o devem eles ao espetáculo que contemplam: uma Idade Média ocidental onde o documento se oculta? Com o século XV e mais ainda o XVI, se elevam mil vozes que, mais cedo, não se faziam ouvir. As grandes tagarelices da época contemporânea começam. Em suma, para mim, não há um estilo da história, do qual ela não poderia sair. O mesmo sucede com a sociologia. Durkheim é de uma simplicidade autoritária, linear. Halbwachs que também classifica, uma vez por todas. Marcel Mauss é mais diverso, mas nós quase não o lemos – e no entanto: nós entendemos seu pensamento, repercutido por seus discípulos e que se mistura assim, vivido, ao frio direto da pesquisa atual.

No total, as diferenças que procuramos, na nossa mediação, não seguem essas fórmulas ou distinções fáceis. É ao coração da história que é preciso conduzir o debate (ou melhor, nossa investigação, pois não é uma polêmica que nos incumbe reanimar), aos diversos patamares do conhecimento e do trabalho histórico em primeiro lugar – em seguida, na linha da duração, dos tempos e temporalidades da história.

IV

A história se situa em patamares diferentes, diria de bom grado três patamares, mas isto é modo de falar, muito simplista. São dez, cem patamares que seria preciso pôr em pauta, dez, cem durações diversas. Na superfície uma história factual se inscreve no tempo curto: é uma micro-história. A meia encosta, uma história conjuntural segue um ritmo mais largo e mais lento. Foi estudada até aqui sobretudo no plano da vida material, dos ciclos ou interciclos econômicos. (A obra-prima dessa história é o livro de Ernest Labrousse[26] sobre a crise, na realidade, meio interciclo (1774-1791), que serve de rampa de lançamento à Revolução Francesa.) Para além desse "recitativo" da conjuntura, a história estrutural, ou de longa duração, coloca em jogo séculos inteiros; está no limite do móvel e do imóvel e, por seus valores fixos há muito tempo, faz figura de invariante em face de outras histórias, mais vivas a se escoar e a se consumar, e que, em suma, gravitam em torno dela.

Em resumo, três séries de níveis históricos, com os quais, infelizmente, a sociologia ainda não está em contato. Ora, nesses diferentes níveis, o diálogo com a história não poderia ter o mesmo ou, pelo menos, a mesma animação. Há, sem dúvida, uma sociologia da história e do conhecimento histórico em cada um desses três níveis, mas essa sociologia ainda está para ser construída. Historiadores, não podemos senão imaginá-la.

Uma sociologia do factual seria o estudo desses mecanismos prontos, sempre no lugar, nervosos, que registram, no dia a dia, a pretensa história do mundo em vias de se fazer, essa história, em parte abusiva, na qual os acontecimentos se prendem uns aos outros, se comandam, na qual os grandes homens são vistos regularmente como chefes de orquestra autoritários. Essa sociologia do factual, seria, também, a retomada do diálogo antigo (o repetido, o inédito); seria, igualmente, a confrontação da história tradicional, de uma parte, da microssociologia e da sociometria, de outra: estas são, como eu o penso, e por que, mais ricas que a história superficial? Como determinar o lugar dessa grande camada de história no complexo de uma sociedade em luta com o tempo?... Tudo isso ultrapassa, se não me engano, as querelas antigas. O *fait divers* (senão o evento, esse sociodrama) é repetição, regularidade, multidão, e nada diz, de

---

26. *La crise de l'économie française à la veille de la Révolution*, Paris, 1944.

maneira absoluta, que seu nível seja despido de fertilidade, ou valor, científico. Seria preciso olhar de perto.

Se, à propósito do evento, nossa imaginação sociológica quase não sofre desemprego, em compensação, tudo está por construir, diria, por inventar, no que concerne à conjuntura, essa personagem ignorada, ou quase, da sociologia. Ele é bastante forte – ou não – para misturar os jogos em profundidade, favorecer ou desfavorecer os liames coletivos, apertar estes, estender, quebrar aqueles? François Simiand nada fez senão esboçar uma sociologia do tempo conjuntural segundo os fluxos e refluxos da vida material. O surto de progresso (a fase A) e a facilidade que ele oferece ao menos em certos setores, manteria, ou não, os jogos sociais e as estruturas no lugar? Com o refluxo de cada fase B, a vida material (e não apenas ela, seguramente) se reestrutura, procura outros equilíbrios, inventa-os, mobiliza forças de engenhosidade ou, ao menos, deixa-lhes carreira livre... Mas, nesses domínios, os trabalhos dos historiadores e dos economistas ainda não acumularam bastante dados, nem desenharam bastante quadros válidos, para que se retome, ou que se prolongue o esboço de Simiand. Aliás, a história conjuntural não será completa se, à conjuntura econômica, se acrescentar o estudo da conjuntura social e das outras situações concomitantes do recuo ou do surto de progresso. É o entrecruzamento das conjunturas simultâneas que será uma sociologia eficaz...

No plano da história de longa duração, história e sociologia não se reúnem, não se ombreiam, seria dizer muito pouco: elas se confundem. A longa duração é a história interminável, durável das estruturas e grupos de estruturas. Para o historiador, uma estrutura não é somente arquitetura, montagem, é permanência e frequentemente mais que secular (o tempo é estrutura): essa grande personagem atravessa imensos espaços de tempo sem se alterar; se se deteriora nessa longa viagem, recompõe-se durante o caminho, restabelece sua saúde, e, por fim, seus traços só se alteram lentamente...

Tentei mostrar[27], não ouso dizer demonstrar, que toda a nova pesquisa de Claude Lévi-Strauss – comunicação e matemáticas sociais misturadas – só é coroada de êxito quando seus *modelos* navegam nas águas da longa duração. Qualquer que seja a abertura escolhida para o seu andamento – a microssociologia ou qualquer outra ordem – é apenas quando atinge esse rés-do-chão do tempo, meio adormecido, que a estrutura se destaca: liames primitivos de parentesco, mitos, cerimoniais, instituições saem do fluxo mais lento da história. A moda, entre os físicos, é falar de *apesanteur**. Uma estrutura é um corpo subtraído à gravidade, à aceleração da história.

Mas o historiador fiel ao ensinamento de Lucien Febvre e de Marcel Mauss quererá sempre compreender o conjunto, a *totalidade* do social. Ei-lo levado a aproximar andares, durações, tempos diversos, estruturas, conjunturas, eventos. Esse conjunto reconstitui a seus olhos um equilíbrio global bastante precário e que não se pode manter sem constantes ajustamentos, choques ou deslizamentos. Em sua totalidade, o social em luta com seu devir é idealmente, a cada corte *sincrônico* de sua história, uma imagem sempre diferente, ainda que essa imagem repita mil detalhes e realidades anteriores. Quem o negaria? É por isso que a ideia de uma estrutura global da sociedade inquieta e incomoda o historiador, mesmo se, entre estrutura global e realidade global, subsiste, como é justo, uma diferença considerável. O que o historiador gostaria de salvar no debate, é a incerteza do movimento de massa, suas possibilidades diversas de deslizamento, liberdades, certas explicações particulares, "funcionais", filhas do instante ou do momento. Nesse estádio da "totalidade" – não ouso dizer da "totalização" – no momento, em suma, de pronunciar a última palavra, o historiador voltaria assim às posições anti-sociológicas de seus mestres. Toda sociedade, também, é única, mesmo que muitos de seus materiais sejam antigos; ela se explica fora

---

* Nota do tradutor: *apesanteur*, palavra sem correspondente direto em português; corresponderia, em nossa língua, à *sem gravidade*.
27. F. Braudel, "Histoire et Sciences Sociales: La Longue Durée", *Annales E.S.C.*, 1958, 4. Ver acima, p, 41.

de seu tempo, sem dúvida, mas também no interior de seu tempo próprio; ela é efetivamente, segundo o próprio espírito de Henri Hauser e de Lucien Febvre, "filha de seu tempo", o tempo, bem entendido, que a engloba; é função desse tempo e não somente das durações que partilha com outras experiências sociais.

V

Deixei-me levar por ilusões fáceis? Mostrei o mister de historiador a desbordar seus limites antigos, a questionar o próprio campo, ou pouco falta para isso, da ciência social, a impelir sua curiosidade em todas as direções. Com o início deste século, em direção à psicologia: é a época em que Werner Sombart afirma que o capitalismo é, em primeiro lugar, espírito. (Bem mais tarde, sempre nessa mesma linha de conquista, Lucien Febvre falará de instrumental mental.) Depois, por volta dos anos 30, em direção à economia política conjuntural que François Simiand revela aos historiadores franceses. E, muito tempo depois, em direção à geografia... Notar-se-á quão pouco o marxismo assediou, neste século, nosso ofício. Mas suas infiltrações, suas tentações, suas influências terão sido múltiplas e fortes: faltou apenas, neste primeiro século XX, uma obra-prima de história marxista que servisse de modelo e de ponto de concentração: nós a esperamos ainda. Contudo, essa enorme influência desempenhou um papel entre as numerosas transformações de nosso mister que obrigaram o historiador a desprender-se de seus hábitos, a contrair novos hábitos, a sair de si mesmo, de suas aprendizagens, até mesmo de seus êxitos pessoais.

Para essas migrações e metamorfoses, há entretanto um limite secreto, exigente[28]. O historiador não sai jamais do tempo da história: esse tempo cola-se ao seu pensamento,

28. O leitor notará que as três páginas que seguem reproduzem uma passagem do artigo sobre a longa duração (acima, p. 75-78), publicado no mesmo ano dos *Annales*. Suprimi-lo de um lado ou de outro, seria romper a unidade de um raciocínio.

como a terra à pá do jardineiro. Ele sonha, é certo, evadir-se dele. Com a angústia de 1940 ajudando, Gaston Roupnel[29] escreveu, a esse propósito, palavras que fazem sofrer todo historiador sincero. Citei também a reflexão antiga de Paul Lacombe, historiador: "o tempo não é nada em si, objetivamente"[30]. Mas aí se trata de verdadeiras evasões? Pessoalmente, no decorrer de um cativeiro bastante moroso, lutei muito para escapar à crônica desses anos difíceis (1940-1945). Recusar os eventos e o tempo dos eventos era colocar-se à margem, ao abrigo, para olhá-los um pouco do longe, julgá-los melhor e não acreditar muito. Do tempo curto, passar ao tempo menos curto e ao tempo muito longo (se ele existe, este só pode ser o tempo dos sábios), depois, chegado a esse termo, parar, considerar tudo de novo e reconstruir, ver tudo girar à sua volta: a operação tem do que tentar um historiador.

Mas essas fugas sucessivas não o atiram, em definitivo, fora do tempo do mundo, do tempo da história, imperioso porque é irreversível e porque corre no próprio ritmo da rotação da Terra. De fato, as durações que distinguimos são solidárias umas com as outras: não é a duração que é propriamente criação de nosso espírito, mas as fragmentações dessa duração. Ora, esses fragmentos se reúnem ao termo de nosso trabalho. Longa duração, conjuntura, evento se encaixam sem dificuldade, porque todos se medem segundo uma mesma escala. Portanto, participar em espírito de um desses tempos, é participar de todos. O filósofo atento ao aspecto subjetivo, interior da noção do tempo, não sente jamais esse peso do tempo da história, de um tempo concreto, universal, tal como o tempo da conjuntura que Ernest Labrousse descreve no início de seu livro, como um viajante, em toda parte idêntico a si mesmo, que corre o mundo, impõe suas coerções idênticas, qualquer que seja o país onde desembarque, o regime político ou a ordem social que aborde.

Para o historiador, tudo começa, tudo acaba, pelo tempo, um tempo matemático e demiurgo, do qual seria fácil

---

29. *Histoire et destin*, Paris, 1943, *passim*.
30. Ver acima, p. 93, nota 4.

sorrir, tempo como que exterior aos homens, que os impele, os constrange, arrasta seus tempos particulares de cores diversas: o tempo imperioso do mundo.

Os sociólogos, naturalmente, não aceitam essa noção muito simples. Estão muito mais próximos da *Dialectique de la durée*, tal como a apresenta Gaston Bachelard[31]. O tempo social é simplesmente uma dimensão particular de determinada realidade social que contemplo. Interior a essa realidade, como pode sê-lo a determinado indivíduo, é um dos sinais – entre outros – que ela adota, uma das propriedades que a marcam como um ser particular. O sociólogo não é incomodado por esse tempo complacente que ele pode, à vontade, cortar, represar, repor em movimento. O tempo da história prestar-se-ia menos ao duplo jogo ágil da sincronia e da diacronia: quase não permite imaginar a vida como um mecanismo cujo movimento se pode deter para dele apresentar, à vontade, uma imagem imóvel.

Esse desacordo é mais profundo do que parece: o tempo dos sociólogos não pode ser o nosso; se não me engano, repugna à estrutura profunda de nosso mister. Nosso tempo é medida, como o dos economistas. Quando um sociólogo nos diz que uma estrutura não cessa de se destruir para se reconstituir, aceitamos de bom grado a explicação que, além disso, a observação histórica confirma. Mas quiséramos, no eixo de nossas exigências habituais, saber a duração precisa desses movimentos, positivos ou negativos. Os ciclos econômicos, fluxo e refluxo da vida material, se medem. Uma crise estrutural social, deve igualmente descobrir-se no tempo, através do tempo, situar-se exatamente, em si mesma e mais ainda em relação aos movimentos das estruturas concomitantes. O que interessa apaixonadamente um historiador, é o entrecruzamento desses movimentos, sua interação, e seus pontos de ruptura: todas as coisas que não podem se registrar senão com respeito ao tempo uniforme dos historiadores, medida geral de todos esses fenômenos, e não ao tempo social multiforme, medida particular a cada um desses fenômenos.

31. 2ª ed., 1950.

Essas reflexões pelo lado oposto, um historiador as formulará, com razão ou sem razão, mesmo quando penetra na sociologia acolhedora, quase fraternal de Georges Gurvitch. Um filósofo[32] não o definia ontem, como aquele que "encurrala a sociologia na história"? Ora, mesmo nele, o historiador não reconhece nem suas durações, nem suas temporalidades. O vasto edifício social de Georges Gurvitch se organiza segundo cinco arquiteturas essenciais: os patamares em profundidade, as sociabilidades, os grupos sociais, as sociedades globais, os tempos, esse último andaime, o das temporalidades, o mais novo, sendo também o último construído e como que sobreposto ao conjunto.

As temporalidades de Georges Gurvitch são múltiplas. Ele distingue toda uma série delas: o tempo de longa duração e diminuído, o tempo "ilusão de óptica" ou o tempo surpresa, o tempo de pulsação irregular, o tempo cíclico, o tempo atrasado em relação a si mesmo, o tempo de alternância entre atraso e avanço, o tempo adiantado em relação a si mesmo, o tempo explosivo[33]... Como o historiador se deixaria convencer? Com essa gama de cores, ser-lhe-ia impossível reconstituir a luz branca unitária que lhe é indispensável. Também percebe depressa, que esse tempo camaleão marca sem mais, com um sinal suplementar, com um toque de cor, as categorias anteriormente distinguidas. Na cidade de nosso amigo, o tempo, recém-chegado, se aloja muito naturalmente entre os outros; assume a dimensão desses domicílios e de suas exigências, segundo os patamares, as sociabilidades, os grupos, as sociedades globais. É uma maneira diferente de reescrever, as mesmas equações sem modificá-las. Cada realidade social segrega seu tempo ou suas escalas de tempo como conchas. Mas o que nós, historiadores, ganhamos com isso? A imensa arquitetura dessa cidade ideal permanece imóvel. A história está ausente dela. O tempo do mundo, o tempo histórico aí se

---

32. Gilles Granger, "Événement et structure dans les sciences de l'homme", *Cahiers de l'institut de Science économique appliquée*, Série M, nº 1, p. 41-42.
33. Cf. Georges Gurvitch, *Déterminismes sociaux et liberté humaine*, Paris, 1955, p. 38-40 e *passim*.

encontra, como o vento em Éolo, encerrado numa pele de bode. Não é à história que os sociólogos, finalmente e inconscientemente, querem mal, mas ao tempo da história – essa realidade que permanece violenta, mesmo se se procura ordená-la, diversificá-la, essa coação à qual o historiador jamais escapa. Os sociólogos, por sua vez, lhe escapam quase sempre: evadem-se, ou no instante, sempre atual, como que suspenso acima do tempo, ou nos fenômenos de repetição que não pertencem a nenhuma idade; portanto, por uma marcha oposta do espírito, que os acantona, seja no factual mais estrito, seja na mais longa duração. Essa evasão é lícita? Aí é que reside o verdadeiro debate entre historiadores e sociólogos.

VI

Não creio que seja possível esquivar-se da história. É preciso que o sociólogo tome cuidado. A filosofia (de onde ele vem e onde permanece) o prepara muito bem para não sentir essa necessidade concreta da história. As técnicas da investigação sobre o atual arriscam-se a consumir esse afastamento. Todos esses investigadores do vivo, um pouco apressados e que ainda empurram seus empregadores, farão bem igualmente em desconfiar de uma observação rápida, à flor da pele. Uma sociologia factual abarrota nossas bibliotecas, os cartões dos governos e empresas. Longe de mim a ideia de me insurgir contra essa voga ou de declará-la inútil. Mas, cientificamente, que pode ela valer, se não registra o sentido, a rapidez ou a lentidão, a ascensão ou a queda do movimento que todo fenômeno social ocasiona, se ela não se apega ao movimento da história, à sua dialética percussora que corre do passado ao presente e até ao próprio futuro?

Quisera que os jovens sociólogos tomassem, em seus anos de aprendizagem, o tempo necessário para estudar, mesmo no mais modesto dos depósitos de arquivos, a mais simples das questões de história, que tivessem, ao menos uma vez, fora dos manuais esterilizantes, um contato com um mister simples, mas que somente se compreende ao praticá-lo – como todos os outros ofícios, sem dúvida. Na minha opinião, não haverá ciência social, exceto numa reconciliação, numa prática simultânea de nossos diversos ofícios. Levantá-los um contra o outro, é coisa fácil, mas essa disputa é cantada em árias bem antigas. É de uma nova música que temos necessidade.

Bibliografia Selecionada

1. Mais ainda que os livros citados no decorrer deste artigo que ilustram os conflitos entre a história e a sociologia, aconselharia aos jovens sociólogos a ler certas obras capazes de levá-los a tomar um contato direto com a história e, mais particularmente, com essa forma da história que é vizinha do próprio ofício deles.

Os títulos indicados a esse respeito são uma entre inúmeras seleções possíveis que variarão sempre seguindo os gostos e curiosidades de cada um.

VIDAL DE LA BLACHE, P. *La France, tableau géographique*. Paris, 1906.

BLOCH, M. *Les caractères originaux de l'histoire rurale française*. Paris-Oslo, 1931; *La société féodale*, 2ª ed., Paris, 1940, v. I e II, 1949.

FEBVRE, L. *Rabelais et les problèmes de l'incroyance au XVIe siècle*. Paris, 1943.

DUPRONT, A. *Le mythe de Croisade. Étude de sociologie religieuse*. Paris, 1956.

FRANCASTEL, P. *Peinture et société*. Lyon, 1941.

BRAUDEL, F. *La Méditerranée et le monde méditerranéen à l'époque de Philippe II* Paris, 1949.

CURTIUS, E. *Le Moyen Age latin*. Paris, 1956.

HUIZINGA, *Le déclin du Moyen Age*. (Trad. francesa). Paris, 1948.

LABROUSSE, E. *La crise de l'économie française à la veille de la Révolution*. Paris, 1944.

LEFEBVRE, G. *La Grande Peur*. Paris, 1932.

2. Os estudos metodológicos sobre a história são numerosos. Lembremos alguns escritos que citamos:

ARIÈS, P. *Le temps de l'histoire*. Paris, 1954.
BLOCH, M. *Métier d'historien*. 3ª ed., Paris, 1949.
BRAUDEL, F. "Histoire et sciences sociales: la longue durée". *Annales E.S.C.*, 1958, e acima, p. 41 e 59.
FEBVRE, L. *Combats pour l'histoire*. Paris, 1953.
MARROU, H.-J. *De la conaissance historique*. Paris, 1954.
PIGANIOL, A. Qu'est-ce que l'histoire? *Revue de métaphysique et de morale*. Paris, 1955, p. 225-247.
SIMIAND, F. Méthode historique et science sociale. *Revue de synthèse historique*, 1903, p. 1-22 e 129-157.

6. PARA UMA ECONOMIA HISTÓRICA[1]

Os resultados obtidos pelas pesquisas de história econômica já são bastante densos para que seja lícito ultrapassá-los, ao menos em pensamento, e destacar, para além dos casos particulares, regras tendenciais? Em outros termos, o esboço de uma economia histórica atenta aos vastos conjuntos, ao geral, ao permanente, pode ser útil às pesquisas de economia, às soluções de grandes problemas atuais, ou, o que é mais, à formulação desses problemas? Os físicos, de tempos em tempos, deparam-se com dificuldades, às quais, só os matemáticos, com suas regras particulares, podem dar a solução. Teríamos nós, historiadores, que fazer uma tentativa análoga junto aos nossos colegas economistas? A comparação é muito vantajosa sem dúvida. Imagino que se se quisesse uma imagem mais modesta e talvez mais justa, seria possível comparar-nos, nós historiadores, a esses via-

---

1. *Revue économique*, 1950, I, maio, 85, p. 37-44.

jantes que notam os acidentes da estrada, as cores da paisagem, e quantas analogias, aproximações conduziriam, para tirar as dúvidas, aos amigos geógrafos. Temos, com efeito, no decorrer de nossas viagens através do tempo dos homens, o sentimento de haver adivinhado realidades econômicas, estáveis estas, flutuantes aquelas, ritmadas ou não... Ilusões, reconhecimentos inúteis ou trabalho já válido? Não podemos julgar sós.

Tenho portanto a impressão que um diálogo pode e deve travar-se entre as diversas ciências humanas, sociologia, história, economia. Para cada uma delas, daí podem resultar comoções. Estou pronto, de antemão, a acolher essas comoções no que concerne à história e, por consequência, não é um método que eu estaria desejoso ou seria capaz de definir, nessas poucas linhas que aceitei, não sem apreensão, dar à *Revue économique*. Quando muito, quisera assinalar algumas questões que gostaria de ver repensadas por economistas, para que voltem à história transformadas, esclarecidas, ampliadas, ou, talvez, ao inverso, reduzidas ao nada – mas, mesmo nesse caso, tratar-se-ia de um progresso, de um passo adiante. É escusado dizer que não alimento a pretensão de colocar todos os problemas, nem sequer os problemas essenciais que teriam vantagem em sofrer o exame confrontado dos dois métodos, o histórico e o econômico. Haveria mil outros. Apresentarei, aqui, simplesmente, alguns que me preocupam pessoalmente, nos quais tive a ocasião de meditar, praticando o ofício de historiador. Irão, talvez, de encontro às preocupações de alguns economistas, ainda que nossos pontos de vista me pareçam muito afastados ainda uns dos outros.

I

Pensa-se sempre nas dificuldades do ofício de historiador. Sem querer negá-las, não é possível assinalar por uma vez, suas insubstituíveis comodidades? Ao primeiro exame, não podemos destacar o essencial de uma situação histórica quanto a seu devir? Das forças em luta, sabemos quais que hão de prevalecer. Discernimos antecipadamente os eventos importantes, aqueles que terão consequências, a quem o futuro finalmente será entregue. Privilégio imenso! Quem poderia, nos fatos misturados da vida atual, distinguir também seguramente o durável e o efêmero? Para os contemporâneos, os fatos se apresentam o mais das vezes, infelizmente, em um mesmo plano de importância, e os grandes eventos, construtores do futuro, fazem tão pouco ruído – chegam sobre patas de rolas, dizia Nietzsche – que raramente se lhes advinha a presença. Daí o esforço de um Colin Clark acrescentando aos dados atuais da economia, prolongamentos proféticos em direção ao futuro, como uma maneira de distinguir, de antemão, as correntes essenciais de eventos que fabricam e arrastam nossa vida. Todas as coisas transtornadas, um devaneio de historiador!...

É portanto o elenco dos eventos vencedores na rivalidade da vida que o historiador percebe à primeira vista d'olhos; mas esses eventos, se recolocam, se ordenam no quadro das possibilidades múltiplas, contraditórias, entre as quais a vida finalmente fez sua escolha: para uma possibilidade que se consumou, dez, cem, mil se desvanecem e algumas, inumeráveis, não se nos afiguram sequer demasiado humildes, demasiado escondidas para se imporem de pronto à história. É preciso, no entanto, tentar reintroduzi--las aí, porque esses movimentos perdedores são as forças múltiplas, materiais e imateriais, que a cada instante frenaram os grandes impulsos da evolução, retardaram seu desabrochar e, por vezes, puseram um termo prematuro ao seu curso. É indispensável conhecê-los.

Diremos, pois, que, aos historiadores, é necessário ir pela contra encosta, reagir contra as facilidades de seu mister, não estudar apenas o progresso, o movimento vencedor, mas também seu oposto, essa abundância de experiências contrárias que não foram quebradas sem dificuldades – diremos a *inércia*, sem dar à palavra este ou aquele valor pejorativo? É, num sentido, um problema dessa espécie que Lucien Febvre estuda no seu *Rabelais*, quando se pergunta se a incredulidade, à qual um grande futuro está reservado – diria, para precisar o exemplo, a incredulidade ponderada, de raízes intelectuais –, se a incredulidade é uma especulação possível na primeira metade do século XVI, se o equipamento mental do século (entenda-se, sua inércia face à incredulidade) autoriza o seu nascimento e a formulação clara.

Esses problemas de inércia, de enfreamento, nós os reencontramos no domínio econômico, e, de ordinário, mais claramente colocados, senão mais fáceis de resolver. Sob os nomes de capitalismo, de economia internacional, de *Weltwirtschaft* (com tudo o que a palavra comporta de inquietação e de rico no pensamento alemão), não se descreveram amiúde evoluções extremas, superlativos, exceções? Na sua magnífica história dos cereais na Grécia antiga, Alfred Jardé, depois de haver pensado nas formas "modernas" do comércio dos grãos, nos negociantes de Alexandria, senhores dos tráficos alimentícios, imagina determinado pastor do Peloponeso ou do Épiro, que vive de seu campo, de suas oliveiras, que, nos dias de festa, mata um leitão de seu próprio rebanho... Exemplo de milhares e milhares de economias fechadas ou semifechadas, fora da economia internacional de seu tempo e que, a seu modo, constrangem a expansão desta e seus ritmos. Inércias? Há ainda aquelas que a cada época impõem seus meios, seu poderio, suas celeridades, ou melhor, suas lentidões relativas. Todo estudo do passado deve, necessariamente, comportar uma medida minuciosa daquilo que, em determinada época precisa, pesa exatamente sobre sua vida, obstáculos geográficos, obstáculos técnicos, obstáculos sociais, administrativos... Para precisar meu pensamento, posso confiar que, se eu empreendesse o estudo – que me tenta – da França das Guerras de Religião, partiria de uma impressão que parecerá talvez, à primeira vista, arbitrária, e a qual, estou seguro que não o é. As poucas corridas que pude fazer através dessa França, levaram-me a imaginá-la como a China entre as duas guerras mundiais: um imenso país onde os homens se perdem tanto mais quanto a França do século XVI não tem a superabundância demográfica do mundo chinês, mas a imagem de um grande espaço deslocado pela guerra, nacional e estrangeira, é boa. Nela reencontramos tudo: cidades sitiadas, amedrontadas, matanças, diluição dos exércitos flutuantes entre províncias, deslocamentos regionais, reconstruções, milagres, surpresas... Não digo que a comparação se manteria por muito tempo, até o fim de meu estudo. Mas que é daí que seria preciso partir, de um estudo desse clima de vida, dessa imensidade, dos enfreamentos inumeráveis que ocasionam, para compreender todo o resto, inclusive a economia e a política.

Esses exemplos não colocam o problema. Entretanto, fazem-no aparecer em algumas de suas linhas mestras. Todas as existências, todas as experiências são prisioneiras de um invólucro demasiado espesso para ser rompido de uma só vez, limite de potência no instrumental que permite certos movimentos, até mesmo certas atitudes e inovações ideológicas. Limite espesso, desesperador e racional ao mesmo tempo, bom e mau, impedindo o melhor ou o pior, para falar por um instante como moralista. Quase sempre, milita contra o progresso social mais indispensável, mas por vezes sucede também que freia a guerra – penso no século XVI com suas lutas ofegantes, entrecortadas de pausas – ou que interdita o desemprego nesse mesmo século XVI, onde as atividades de produção são esmigalhadas em organismos minúsculos e numerosos, de espantosa resistência às crises.

Esse estudo dos limites, das inércias – pesquisa indispensável ou que deveria sê-lo para o historiador obrigado a contar com as realidades de outrora, às quais convém restituir sua verdadeira medida –, esse estudo não é também o do surto da economia nas suas tarefas mais atuais? A civilização econômica de hoje tem seus limites, seus momentos de inércia. Sem dúvida, é difícil ao economista extrair esses problemas de seu contexto ou histórico ou social. Cabe-lhes, entretanto, nos dizer como seria preciso formulá-los melhor, ou então, que nos demonstre em que são falsos problemas, sem interesse. Um economista que interroguei recentemente me respondeu que, para os estudos dessas freadas, dessas viscosidades, dessas resistências, contava sobretudo com os historiadores. Isto é absolutamente certo? Não existem aí, ao contrário, elementos economicamente discerníveis e muitas vezes mensuráveis, ainda que seja apenas na duração?

II

O historiador tradicional está atento ao tempo breve da história, o das biografias e dos eventos. Esse tempo não é o que interessa aos historiadores economistas ou sociais. Sociedades, civilizações, economias, instituições políticas vivem num ritmo menos precipitado. Não se espantarão os economistas que, aqui, nos forneceram nossos métodos, se por nossa vez falamos de ciclos, de interciclos, de movimentos periódicos cuja fase vai de cinco a dez, vinte, trinta, até mesmo cinquenta anos. Mas, ainda aí de nosso ponto de vista, não se trata sempre de uma história em ondas curtas?

Abaixo dessas ondas, nos domínios dos fenômenos de tendência (a tendência secular dos economistas), espraia-se, com inclinações imperceptíveis, uma história lenta em se deformar e, por conseguinte, em se revelar à observação. É ela que designamos na nossa linguagem imperfeita sob o nome de história estrutural, opondo-se esta menos a uma história factual que a uma história conjuntural, em ondas relativamente curtas. São imagináveis as discussões[2] e as intimações que poderiam exigir estas poucas linhas.

Mas suponhamos que essas discussões estejam ultrapassadas e, senão definida, ao menos suficientemente apreendida essa história de profundidade. Ela é também uma história econômica (a demografia, através dos tempos, com seus telecomandos, seria uma boa, até mesmo, muito boa demonstração disso). Mas só se poderiam registrar validamente as grandes oscilações estruturais da economia, se dispuséssemos de uma longuíssima série retrospectiva de documentação – e estatística, de preferência. Bem sabemos que esse não é o caso e que trabalhamos e especulamos sobre séries relativamente breves e particulares, como as séries de preços e de salários. Entretanto, não haveria interesse em examinar sistematicamente o passado, muito ou pouco conhecido por grandes unidades de tempo, não mais

---

2. Não seria isso, senão gramática, não valeria mais dizer: *conjuntural* e *estrutural*?

por anos ou dezenas de anos, mas, por séculos inteiros? Ocasião de sonhar ou de pensar utilmente?

Supondo-se que hajam entidades, zonas econômicas em limites relativamente fixos, um método geográfico de observação não seria eficaz? Mais que as etapas sociais do capitalismo, por exemplo, para parafrasear o belo título de uma luminosa comunicação de Henri Pirenne, não haveria interesse em descrever as etapas geográficas do capitalismo, ou, mais amplamente ainda, em promover sistematicamente em nossos estudos de história, pesquisas de geografia econômica – uma palavra, em ver como se registram nos espaços econômicos dados, as ondas e as peripécias da história? Tentei, sem consegui-lo sozinho, mostrar o que poderia ser, no fim do século XVI, a vida do Mediterrâneo. Um de nossos bons pesquisadores, M.A. Rémond, está em vias de concluir estudos sobre a França do século XVIII e de mostrar como a economia francesa se aparta então do Mediterrâneo, não obstante o ascenso dos tráficos, para se voltar em direção ao Oceano: esse movimento de torsão acarretando, através das rotas, mercados e cidades, importantes transformações. Penso também que, ainda no início do século XIX[3], a França é uma série de Franças provinciais, com seus círculos de vida bem organizados, e que, ligadas em conjunto pela política e as trocas, se comportam, uma em relação à outra, como nações econômicas, com regulamentos segundo as lições de nossos manuais, e portanto, deslocamentos de numerário para reequilibrar o balanço de contas. Essa geografia, com as modificações que lhe traz um século fértil em inovações, não é, para o caso francês, um plano válido de pesquisas e uma maneira de atingir, esperando o melhor, esses lençóis de história lenta, de que as modificações espetaculares e as crises nos roubam a vista?

De outra parte, as perspectivas longas da história sugerem, de maneira talvez falaciosa, que a vida econômica obedece a grandes ritmos. As cidades gloriosas da Itália medieval, cujo século XVI não marcará brutalmente o de-

---

3. Para seguir aqui os trabalhos em curso de um jovem economista, M. François Desaunay, assistente na École des Hautes Études.

121

clínio, estabeleceram muito amiúde, sua fortuna, originalmente, graças aos proveitos dos transportes terrestres ou marítimos. É o caso de Asti, de Veneza, de Gênova. A atividade mercantil seguiu, pois, a atividade industrial. Enfim, coroamento tardio, a atividade bancária. Prova inversa, o declínio tocou sucessivamente, em longuíssimos intervalos, às vezes, – e não sem retrocessos – os transportes, o comércio, a indústria, deixando subsistir, por muito tempo ainda, as funções bancárias. No século XVIII, Veneza e Gênova são sempre lugares de dinheiro.

O esquema é muito simplificado, não afirmo que seja perfeitamente exato, mas tenho mais empenho, aqui, em sugerir do que em demonstrar. Para complicá-lo e aproximá-lo do real, seria preciso mostrar que cada nova atividade corresponde à derrubada de uma barreira, a um obstáculo suplantado. Seria preciso indicar também, que essas ascensões e essas descidas não são linhas demasiado simples, que são misturadas, como é preciso, por mil interferências parasitárias. Seria mister mostrar também que essas fases sucessivas, dos transportes ao banco, não surgiram por ruptura brusca. No ponto de partida, como um grão que contém uma planta virtual, cada economia urbana implica em estádios diversos todas as atividades, algumas ainda em estado embrionário. Enfim, haveria perigo evidente em querer tirar uma lei de um exemplo e, supondo que se chegue a conclusões acerca desses Estados em miniatura, que foram as cidades italianas da Idade Média (uma microeconomia?), em servir-se delas para explicar, *a priori*, as experiências de hoje. O salto é bastante perigoso para que não se olhe duas vezes.

Entretanto, os economistas não poderiam nos ajudar, uma vez mais? Temos razão de ver nos transportes e no que se lhes liga (os preços, as rotas, as técnicas) uma espécie de motor decisivo com o tempo, e há, para roubar uma palavra aos astrônomos, uma *precessão* de certos movimentos econômicos sobre os outros, não na única e estreita duração dos ciclos e interciclos, mas sobre vastíssimos períodos?

III

Outro problema que nos parece capital: o do *contínuo* e do *descontínuo*, para falar a linguagem dos sociólogos. A querela que ele suscita vem talvez do fato de que raramente se tem em conta a pluralidade do tempo histórico. O tempo que nos arrasta, arrasta também, ainda que de maneira diferente, sociedades e civilizações, cuja realidade nos ultrapassa, porque a duração de sua vida é bem mais longa que a nossa, e porque as balizas, as etapas para a decrepitude não são nunca as mesmas, para elas e para nós. O tempo que é nosso, o de nossa experiência, de nossa vida, o tempo que traz as estações e faz florir as rosas, que marca o escoamento de nossa idade, conta também, as horas de existência das diversas estruturas sociais, mas com um outro ritmo. No entanto, por mais lentas que sejam para envelhecer, estas também mudam; acabam por morrer.

Ora, o que é uma *descontinuidade* social, se não é, em linguagem histórica, uma dessas rupturas estruturais, fraturas de profundidade, silenciosas, indolores, dizem-nos. A gente nasce com um estado do social (isto é, ao mesmo tempo, uma mentalidade, quadros, uma civilização e notadamente uma civilização econômica) que várias gerações conheceram antes de nós, mas tudo pode desmoronar-se antes que termine nossa vida. Donde, interferências e surpresas.

Essa passagem de um mundo a um outro é o enorme drama humano sobre o qual quiséramos ter mais luzes. Quando Sombart e Sayous querelam para saber quando nasce o capitalismo moderno, é uma ruptura dessa ordem que procuram, sem pronunciar-lhe o nome e sem encontrar-lhe a data peremptória. Não desejo que se nos dê uma filosofia dessas catástrofes (ou da catástrofe falsamente típica que é a queda do mundo romano, que se poderia estudar como os militares alemães estudaram a batalha de Cannes), mas um estudo com múltipla iluminação da descontinuidade. Os sociólogos já a discutem, os historiadores a descobrem; os economistas podem pensar nela? Tiveram, como nós, a ocasião de encontrar o pensamento agudo de

Ignace Meyerson? Essas rupturas em profundidade espedaçaram um dos grandes destinos da humanidade, seu destino essencial. Tudo o que ele leva em seu ímpeto se desmorona ou ao menos se transforma. Se, como é possível, acabamos de atravessar uma dessas zonas decisivas, nada mais valem para amanhã nossos utensílios, nossos pensamentos ou nossos conceitos de ontem, todo ensinamento fundado sobre um retorno ilusório aos valores antigos está prescrito. A economia política que temos, tão bem quanto mal assimilada às lições de nossos bons mestres, não servirá para os nossos dias de velhice. Mas, justamente, a respeito dessas descontinuidades estruturais, mesmo ao preço de hipóteses, os economistas nada têm a dizer? a *nos* dizer?

Como se vê, o que nos parece indispensável para um novo salto das ciências humanas, é menos esta ou aquela tentativa particular, do que a instituição de um imenso debate geral – um debate que não será jamais encerrado, evidentemente, visto que a história das ideias, inclusive a história da história, também é um ser vivente, que vive com sua vida própria, independente daquela dos próprios seres que a animam. Nada mais tentador, mais radicalmente impossível, que a ilusão de reduzir o social tão complexo e tão desorientado a uma só linha de explicação. Historiadores, nós que, com os sociólogos, somos os *únicos* a ter o direito de olhar sobre *tudo* o que ressalta do homem, é nosso mister, também nossa tormenta, reconstituir, com tempos diferentes e ordens de fatos diferentes, a unidade da vida. "A história, é o homem", segundo a fórmula de Lucien Febvre. Ainda assim é preciso, quando tentamos reconstituir o homem, que coloquemos juntas as realidades que se aparentam e se unem e vivem no mesmo ritmo. Se não o quebra-cabeças será deformado. Pôr face à face uma história estrutural e uma história conjuntural, é torcer uma explicação, ou, se nos viramos para o factual, talhar uma explicação à viva força. É entre massas semelhantes que é necessário procurar as correlações, em cada degrau: primeiros cuidados, primeiras pesquisas, primeiras especulações. Em seguida, de degrau em degrau, reconstituiremos a casa como pudermos.

7. PARA UMA HISTÓRIA SERIAL: SEVILHA E O ATLÂNTICO (1504-1650)[1]

Para designar a obra monumental de Pierre Chaunu[2], é preciso uma expressão que defina de pronto o sentido de sua empreitada e a novidade, propositadamente forte e limitada, da história que ele nos propõe. Digamos: *a história serial*, nisto que o próprio Pierre Chaunu empregava ultimamente essa fórmula[3], e que ela ilumina a perspectiva principal de uma obra onde o leitor corre o risco de deixar-se distrair, no caminho, pela multiplicidade das vias oferecidas, perder o rumo, depois extraviar-se realmente.

Confesso, tendo-a lido uma primeira vez e de perto, com pena na mão, haver compreendido melhor, na segun-

---

1. *Annales E.S.C.*, nº 3, maio-junho 1963, Notas críticas, p. 541-553.
2. *Seville et l'Atlantique (1550-1650)*, tomo I, 1212 p., tomo III, 2050 + XV, Paris, S.E.V.P.E.N., 1959.
3. Dynamique Conjoncturelle et Histoire Sérielle, *Industrie*, 6 de junho de 1960.

da leitura, esse amontoado de esforços e de silêncios inesperados, mas queridos. No quadro de uma história serial, o livro encontra sua unidade, sua justificação, seus limites aceitos de antemão.

Uma obra, mesmo de soberbas dimensões, é sempre uma escolha. A história serial, em cujo interior Pierre Chaunu se entrincheira, tem suas exigências. "Ela se interessa menos pelo fato individual... que pelo elemento repetido..., integrável numa série homogênea suscetível de suportar, em seguida, os processos matemáticos clássicos de análise das séries..." É em consequência uma linguagem – e muito abstrata, desencarnada.

Essa história reclama, exige a *série*, que lhe dá seu nome e sua razão de ser, uma série, quer dizer, uma sucessão coerente, ou tornada coerente, de medidas ligadas umas às outras, ou seja, uma função do tempo histórico cujo andamento deverá ser estabelecido com paciência, depois a significação, tanto mais quanto o traçado é por vezes incerto, quanto o cálculo que intervém na sua gênese jamais o fixa antecipadamente de maneira automática.

Função e explicação do tempo histórico? Essas imagens e essas fórmulas não são talvez suficientemente claras ou justas. Uma tal série de cifras a exprimir medidas válidas, ligadas entre si, é também uma rota construída através de nossos conhecimentos incertos e que não permite quase nunca senão uma única viagem, mas privilegiada.

O tráfico de Sevilha com a América de 1504 a 1650, reconstituído em volume e em valor, tal é a *série*, historicamente prestigiosa, que é oferecida ao nosso conhecimento, "uma massa contínua de dados cifrados". Para estabelecê-la, Huguette e Pierre Chaunu publicaram de 1955 a 1957, os sete volumes da enorme contabilidade portuária[4]. Eles a construíram e *inventaram* ao mesmo tempo. Para eles o essen-

---

4. Huguette e Pierre Chaunu, *Seville et l'Atlantique*. Primeira parte: Parte estatística (1504-1650), 6 v. in-8.º, Paris S.E.V.P.E.N., 1955-1956, mais um Atlas, *Construction graphique*, in-4º, 1957. A tese de Pierre Chaunu é a segunda parte, dita interpretativa, de *Seville et l'Atlantique*, donde a indicação (do tomo) pouco clara à primeira abordagem, de seus três volumes: VIII1, VIII2, VIII3 *bis*.

cial foi estabelecer, bem antes dos inícios do século XVIII e de suas estatísticas fáceis, essa sólida rota de cifras, "recuar em um ponto ainda que ínfimo, escreve Pierre Chaunu, a fronteira das economias mensuráveis e daquelas que é preciso abandonar às exclusivas apreciações qualitativas".

Já o sabíamos, desde Earl J. Hamilton: a grandeza espanhola no século XVI, é *mensurável*; hoje, nós o sabemos melhor ainda. E, progressos, dadas as riquezas dos arquivos da Península, ainda são possíveis nessa rota privilegiada das séries.

É portanto ao termo de um esforço prodigioso e inovador, que Pierre Chaunu edificou, sozinho desta vez, sua enorme tese de mais de 3.000 páginas. Ela nos oferece uma só linha da grandeza espanhola, uma só linha da economia mundial, mas trata-se de um eixo essencial, dominante, que introduz uma ordem imperativa no meio de mil noções e conhecimentos firmados. Todos os historiadores e economistas que se interessam pela primeira modernidade do mundo, lendo esse livro, são chamados a verificar e a revirar suas antigas explicações. Quando se tem a paixão da história, não há espetáculo mais belo, desde que seja bem situado e não se lhe perguntar mais do que ele pode e sobretudo quer nos oferecer.

1. *Estrutura e Conjuntura*

Não creio, não obstante as correspondências evidentes e as filiações que Pierre Chaunu se apraz em reconhecer com sua habitual e enorme gentileza, não creio que o Atlântico sevilhano que nos apresenta, seja uma retomada ou um prolongamento da *La Méditerranée et le monde méditerranéen à l'époque de Philippe II*, livro publicado dez anos mais cedo que o seu, em 1949. Primeiramente, esse Atlântico não é apreendido no seu todo, mas num certo espaço arbitrário, das Antilhas à embocadura do Guadalquivir, fato que o autor diz e repete à saciedade: é colocado em questão, para retomar algumas de suas fórmulas, "um Atlântico mediano", "o primeiro Atlântico fechado dos ibéricos", "o Atlântico exclusivo de Sevilha"...

Mais que de um espaço compreendido na sua realidade geográfica bruta e completa, tratar-se-á de uma realidade humana construída, de um sistema viário que confina em Sevilha "de onde se segura tudo... pelo gargalo da garrafa..." e de onde tudo sai de novo.

Outra diferença fundamental que Pierre Chaunu vê desde logo, e que salta aos olhos: a que opõe o mais velho espaço marítimo jamais possuído pelo homem – o Mediterrâneo – todo um passado, um espaço então (no século XVI) ao termo de sua grandeza, e um espaço (o Atlântico) de passado confuso e apressadamente construído...

Sem dúvida, quando distingue estrutura e conjuntura, imobilidade e movimento, Pierre Chaunu se apega por um instante ao exemplo que dei ontem e que se revela contagioso num bom número de teses recentes. Portanto, Pierre Chaunu também se deixou seduzir pela eficácia dialética do tempo longo e do tempo breve. Mas seu propósito, no entanto, não é o meu: procurei em *La Méditerranée* expor, bem ou mal, imaginar uma história global, indo das imobilidades aos movimentos mais vivos da vida dos homens. Pierre Chaunu não tem nem essa pretensão, nem esse desejo. Nele, a descrição das imobilidades maiores (sua primeira parte), depois o recitativo conjuntural (a segunda parte) não visam senão a reconstituir uma certa realidade econômica, recortada numa história global que ela atravessa, mas que a transborda por todas as partes. Suspeito mesmo que Pierre Chaunu tenha conscientemente preferido o conjuntural, mais próximo da história vivida, mais fácil de compreender, mais científico, se é cercado de curvas, que o estrutural, observável somente através da abstração da longa duração.

Nesse Atlântico visto a partir de 1504, o ano em que é acionado o privilégio de Sevilha, uma dúzia de anos após a viagem de Colombo, ainda não há estruturas, a bem dizer. Será preciso importá-las, construí-las em suma. Então Pierre Chaunu não viu na separação da longa duração e da flutuação, uma maravilhosa ocasião de desembaraçar antecipadamente seu estudo conjuntural – em que deságua seu livro e que é o coração da empreitada – de tudo o que incomodasse o seu arranjo ou o comentário fácil? O matemático não procede de outra maneira quando agrupa ou rejeita os termos inteiros invariáveis num só membro de uma equação.

Mais claramente, o primeiro volume da tese de Pierre Chaunu, por mais rico que seja, é uma condição prévia para a construção serial que há de seguir-se. Se o considerarmos em si mesmo, veremos fraquezas, lacunas, silêncios surpreendentes, mas estes se apagam, se justificam na perspectiva geral da obra, que corresponde a uma intenção do arquiteto, ou melhor, a uma obrigação que ele escolheu.

2. *A Estruturação do Atlântico Mediano*

Sem dúvida, inclinei-me bastante, numa primeira reação diante da obra de Pierre Chaunu, a considerar seu volume inicial como um livro em si, que neste caso deveria ter tido suas próprias exigências, e, sobretudo, sua própria unidade. Que esse livro se intitule de maneira ambígua *Les structures géographiques*, é um fato que nada muda. Esse primeiro livro não é intemporal e, para Pierre Chaunu, como para todos os historiadores que frequentaram Lucien Febvre, a geografia, qualquer que seja a particularidade de seu ponto de vista, é chamada ao debate de toda a experiência vivida dos homens, os de hoje, assim como os de ontem. De fato, aqui a geografia não é restritiva, mas indicativa. Aconselha, justifica um plano regional segundo as vizinhanças do espaço. Um plano fácil, terrivelmente monótono e que não se preocupa quase em agrupar os problemas em feixes ou em introduzir, para organizar o espetáculo, o tempo da história, aqui, entretanto, construtor de estruturas... A partir da página 164 vamos imperturbavelmente de uma escala à vizinha, segundo um programa enumerativo cuja defesa não se poderia tomar seriamente. Ele permite, dir-nos-ão, o desdobramento de um fichário faustoso. É verdade. Mas que livro Pierre Chaunu não teria escrito, ao limiar de sua obra e de acordo com seu próprio temperamento, se tivesse estado atento à lenta transformação das estruturas, porque estas se movimentam, inovam. Um filme em câmara lenta seria preferível a essas vistas fixas de lanterna mágica. Além disso, por diversas vezes, Pierre Chaunu multiplicou as histórias particulares e, o que é mais, sacrificou a uma geografia tipológica que por si mesma transgride as verdades locais, reagrupa-as, mas ele a abandona, infelizmente, *valha-me Deus*, à página seguinte.

A viagem, porque essa primeira parte é uma lenta e minuciosa viagem, se organiza do Velho para o Novo Mundo. Em que condições se estabeleceu, histórica e geograficamente falando, o monopólio sevilhano sobre o comércio das Américas, quais são seus limites e, sobretudo, seus pontos fracos? Como, atrás desse privilégio dominador, se comporta o mundo ibérico, visto por um instante nas suas profundezas e suas margens marítimas? Tais são as primeiras questões, as quais são fornecidas respostas muito boas. A seguir, são abordadas as "ilhas da Europa", as Canárias (longamente estudadas), Madeira, os Açores. Dessas ilhas, passa-se naturalmente às do Novo Mundo: São Domingos, Porto Rico, a Jamaica, as Bermudas e a península da Flórida... Dentre os corpos geográficos que o Novo Mundo oferece, era tentador distinguir os corpos leves (as "ilhas continentais") e os corpos pesados (os "continentes": Nova Espanha e Peru), sem esquecer os istmos, notadamente o de Panamá que nosso autor proclama, não sem razão: "istmo de Sevilha".

Acerca dessas questões, vastas ou restritas, esse livro traz luzes frequentemente inéditas. Pierre Chaunu prodigalizou aí tesouros de erudição, e cada vez que suas séries mercantes lhe permitiam de antemão, multiplicou as anotações decisivas, fixou as trocas, assinalou os êxitos das grandes produções: couro, prata, ouro, açúcar, fumo... Eis toda uma cartografia das forças e superfícies de produção, todo um dicionário recheado de informações, fácil de consultar. De que nos lamentamos?

De que esse primeiro livro, repitamo-lo, não tenha sido tratado em si mesmo; mais precisamente, que permaneça fora de uma história conjunta das *estruturas*, não obstante a quantidade de materiais oferecidos e que seria preciso coordenar, levantar. Pierre Chaunu bem que o sentiu nas cento e poucas primeiras páginas das *Structures* (p. 40 a 163), curiosamente consagradas à uma narração muitas vezes e sobretudo factual, onde Colombo tem seu amplo lugar, depois as grandes etapas da conquista, para chegar a novas e importantes considerações sobre a "conquista", em termos de espaço e em termos de homens (p. 143 a 159). Mas esse relato útil não é a grande animação na qual penso e que, me parece, deveria esclarecer a lenta instalação das estruturas atlânticas e as dificuldades de sua mergulhia.

O Atlântico, seus bordos europeus e americanos, essas ilhas em pleno oceano ou sobre as franjas continentais, essas vias aquáticas que vão uni-los – à hora das descobertas são espaços vazios: o homem está ausente, na melhor das hipóteses, raro, inutilmente presente. Não houve construção, aqui e ali, a não ser por acumulação de homens, brancos ou negros ou índios; por transferências e implantações repetidas de bens culturais: barcos, plantas cultivadas, animais domésticos; em seguida, muitas vezes, desníveis de preços: "o baixo preço americano comandou", para retomar uma frase de Ernest Labrousse. O todo foi se organizando a partir de centros privilegiados, enterrado no quadro de estruturas preexistentes: as religiões, as instituições políticas, as administrações, os quadros urbanos, e, acima desse conjunto, um capitalismo mercantil antigo, insidioso, ágil, já capaz de transpor, de disciplinar o Oceano.

André E. Sayous[5], através de suas sondagens nos arquivos notariais de Sevilha (*Archivo de Protocolos*), preocupa-se há muito tempo, com essas grandes aventuras, sublinhando a ação inovadora e arriscada dos mercadores genoveses. Desde então, muitos estudos detalhados apareceram. Esperamos mesmo um livro decisivo de Guillermo Lohmann Villena[6]. Mas já temos os estudos inovadores de Enrique

---

5. "La genèse du système capitaliste: la pratique des affaires et leur mentalité dans l'Espagne du XVIe siècle", *Annales d'Histoire économique et sociale*, 1936, p. 334-354.
6. Sobre *Les Espinosa*, Paris, S.E.V.P.E.N., 1968.

Otte[7] e as cartas do negociante Simón Ruiz[8] (para a segunda metade do século XVI) que só estão à espera de quem queira utilizá-los[9], ou os preciosos papéis dos mercadores florentinos, publicados por Federigo Melis[10].

Então, espanta-nos que esse longo prólogo não nos ensine nada, salvo um acaso providencial, sobre os mercadores, animadores dos tráficos sevilhanos. Não há uma palavra tampouco sobre as cidades da Ibéria, matrizes das cidades do Novo Mundo, nem sobre a tipologia urbana de um lado e de outro do Atlântico. Para terminar, não há uma palavra sobre a própria cidade de Sevilha, na verdade, "gargalo" de várias garrafas. Ela não conduz apenas às Índias, mas ao Mediterrâneo, às entranhas da Espanha (o que, aliás, Pierre Chaunu diz excelentemente), e ainda aos países do Norte, Flandres, Inglaterra, Báltico, fato que ele não menciona de modo algum. É mesmo a navegação costeira em torno da Espanha, de Gibraltar a Londres e a Bruges, que permitiu a explosão, preparada antecipadamente, das Grandes Descobertas. É a concentração capitalista internacional de Sevilha que explica, em grande parte, a primeira América.

Assim, Sevilha depende de outros espaços marítimos, de outros circuitos de barcos, de mercadorias e prata afora o eixo Sevilha-Vera Cruz e, na medida em que o "Oceano Ibérico" é um espaço "dominante" (no sentido em que François Perroux emprega as palavras polo, economia dominante), não seria importante ver as formas de "assimetria", de desequilíbrio, todos esses complexos de inferioridade visíveis que a superioridade do Oceano sevilhano desenvolve nos outros espaços da circulação oceânica? Pierre Chaunu

---

7. La Rochelle et l'Espagne, l'expédition de Diego Ingenios à l'Ile des Perles en 1528, *Revue d'Histoire économique et sociale*, t. XXXVII, 1959, nº 1.
8. Notadamente, aquelas que H. Lapeyre utiliza na sua tese: *Une famille de marchands, les Ruiz*, "Affaires et gens d'Affaires", Paris, S.E.V. P.E.N., 1955.
9. Utilizadas por Bennassar, "Facteurs et Sévillans au XVIe siècle", *Annales E.S.C.*, 1957, nº 1, p. 60; e por F. Braudel, "Realités économiques et prises de conscience. Quelques témoignages sur le XVIe siècle", ibid., 1959, nº 4, p. 732.
10. *Il Commercio transatlântico di una compagnia fiorentina stahilita a Siviglia*, 1954.

nos diz, no entanto, a propósito do Pacífico das longínquas Filipinas[11], que o Oceano Atlântico o anexou à sua vida "voraz": então, como não olha ele, ao falar das estruturas geográficas, para o Mar do Norte e o Mediterrâneo de Alicante, de Gênova e, em breve, de Livorno? Evidentemente, teria sido preciso, para elucidar esses problemas, ampliar as pesquisas de arquivos, ver em Sevilha os riquíssimos *Protocolos*, em Simancas os inumeráveis documentos sobre Sevilha e sobre as Flandres... Mas Pierre Chaunu se manteve, voluntariamente, no interior de sua única história serial, sem se preocupar com outras séries existentes.

Sevilha, em todo caso, tinha direito de estar presente em sua totalidade viva e não apenas em seu porto, no sentido da ponte de barcos que a liga a Triana; e não somente, em suas instituições como a gloriosa *Casa de la Contratación*, mas também nas suas realidades econômicas, sociais, urbanas, na multidão de seus mercadores, revendedores, cambistas, marinheiros, seguradores. Até mesmo, no movimento tão característico e espasmódico de sua vida, comandado pelas frotas que, alternadamente, a enriquecem e a esgotam, trazem alternativamente, no mercado financeiro da praça, o que os documentos da época denominam a "largueza" e a "estreiteza" da moeda. Percorrendo, em Simancas, o "padrón" de Sevilha, esse recenseamento exaustivo das casas e de seus habitantes, em 1561, pensei em todas essas casas de que Pierre Chaunu se privara e nos havia privado...

3. O Triunfo do Serial

Os dois volumes sobre a conjuntura (tomos II e III da obra) nos alertam imediatamente pela insolência do singular. Trata-se, de fato, além do registro dos tráficos sevilhanos, *da* conjuntura internacional, mundial, dos ritmos de uma *Weltwirtschaft*, que seria estendida a todas as grandes civilizações e economias do mundo e que Pierre Chaunu,

---

11. Pierre Chaunu, *Les Philippines et le Pacifique des lies ibériques XVIe – XVIIIe siècles*, Paris S.E.V.P.E.N., 1960, in-8º, 301 p.

como eu mesmo (mas com muita prudência, t. II, p. 43) afirma que é *una*. Talvez mesmo já fosse una, bem antes do fim do século XV, nesse planeta à parte e coerente há séculos que é o Velho Mundo, da Europa à China, à Índia e à África dos Negros, graças às navegações e caravanas de um Islão durante muito tempo dominador. O que, mais de um historiador não economista terá dito, há muitos anos...

Com maior razão há uma conjuntura no século XVI, enquanto que os círculos se alargam, que a vida se acelera tão fortemente: então a "universidade das flutuações... parece nascer, n'alguma parte entre Sevilha e a Vera Cruz". Não há dúvida, essa conjuntura do mundo não derruba tudo: "uma economia-mundo, em profundidade, não será possível senão muito mais tarde, não antes da explosão demográfica e técnica dos séculos XIX e XX..." Mas enfim, e segundo confessa o próprio Pierre Chaunu, em sua defesa de tese, a escolha do Atlântico "é uma escolha temerária, é tentar explicar o mundo". Gosto dessa palavra imprudente.

É em todo caso a esta altura, a da conjuntura mundial, que a crítica desse livro deverá sempre ou voltar ou se alçar. Se Pierre Chaunu diz mil coisas (como já no seu tomo I) sobre o império espanhol, não é nesse quadro, a cujo respeito temos numerosas informações e frequentemente mais completas, que é preciso recolocar sua imensa explicação. Fora do universo hispânico, importa compreender a conjuntura do mundo.

Seria, portanto, interessante, útil, depois de se ter deslastrado de explicações importantes, mesmo quando secundárias, deixar francamente o espaço pelo tempo e marcar neste, desde então, muito à vontade, exclusivamente as fases, os períodos, os ritmos, até os instantes, no relógio das chegadas e partidas das frotas de Sevilha. Dispomos ao mesmo tempo de uma estimativa dos volumes e do valor dos carregamentos; idas e voltas são examinadas em separado ou cumulativamente e as curvas brutas, tratadas de várias maneiras diferentes (médias quinquenais, medianas sobre sete ou treze anos).

O registro se apresenta, enfim, sob a forma de uma meada de curvas. Que essas curvas tenham sido reconstruídas, por vezes inventadas, amiúde corrigidas, eis o que revela o trabalho prévio necessário ao arranjo de todo material serial. O obstáculo mais difícil a transpor foi a estimativa (variável) da *tonelada*; ele assinala por si só os perigos e riscos que foi preciso aceitar, contornar e, valha o que valer, superar.

Mas essa crítica construtiva somente interessará aos especialistas. (São numerosos?) Ao aceitar as decisões e conclusões numéricas do autor, o historiador não arriscará grande coisa. Poderá, portanto, participar sem apreensão do jogo prolongado, seguramente fastidioso, seguramente necessário, ao qual, Pierre Chaunu se entrega imperturbavelmente, durante mais de duas mil páginas. Henri Lapeyre escrevia ultimamente que nosso autor poderia ter abreviado e condensado o seu trabalho[12]. É verdade, mas é tão fácil? Ademais, somos obrigados a ler todas as páginas com a atenção habitual? Os mais apressados entre nós podem reportar-se ao Atlas que acompanha o livro, os mais interessados, escolher unicamente as discussões que lhes importam.

Em todo caso, Deus seja louvado, as conclusões de conjunto são claras e sólidas.

O *trend* secular desenha dois grandes movimentos: uma ascensão, ou seja, uma fase A de 1506 a 1608, uma descida, ou seja, uma fase B de 1608 a 1650.

Entretanto, é em medições e em movimentos mais curtos que Pierre Chaunu detém, de preferência, sua cronologia e sua observação, em períodos de vinte a cinquenta anos no máximo (uma delas é, aliás, bem mais curta) e que ele chama de maneira abusiva, ou ao menos ambígua, *interciclos*, ao passo que são, antes, meio-Kondratieff. Mas pouco importa a palavra; perdoar-se-á mais facilmente a Pierre Chaunu o termo interciclo do que década, que emprega obstinadamente em lugar de *decênio*.

Portanto, interciclos sucessivos e contraditórios, cinco no total: 1º, na alta de 1504 a 1550; 2º, na baixa de 1550 a 1559-62 (seria aqui, a meu ver, um interciclo de Labrousse);

---

12. *Revue Historique*, 1962, p. 327.

3º, na alta de 1559-62 a 1592; 4º, estende-se, diremos, de 1592 a 1622; 5º, francamente na baixa de 1622 a 1650.

No interior desses interciclos, uma análise, que não depende de modo nenhum da quiromancia, dá, uma vez mais, a sucessão de ciclos de uma dezena de anos; é mesmo possível discernir flutuações mais curtas, as "Kitchin".

Não creio, por um só instante, que essas datas e os períodos enquadrados sejam medidas subjetivas; trata-se, ao contrário, de medidas válidas para aferir o tempo passado e sua vida material. Não informam mais, no tocante a esse tempo escoado, do que uma tomada de temperatura sobre a doença de um paciente, mas também, não menos, o que não é uma vantagem tão diminuta.

O imenso esforço de uma história social resulta assim na fixação de uma escala cronológica com seus múltiplos e submúltiplos. Essa escala, não nos surpreende em sua articulação maior. A prosperidade do mundo se quebra em dois, de um lado e de outro do ano de 1608, quando se inverte o turbilhão do *trend* secular: de fato, a inversão não se faz num dia, ou num ano, mas durante um longo período de indecisão, semeado de ilusões, de catástrofes subjacentes. Em nossas periodizações necessárias (sem o que não haveria história geral inteligível), alguns preferirão os anos anunciadores, isto é, os anos 1590; outros, os anos de conclusão (é o caso de Cario M. Cipolla, 1619 ou 1620, de R. Romano, 1619-1623, ou mesmo, ontem, 1620).

É evidente que o debate permanece aberto, que estamos pouco habituados (e ontem, já Earl J. Hamilton) a discutir esses eventos excepcionais que são as inversões do *trend* secular. Um tal evento, mais importante em si, é bem mais difícil de explicar, na atual lógica de nossa profissão, que a Invencível Armada (sobre a qual Pierre Chaunu, como sobre a pirataria inglesa, confirma o que já sabíamos), ou que os inícios da Guerra dita dos Trinta Anos. O *trend* secular não é, é um fato, um tema clássico de discussão. Em Aix, no Congresso de setembro de 1962, malgrado a presença do autor, as teses de Mme J. Griziotti-Kretschmann[13] não

---

13. *Il Problema del trend secolare nelle fluttuazioni dei prezzi*, Pávia, 1935.

foram discutidas, não tendo, nenhum dos historiadores presentes, fora Ruggiero Romano, Frank Spooner e eu, lido seu raríssimo livro.

É um fato que uma imensa viragem condensou-se entre 1590 e 1630, e nossa imaginação, senão nossa razão, tem o campo livre para explicá-la: ou os rendimentos decrescentes das minas americanas (explicação que Ernest Labrousse retém de bom grado), ou a queda vertical da população indígena da Nova Espanha e, sem dúvida, do Peru... Assim foram abandonadas as antigas explicações: absorção do metal branco pela economia crescente da América hispano--portuguesa, ou seu desvio para as Filipinas e a China, ou sua captura pelo crescente contrabando em direção ao Rio da Prata... Contrabandos, desvios, obedeceram, nós o sabemos, à mesma conjuntura que a rota normal. Adiantarei de bom grado, sem estar seguro disso, que a crise de um certo capitalismo, mais financeiro e especulativo ainda que o comercial, desempenhou então seu papel.

O fim do século XVI assiste a uma queda dos lucros, como o século XVIII em seu declínio. Causa ou consequência, é verdade!

Mas as pesquisas ainda são demasiado insuficientes e a problemática por demais desesperadamente pobre, nesses domínios, para que o problema, certamente bem colocado, possa ser resolvido de maneira correta. O pensamento econômico mesmo em seu mais alto grau, ainda não nos fornece os quadros explicativos necessários.

Problema demasiado amplo, vasto, pensarão os sábios. Mas os problemas limitados não são sempre mais claros a nossos olhos. É o caso, para dar um bom exemplo disso, o curto interciclo de 1550 a 1562, que nos revela, em Sevilha, a investigação de Pierre Chaunu.

Trata-se aí bem mais do que de um canhonaço de advertência, é um enorme arfado de toda a economia "dominante" de Sevilha, a passagem bastante dramática, a nossos olhos, da época de Carlos V, ensolarada, a meu ver, para a época triste, difícil e enfadonha de Filipe II. Na França, a passagem dos anos de Francisco I os sombrios tempos de Henrique II... Amanhã, um historiador nos dirá talvez que o interciclo de Labrousse, à véspera da Revolução Francesa, tem seu equivalente nessa "crise", às vésperas de nossas Guerras de Religião, ela também, como a Revolução Francesa, drama para a Europa inteira.

Lamentaremos tanto mais que Pierre Chaunu não tenha quase saído, a esse propósito, de suas curvas sevilhanas para pôr em questão uma história em escala serial da Europa e do mundo, ou mesmo uma história descritiva que tem valor de auscultação: é o caso da brusca parada das navegações inglesas para o Mediterrâneo, de êxito indiscutível (desde 1530 talvez) das navegações holandesas do Mar do Norte para Sevilha. Por que não procurar saber se o ciclo sevilhano foi comandado pela procura americana ou pelas ofertas da economia europeia, e como (dessa vez e de outras) foi ou não impulsionado para as praças europeias?

4. *A Parada*: a História da Produção

Seria preciso páginas e páginas para contar as riquezas desse interminável recitativo conjuntural, ou formular a seu propósito nossas críticas, nossas dúvidas; elas não faltam, mas trata-se de detalhes. E o ponto essencial do livro de Pierre Chaunu não está aí. Então, vamos a esse essencial, a última grande discussão que seu livro nos oferece e a qual espanto-me que os críticos ainda não a tenham notado.

Uma curva dos tráficos portuários oferece testemunho sobre a circulação das mercadorias e dos capitais – mas essa circulação que, há anos e anos a história matematizante perseguiu, sem dúvida, porque estava ao nosso alcance, Pierre Chaunu sustentou que ela também o prestava testemunho sobre a produção da Espanha e, além, da Europa. A circulação, como diziam os velhos autores, completa a produção, prossegue-lhe o ímpeto. Em recentes leituras, e notadamente a do último livro de Gaston Imbert[14], fiquei muito impressionado com o comportamento, diferente por natureza, dos movimentos de preço e dos movimentos de

14. *Des mouvements de longue durée Kondratieff*, Aix-en-Provence, 1959.

produção. Não conhecemos, no século XVI, senão algumas curvas de produção têxtil (Hondschoote, Leyde, Veneza); todas apresentam o aspecto clássico de uma curva parabólica, podendo-se dizer a seu respeito, em resumo, que sobem depressa, como que em vertical, e tornam a cair depressa, em vertical. A longa alta dos preços parece desencadear sua viva ascensão, mas sempre com atraso sobre a dos preços; com a longa baixa, elas são precipitadas imediatamente para o refluxo, mas sempre adiantadamente...

Ora, justamente a correlação entre as curvas de Pierre Chaunu (tráfico sevilhano) e as curvas dos preços de amilton, não é perfeita, tampouco. Essa correlação é positiva no seu conjunto. Entretanto, quantas diferenças!

A curva secular dos preços, escreve Pierre Chaunu, tem no seu conjunto de 1504 a 1608 e de 1608 a 1650... a mesma orientação, mas, com uma *inclinação* três ou quatro vezes menor. Para o período ascendente, multiplicação dos preços por cinco mais ou menos!, por quinze ou vinte no tocante aos tráficos. Para a fase descendente, pelo contrário, redução dos tráficos de mais do dobro no simples, enquanto que os preços-mental cedem de 20% a 30%...

Para mim, é um pouco como uma prova, um começo de prova de que as curvas sevilhanas se comportam como curvas de produção. A demonstração não está feita, mas percebe-se.

Não tenho razão em pensar que se trata aí de uma parada capital e que se desenha uma história com ciclos diversos imbricados numa dialética nova, segundo o próprio sentido das pesquisas teóricas e atuais de um Geoffrey Moore, por exemplo? Que haveria interesse em não limitar a oscilação cíclica unicamente aos movimentos dos preços, tão prioritários no pensamento dos historiadores-economistas franceses? As pesquisas ainda inéditas, mas de publicação próxima, de Felipe Ruiz Martin, nosso colega de Bilbao, sobre a produção têxtil de Segóvia, de Cordoba, de Toledo, de Cuenca, no século XVI, vão apoiar a pesquisa de Pierre Chaunu: denunciam, em geral, com os anos 1580, uma mutação característica do capitalismo internacional em face da Espanha, na hora em que, impedido tanto quanto responsável, o imperialismo espanhol vai tentar empresas espetaculares. Assinalamos também, a próxima aparição nos *Annales*, da curva dos *asientos* (empréstimos) da monarquia castelhana, feita por nosso colega de Valença, Álvaro Castillo[15]. Todas essas séries precisam ser relacionadas, combinadas entre si, se quisermos compreender a história do mundo. Em suma, temos necessidade de sair das curvas de preços para atingir outros registros, e talvez, graças a eles, medir uma produção que até ali nos escapou e a cujo propósito da qual temos as orelhas cheias por excessivas explicações *a priori*.

5. *Escrever muito ou escrever bem?*

O imenso labor de Pierre – e, estamos longe de esquecê-lo, o de Huguette Chaunu – resultou num imenso êxito. Não cabe a menor discussão a esse propósito. Entretanto, esse livro oceânico não é muito longo, muito discursivo, numa palavra, escrito muito depressa? Pierre Chaunu escreve como fala; houvesse ele me submetido seu texto teríamos tido algumas belas disputas. Mas todo defeito tem suas vantagens. À força de falar e de escrever livremente, Pierre Chaunu consegue, frequentemente, encontrar a fórmula clara, excelente.

Seu texto abunda em achados felizes. Eis (fora de Las Palmas) as enseadas pouco abrigadas, sem proteção, da Grande Canária; elas "são acessíveis, escreve, apenas aos barcos que fazem microcabotagem". Eis-nos, nesse vasto continente que é a Nova Espanha, à procura das minas de prata situadas na articulação dos dois Méxicos, o úmido e o árido; ao longo do rebordo oriental da Sierra Madre, sua posição é lógica:

A mina tem necessidade de homens, mas teme a água. A inundação é o perigo que mais se teme (desde que se afaste um pouco da superfície), o problema técnico da evacuação das águas não será

[15]. "Dette flottante et dette consolidée en Espagne de 1557 à 1600", *Annales E.S.C.*, 1963, p. 745-759.

verdadeiramente resolvido antes da generalização das bombas a fogo do século XIX. A melhor salvaguarda contra a inundação, os mineiros a encontram num clima sub-árido. E internar-se-iam mais ainda no deserto se não se chocassem com outras dificuldades: falta d'agua para os homens, falta de alimento...

O que repreender nesse texto, ou em tantos outros que se poderia extrair desse tomo primeiro, onde a geografia frequentemente tão bem inspirou nosso autor?

> Terra de colonização recente, escreve, a Andaluzia continua (no século XVI) a absorver a substância da Espanha do Norte, a se alimentar dela, a crescer à sua custa (I, p. 29);

acrescentará mais adiante (I, p. 246), prosseguindo sua ideia:

> A Espanha, de 1500 a 1600, é uma Espanha que, completando sua colonização interna, se apesenta em direção ao Sul.

Ou ainda, falando dessa vez da colonização do Novo Mundo:

> A primeira colonização espanhola é importadora de trigo, portanto necessita uma ligação ponderosa e excessivamente custosa. A segunda colonização cessa de ser, no mesmo grau, importadora de víveres. Porque, entre 1520 e 1530, indo das grandes Antilhas para os planaltos continentais, o centro de gravidade das índias passou da esfera da mandioca para a do milho (I, p. 518-519).

Mediocridade da mandioca como sustentáculo de uma cultura, magnificência do milho como sustentáculo de uma civilização! Quem mais o disse tão bem? Gosto também de tal ou tal frase: assim, essa "navegação a velas, toda embaraçada no seu passado mediterrânico". Ou essa frase de *bravoure*:

> O surto demográfico, profundo vagalhão de fundo, desde o fim do século XI, constrange o Ocidente cristão à inteligência e às soluções novas.

Ou essa forte e simples observação (II, p. 51):

Cumpre situar a grande revolução dos preços do século XVI no seu contexto e não perder de vista que a primeira fase, que vai de 1500 a 1550, quase nada fez de início senão preencher a concavidade da longa e dramática vaga que recobre a segunda metade do século XIV e a totalidade do XV.

Se esses achados não ficarem perdidos em meio de uma escritura superabundante, se Pierre Chaunu se constrangesse a escrever curtamente – isto é, a refazer, no primeiro lanço, esse esforço de eliminação e de escolha que não é apenas assunto de forma – ele poderia ocupar, entre os jovens historiadores franceses, esse primeiro lugar ao qual seu poder de trabalho e sua paixão pela história já lhe dão direitos evidentes.

8. HÁ UMA GEOGRAFIA DO INDIVÍDUO BIOLÓGICO?[1]

O belo livro de Maximilien Sorre, *Les bases biologiques de la Géographie humaine, essai d'une écologie de l'homme*[2] – sobre o qual, em volume precedente das *Mélanges*, Lucien Febvre já atraiu a atenção de nossos leitores – não é, como seu título o indica, de antemão, uma obra de conclusão ou de conjunto sobre a geografia humana. A obra é capital, de

1. *Mélanges d'histoire sociale*, tomo VI, 1944, p. 1-12.
2. Paris, Armand Colin, 1943, 440 p., gr. in-8º, 31 figuras no texto. O subtítulo me parece discutível: há, sem mais, uma ecologia do homem, máquina vivente estudada fora de suas realidades sociais? M. S. escreveu, na verdade, *Essai d'une écologie*, e não *Écologie*. – Quanto ao título, a palavra biológico se presta a um duplo sentido: designa a biologia do homem, sem dúvida, mas tomou-se o hábito de falar de uma geografia biológica, a das plantas ou dos animais. No livro I, um dos dois sentidos, biologia do homem; nos livros II e III, os dois sentidos e especialmente, o segundo. Mas na verdade, as palavras "geografia humana", elas próprias não são discutíveis?

143

um interesse poderoso, coloca muitos problemas, mas não todos os problemas ao mesmo tempo. Ela é uma descoberta, uma pesquisa limitada, exposta em todos os seus detalhes, uma série de tomadas de contato. Daí suas cautelas, seus processos e suas soluções. Mais que uma introdução original e sólida, tão concreta e vulgar quanto possível, a um tratado de geografia humana geral, que fica por escrever, digamos, uma primeira operação, o desenvolvimento de um tema prévio.

A originalidade dessa introdução provém de uma redução sistemática dos problemas do homem ao plano de sua biologia. O homem, aqui, não é estudado em toda a sua realidade, mas somente sob um de seus aspectos, na qualidade de máquina vivente, na qualidade de planta e animal. O homem é captado, para falar como Maximilien Sorre, nas suas realidades de "homeotermo de pele nua". Não haverá, pois, no centro desse livro, o homem e nada mais, o homem vivo, isto é, uma coleção de seres, do homem social ao *homo faber* ou ao *homo sapiens* – sem esquecer o homem realidade ou, por assim dizer, realidade étnica. Só um dos lados (só uma das zonas) do homem é considerado: seu lado elementar de ser biológico, sensível ao quente, ao frio, ao vento, à seca, à insolação, à insuficiente pressão das altitudes, ocupado incessantemente em procurar e em assegurar sua alimentação, obrigado a defender-se enfim, sobretudo hoje em que se tornou consciente do perigo, contra as doenças que o seguem por toda parte lhe fazem, e desde sempre, num impressionante cortejo... O homem que se estuda é assim reduzido às bases, às condições primeiras de sua vida e recolocado, enquanto tal, nas condições geográficas do vasto mundo.

Vê-se a intenção do autor: seu propósito é estreitar o estudo para torná-lo mais profundo e mais eficaz. Antes de abordar os problemas complexos da geografia humana, que tem sempre diante do espírito e que são um de seus longínquos fins, quis para compreendê-los melhor, talvez para contornar os obstáculos, esclarecer o que, tocando às realidades biológicas do homem, o liga ao espaço e explica, antecipadamente, uma parte considerável de sua geografia. Grandes problemas, na verdade! Não reside aí, com as cautelas que se adivinham (particularmente num geógrafo da escola francesa), a pesquisa de um determinismo biológico – ao menos dos limites e das coerções inegáveis desse determinismo?

Não se pode dizer que essa pesquisa seja inteiramente nova. No entanto, ela o é, apesar de tudo, de uma certa maneira – pois que, antes de Maximilien Sorre, jamais fora efetuada de um modo tão sistemático. O homem biológico não é um desconhecido, nós o sabemos. Não é tampouco um recém-chegado, no campo da geografia, mas jamais fora aí introduzido com essa minúcia, esse gosto pela exatidão científica, esse cuidado por problemas bem formulados e por investigações claramente concebidas, conduzidas como experiências onde tudo é longa, objetivamente descrito, notado e explicado. Aí reside não só a originalidade, mas o grande mérito desse livro.

O objeto, os problemas da investigação, de início, foram tomados aos livros e às pesquisas dos naturalistas, dos biólogos e dos médicos. Mas não bastou a Maximilien Sorre resumir os trabalhos de outrem. Foi-lhe preciso ainda transpô-los e, de maneira contínua, *traduzi-los em termos geográficos*; entenda-se que, cada vez que a coisa foi possível, os problemas foram transladados sobre o mapa para serem assim formulados e estudados, de maneira nova, segundo as perspectivas e as leis da geografia, que são as do espaço dos homens. "Nossa investigação, escreve Maximilien Sorre, se reduz, no fundo, à delimitação e à explicação de uma área de dispersão". Creio que essa pequena frase luminosa e simples, que poderia provir de um livro de naturalista, nos conduz ao coração do empreendimento. É bem isso, em suma, que o autor se propõe: falar-nos da ecologia do homem, como se se trata-se da ecologia da oliveira ou da vinha. Mas, eis que se trata do homem e isso complica tudo.

Haverá, com efeito, poderá mesmo haver uma ecologia do homem, indivíduo biológico, uma geografia humana que fosse por si evidente, elementar, e que nos desse a chave de muitos problemas complicados – do modo pela qual os fisiologistas de ontem e de anteontem tentaram tomar às avessas, e resolver, os problemas da psicologia clássica? –

Mais ainda, essa geografia de base poderá ser isolada, destacada do contexto da vida? Acrescentemos enfim que, para ser verdadeiramente útil, será preciso não apenas que ela possa ser distinguida e definida, primeiro estádio, mas ainda, que permita, em conclusão, esclarecer o conjunto dos problemas da geografia humana. De que serve fragmentar a realidade, se se deve, na chegada, ter sempre diante de si os mesmos obstáculos que na partida? Tal é o programa – diria mais ainda: tal é a grandíssima parada desse livro.

A obra divide-se em três partes. O homem biológico é estudado sucessivamente nos quadros da geografia física (livro I), nos quadros da biogeografia (livro II), nos quadros de uma geografia das moléstias infecciosas (livro III).

Esses três livros são bastante independentes uns dos outros e, todos eles não recobrem, notemo-lo bem, o conjunto do assunto colocado. Maximilien Sorre, com efeito, não nos quis oferecer um estudo exaustivo ou um manual escolar, quaisquer que sejam, aliás, a clareza ou a qualidade didática de suas explicações. Quis atingir por três vias diferentes as realidades básicas de uma geografia biológica. Nada mais, e é muito. Se não me engano, esse desejo de abrir algumas vias e não todas as vias possíveis, levou-o amiúde a simplificar sua investigação, senão de maneira sempre muito explícita.

Seguramente, seu método não é um reconhecimento detalhado dos limites das possibilidades, das riquezas de todos os problemas de seu vasto tema, elemento após elemento. Deliberadamente, ele se detém no estudo de zonas privilegiadas, distinguidas das regiões vizinhas, sobre as quais ele fala depressa, muito depressa, ou não fala de modo algum. Acrescentemos que antes de empreender essas viagens de reconhecimento, Maximilien Sorre explica cada vez a seus leitores – e é o último traço de seu livro – o que lhe cumpre conhecer das condições científicas do itinerário a seguir. Donde, longas introduções, minuciosas recordações de noções úteis, geográficas ou não geográficas, que causam por vezes a impressão, por mais necessárias que sejam, de estar um pouco à margem da investigação propriamente dita. Assim, vemos nos processos do autor três operações bastante regulares e que dão ao livro, por sua justaposição, seu aspecto particular: primeiro tempo, simplificação (digamos, escolha de itinerário); segundo tempo, recordação das noções essenciais; terceiro tempo, estudo da zona privilegiada... Essas observações nos ajudarão a resumir melhor uma obra que resiste bastante bem, por si mesma, a um inventário um pouco simplificado.

Eis o livro I. Não será consagrado às relações do homem e do meio físico em geral, mas unicamente às relações do homem e do clima. A simplificação é portanto considerável (primeiro tempo), ainda que o clima seja, com certeza, o fator essencial de uma ecologia do homem. Segundo tempo: o sujeito biológico assim anunciado não será imediatamente abordado. Não será preciso explicar-se em primeiro lugar o próprio clima?

Há uma vintena de anos, climatólogos e geógrafos têm-se esforçado em renovar esse estudo do clima, em apreender as realidades fora dos valores medianos teóricos que frequentemente as deformam. Os métodos gráficos de representação e de síntese se aperfeiçoaram. Maximilien Sorre julgou pois prudente resumir esses trabalhos importantes num prefácio cheio de fatos e de estimativas úteis. Ler-se-á com proveito o que ele diz das *climografias* ou *climogramas*, dos *microclimas* e dos tipos de tempo, sendo o alvo perseguido o de apreender o clima real, no estado bruto, por assim dizer, de uma parte, limitando-se a um espaço tão estreito quanto possível, para não ter que levar em conta as diversidades locais, de outra, não retendo senão um instante ou instantes – cada um estudado em si mesmo – de uma história climática em movimento perpétuo. É somente depois de ter feito o balanço desses problemas de geografia física que Maximilien Sorre estudará a influência desse clima *real* sobre o homem biológico.

Aqui, o ponto mais importante, foi determinar a influência térmica do clima – quanto a precisar quais são as temperaturas mais significativas para o organismo humano – essa máquina homeotérmica, criadora ou destruidora do calor interno segundo as condições do meio exterior: criadora até mais ou menos 16º, destruidora além de 23º, indiferentemente solicitada num ou noutro sentido entre essas duas temperaturas que o autor considera, após discussão, como as mais interessantes do ponto de vista fisiológico. Teremos, portanto, uma zona do frio abaixo de 16º, uma zona do calor acima de 23º, com todas as possibilidades desejáveis de translado cartográfico... Por sua vez, as outras influências climáticas são estudadas: ação da pressão atmosférica (caso particular da altitude), da luz (grande problema da pigmentação cutânea), da umidade do ar, do vento, da eletricidade atmosférica e mesmo dos complexos meteoropatológicos mais ou menos explicados no estado atual de nossos conhecimentos.

O resultado do primeiro livro é o grande problema, eminentemente geográfico, da formação e dos limites da *oekoumene*[3]. É a ocasião de dar à luz as duas grandes barreiras que se opõem ao "cosmopolitismo natural" dos homens, os limites polares de uma parte, os limites altitudinais de outra parte. No interior dessa *oekoumene*, as adaptações humanas do clima foram e são muito variadas, as mais interessantes para seguir sendo talvez, hoje, as adaptações do homem branco, pois que ele está presente no globo inteiro, devido ao seu poderio e aos triunfos da colonização – presente em toda parte, mas com seus riscos e perigos fisiológicos, sem contar os outros. Os historiadores farão bem em se reportar ao excelente parágrafo (p. 94-106) consagrado à aclimatação dos brancos nos países tropicais. As obras citadas na bibliografia permitem penetrar utilmente na abundante literatura do tema.

Mesmo método com o livro II, onde são abordados os problemas complexos de uma biogeografia questionada direta e indiretamente. Eis, em face do homem, e mais ou menos à sua disposição, o mundo dos vegetais e dos animais: que relações de força, de luta ou de ajuda mútua vão-se estabelecer, que liames de caráter geográfico vão se travar entre esse mundo dos seres vivos e a biologia do homem? Assim se formula o problema desse segundo livro, mas visto em geral – e não tal como será tratado pelo autor, o qual está interessado apenas, na verdade, com exclusão de outros

---

3. Para *ecologia* e *oekoumene*, conservo a ortografia do livro. Evidentemente, se se quisesse discutir!

aspectos, nos vegetais cultivados e nos animais domesticados pelo homem (43 espécies animais, segundo Geoffrey Saint-Hilaire; 600 espécies vegetais, segundo Vavilof, – em um total de 2 milhões de espécies animais conhecidas e de 600.000 espécies vegetais). Essa orientação da pesquisa nos dá, sob a forma de uma introdução detalhada e amiúde muito nova, um longo estudo sobre esses companheiros vivos do homem. Onde e quando o homem associou a si tantas vidas paralelas à sua, e diríamos mesmo, se a questão não estivesse sem resposta válida, como conseguiu isso? Em que medida a domesticação atuou sobre seres retirados da vida livre? Como o homem propagou seus "associados", pois, diferentemente das associações naturais, dotadas de um dinamismo progressivo, essas associações do homem têm necessidade de que este efetue por elas a conquista do "espaço"[4]? Enfim, e ainda é um grande problema, por que será ameaçada e por que será salvaguardada essa "ordem humana", esse conjunto de associações do homem em luta com as inumeráveis forças da vida e, desta feita, em estado de modificação constante? Eis alguns dos problemas que Maximilien Sorre soube apresentar com uma clareza e uma competência que seus trabalhos anteriores garantiam.

Semelhantes explicações levaram forçosamente o autor muito longe no estudo do meio de vida em lutas incessantes, frequentemente imbricadas umas nas outras, até o coração da geografia desse vasto combate conduzido por certas vidas (as do algodoeiro, da vinha, etc.), contra algumas outras vidas – no caso presente, as dos parasitas, tão numerosos quanto tenazes. Admiráveis problemas. Mas não se poderia resumir ponto por ponto o texto do livro, aqui muito denso. O parasitismo das associações do homem, pode estar em discussão e ser explicado em algumas linhas, e a história das grandes lutas contra os flagelos das culturas e as epizootias (pensemos no drama que foi, para a vida francesa, a crise da filoxera)? E todo o problema enfim, dessa "ordem humana" (vejam a conclusão das páginas 214-215), problema biológico quando se consideram plantas e animais, mas também *social* desde que o homem está em jogo, quer se trate da

---

[4]. P. 188.

evolução ou do estado presente dessa ordem? Pois nesse jogo, encontra-se *o homem social*, seria possível afastá-lo sempre? o homem social, quer dizer, as velhas comunidades agrárias, tão frequentemente invocadas na aurora das domesticações e das conquistas agrícolas, ou seja, atualmente, na escala das velocidades e dos terríveis flagelos a combater, dos vastos Estados modernos e mesmo, do mundo inteiro. Uma solidariedade mundial vela, ou se esforça por velar, sobre as riquezas biológicas da humanidade, e Maximilien Sorre soube mostrar sua enorme importância.

Durante essas longas explicações prévias, perdeu-se de vista o homem biológico; ele retoma bruscamente seus direitos na segunda parte desse livro, que eu consideraria de bom grado como a passagem mais importante, não digo a mais brilhante, mas, seguramente a mais rica da obra inteira, em apreciações e novos ensinamentos.

O homem deve alimentar-se em detrimento do mundo vivo associado à sua existência. Que exigirá ele, com efeito, ao mundo livre das plantas e dos animais e ao mundo mineral, em comparação ao que lhe fornecem suas culturas e seus animais domésticos? O estudo dessas necessidades alimentares coloca múltiplas questões. M. Sorre responde a elas levantando, primeiro, a lista das necessidades. Após o que, enumera os meios pelos quais o homem pode satisfazê-las: donde, uma longa passagem sobre as preparações alimentares mais comuns (pois não há geografias do festim, essa exceção). Donde ainda, todo um parágrafo sobre a própria história da alimentação. Postos esses marcos, chega-se ao essencial da investigação, a tentativa de uma geografia dos regimes alimentares (p. 264-290) que, por ser muito pesquisada, muito rica em fatos precisos, mergulha também, até os problemas do homem real, e não apenas do homem biológico. É o homem na sua complexidade – em toda a espessura de sua história, em toda a sua coesão social e com as coerções de seus usos e de seus preconceitos – que deve encontrar e que encontra uma geografia da alimentação. Pode ser de outra maneira? Por exemplo, o que são, senão um fato social, esses regimes alimentares urbanos evocados p. 273 e seg.? O que é, senão um grande fato de história cultural, essa propagação a partir do Oriente antigo, por todo o Mediterrâneo, da associação do trigo, da vinha e da oliveira (p. 267 e seg.)? É necessário de dizer quão originais e novas são essas páginas sobre uma geografia alimentar? Em geral, infelizmente, os geógrafos são poucos atentos, convenhamos, ao que os homens podem comer... E nesse ponto, os historiadores de hoje, na França, não têm grande coisa a invejar-lhes. Será essa a razão pela qual Maximilien Sorre multiplica as recomendações relativas aos primeiros, recomendações que também valem para os segundos?

Terceiro e último livro, o mais brilhante da obra. O meio vivo ajuda o homem a viver, mas também luta contra ele, e o põe sem cessar em perigo. Aqui, ainda, esperamos as mesmas simplificações, as mesmas aproximações e precauções que anteriormente. O autor vai escolher entre os *antagonistas* do homem; negligenciando os maiores e todos aqueles que são visíveis a olho nu, vai reservar sua atenção aos menores, que, aliás, são os mais perigosos: dos ultravírus, esses infra micróbios, até às diversas bactérias, e, além das duvidosas fronteiras entre os reinos animal e vegetal, até certos cogumelos microscópicos, como essa tribo das *microbacteriácias* (com nome tão revelador de nossas ambiguidades científicas) que conta entre outros, com os agentes da tuberculose, da lepra e do mormo.

É portanto a esses infinitamente pequenos que está reservada a luz desse último livro. Vai-se, como é justo, nô-los apresentar, depois escolher entre eles verdadeiros privilegiados. Com efeito, as doenças infecciosas se propagam de diferentes maneiras. Assim, a tuberculose se transmite diretamente de indivíduo a indivíduo. Mas para outras doenças, muito numerosas, o agente patogênico, protozoário ou cogumelo, por seu próprio ciclo de vida associa o homem a outros seres vivos que são os *vetores* da moléstia. Agente patogênico, vectores, homens se associam nos *complexos patogênicos* que Maximilien Sorre pôs no centro de seu estudo, porque são essas doenças, digamos com *vectores*, que analisará de preferência às outras[5].

---

5. Há, segundo a hipótese de Nicolle, supressão do *vetor* em certas doenças, e transmissão direta, em seguida, do germe patogênico de homem a homem, assim no caso da tuberculose? Cf. Sorre, p. 293.

Complexo patogênico? A título de exemplo, o leitor poderá se reportar ao caso da doença do sono (p. 298 e seg.): ela associa um hematozoário, *Trypanosoma gambiense*, que é o infinitamente pequeno de base, à mosca tsé-tsé (*Glossina papalis*) e, enfim, ao homem. Cabe aos especialistas saber como se comporta, em que etapa de seu desenvolvimento se encontra o hematozoário – e quais são seus aspectos característicos em cada uma de suas permanências e mudanças de hospedeiro. Cabe ao geógrafo transportar a área da doença para o mapa. Um exemplo também explicativo seria o caso, mais clássico ainda, do complexo malário (p. 301 e seg.). Aqui, os agentes infecciosos são igualmente hematozoários, mas do gênero *Plasmodium* e o vetor é fornecido pelos anófeles, dos quais 70 espécies podem veicular o impaludismo. Mesmas observações e mesmos mecanismos no tocante à da peste, às espiroquetozes recorrentes, às leishmanioses, às rickettsioses, aos tifos, à febre púrpura das índias, ao tracoma e a muitas outras doenças que saem da prateleira, tão bem provida, do parasitólogo. Mas é inútil, nessa resenha já longa, apresentar outros exemplos e mostrar, provas de apoio e sempre na sequência do autor, como os complexos patogênicos se cruzam, se superpõem ou se imbricam uns nos outros, nem como evoluem. Encontrar-se-á em anexo a esse estudo (p. 231), um quadro útil de alguns grupos nosológicos importantes e (fig. 22) um planisfério indicando a localização de algumas grandes endemias: febre amarela, peste bubônica, doença do sono, mal de Chagas, tularemia, etc., com suas respectivas áreas de extensão e os grandes centros de sua difusão. Quadro e mapa sublinhariam, se houvesse necessidade, a natureza exata das pesquisas nas quais o autor se acantonou.

Quais são as condições de vida desses complexos patogênicos – qual sua ecologia, a do agente e a do vetor – qual também, a ação do homem sobre eles: tais são, ainda, algumas das grandes questões que Maximilien Sorre expõe com sua habitual exatidão. Em seguida, no último capítulo (ainda uma vez, o mais importante), ele esboça a geografia dessas doenças infecciosas, com exemplos por vezes desenvolvidos – nomeadamente no que concerne à nosologia, admiravelmente estudada, do Mediterrâneo (p. 381 e seg.).

A análise que precede não foi completada. Poderia sê-lo com um livro tão novo, tão diverso (triplo pelo menos) e tão denso? Não mais do que tenhamos conseguido analisá-lo bem e a segui-lo passo a passo, podemos agora criticá-lo exatamente no pormenor. Indiquemos apenas que lamentamos as restrições deliberadas da investigação, embora compreendamos inteiramente certas necessidades de arranjo. Se Maximilien Sorre nos quisesse dar satisfação, ser-lhe-ia preciso, com efeito, dobrar, por baixo, o alentado volume que escreveu.

Pensará nisso para uma segunda edição?

Lamento também que o estudo do quadro físico, no livro I, tenha-se restringido à discussão do problema do clima; ao lado do "complexo climático", não há um complexo telúrico (solo, subsolo, relevo) e um complexo de água, sobretudo se não nos atemos unicamente às ações *diretas* dos fatores físicos sobre a ecologia do homem? A geografia não é, além disso, com muita frequência, o estudo de influências sucessivamente revezadas? O clima não age, por exemplo, sobre os problemas da alimentação e das doenças? E ao seguir essas influências indiretas, repercutidas, a obra não teria sido mais unida do que é, porque ela se divide um pouco demais, para meu gosto, entre as três investigações sucessivas que assinalamos.

Mesmas queixas a propósito do livro II. Aqui teriam sido bem-vindos alguns parágrafos sobre as plantas e sobre os animais livres, sobre a pululação dos animais selvagens nos vazios ou nas regiões da *oekoumene*, insuficientemente ocupadas pelo homem – pululação da qual E. F. Gautier gostava de falar – ou sobre as florestas, essas associações semilivres, semiescravas, mas também incorporadas à "ordem humana", da qual fala Maximilien Sorre, estando as árvores (mesmo nos países tropicais), muito mais do que se pensa, sob a dependência e sob o controle do homem... No que concerne aos capítulos consagrados à alimentação, o autor nos diz o essencial, mas, não haveria ali matéria para um verdadeiro livro autônomo onde fosse possível, para além das observações gerais que impõem a escala do mundo, multiplicar os casos particulares estudados de perto e reproduzir um documento tão interessante, por exemplo, como o mapa dos recursos de cozinha[6], dado, para a França, pelo 1º congresso do folclore francês?

Para o último livro enfim, não fomos privados de uma parte do tema? Não se insistiu demais nas doenças parasitárias e, entre elas, nas doenças com *vectores*; não se viu em demasia os problemas através do manual de Brumpt? Em suma, não se reduziu demasiado a matéria medicinal a ser estudada? Nada ou quase nada diz da tuberculose[7], do câncer ou da sífilis. O treponema pálido não é assinalado senão incidentalmente (p. 194 e 308), ele, cuja carreira tem sido tão brilhante desde que chegou à Europa, proveniente da América[8], nos últimos anos do século XV. Não creio tampouco, que se tenha dado lugar a todas as observações úteis da geografia medicinal (e notadamente da *Geomedizin* alemã). Todas as moléstias (ou pelo menos muitas moléstias) variam com o espaço. Algumas ocupam áreas tão precisamente delimitadas que essas áreas as explicam, é o caso da papeira. O câncer, nas índias, apresenta formas particulares; na A.E.F., nas regiões ricas em sal de magnésio, não haveria casos de câncer (teoria de Delbet)[9]. Há na Inglaterra e, sem dúvida, nos Estados Unidos, formas de escarlatina e de gripe muito perigosas, das quais não conhecemos o equivalente na França; do mesmo modo, encontramos aí formas particulares de pneumonias, aliás tão graves, que os traba-

---

6. (Pois que Fernand Braudel quis lembrar bem esse trabalho do qual tive a ideia e que foi conduzido sob minha direção (aliás, deveria ter sido intitulado, *Essai d'une carte des graisses de cuisine en France*; os fundos de cozinha são outra coisa), seria desejável, com efeito, que fosse retomado por bons pesquisadores; os geógrafos dispõem de toda uma armada; importaria, além disso, que sua investigação fosse histórica ao mesmo tempo que geográfica; a história das substituições de gordura à gordura seria apaixonante (Lucien Febvre).
7. Será na medida em que essas doenças acarretam o estudo de uma ação do homem sobre o homem, portanto um estudo *social*? Tuberculose, doença das cidades?
8. Max. Sorre se pronuncia, com efeito, sem fornecer provas pessoais, a favor da origem americana. Ver página 342: "A sífilis parece seguramente ser de origem americana, embora se tenha dito isso por vezes".
9. Não pudemos tomar conhecimento do livro de Pierre Delbet: *Politique préventive du cancer*, Paris, Denoël, 1944.

lhos sobre os pneumococos tem sido muitas vezes realização dos anglo-saxões. Maximilien Sorre se esforçou por distinguir sua investigação de uma simples obra medicinal. Mas não vejo bem como se poderia excluir de um livro de geografia, as questões que acabo de indicar.

É também se estabelecendo sobre o terreno da história que a gente se queixaria de bom grado. A iluminação histórica dos problemas teria ganho se fosse menos sumária e mais sistemática. Nós o lamentamos muito particularmente de nosso ponto de vista egoístico. É assim que, no primeiro livro, o problema das variações do clima na época histórica, que tantos estudos colocam de novo, não é apresentado, e mesmo esse problema é resolvido um pouco depressa, pela negativa nas últimas páginas do livro[10].

10. P. 394, a propósito da destruição do primeiro império dos Maias e das teorias de E. Huntington. – O clima mudaria sob nossos olhos? A questão é daquelas que devem interessar do mesmo modo os climatólogos e os geógrafos. Essa variação do clima, se existe variação, não recolocaria em questão todos os problemas, todas as ordens, todos os equilíbrios da vida? Muitos autores respondem pela afirmativa a coberto de provas e de autoridades bastante duvidosas, convenho. Segundo os mais categóricos dentre eles, estendidas sobre vários séculos ao mesmo tempo, lentas modulações de clima passando por debilíssimas variações sucessivas e desníveis totais bem pouco importantes, de períodos secos e quentes a períodos menos quentes e, sobretudo, mais úmidos. Bastaria, para resolver a questão, responder pela negativa, sem mais, ou mesmo, não colocar ou recolocar essa questão? Há, entretanto, o exemplo dos avanços e dos recuos dos glaciares dos Alpes (até mesmo do Cáucaso), a diminuição do banco de gelo ártico, bastante clara desde o fim do século XIX, ao longo das margens russas e siberianas... Toda a política dos soviéticos nesse Norte ártico nos foi apresentada como fundada sobre a hipótese de um reaquecimento atual do Ártico; será um erro? Historicamente, os exemplos duvidosos, mas perturbadores, não faltam. É somente por causa dos homens que no século XIX as fontes superficiais se exauriram na Sicília? No século XIV e no século XV, é preciso pensar, com Gaston Roupnel, que as calamidades europeias são finalmente imputáveis à perturbações de clima? Constata-se, com o fim do século XVI, ousarei dizer, um agravamento das condições climáticas na Baixa Toscana, produtora de grãos, em todo caso, inundações devastadoras, invernos mais rudes, por vezes tão rigorosos que as oliveiras gelam. Do mesmo modo, Huntington terá razão, *malgrado tudo*, quando sustenta que o primeiro império maia foi vítima de um cataclisma, de uma mudança climática? Tal não é a opinião de Maximilien Sorre: "E. Huntington, escreve, procurou a explicação dessa singularidade (o desaparecimento de florescentes estabelecimentos urbanos no país do Péten e de Usumacinta) na

Não faltam as observações históricas nos capítulos relativos à alimentação[11], mas aqui, tampouco, não as julgamos ainda bastante numerosas, – não bastante desenvolvidas, em todo caso. Tantos exemplos históricos nos parecem, nesses domínios, tão reveladores das próprias realidades dos regimes alimentares[12]! Em relação às doenças infeccio-

hipótese de mudanças de clima acarretando uma variação da morbidez infecciosa. *Essa hipótese não é necessária*". Sublinho a frase, mas o fato é tão seguro? – Num caso análogo, para explicar a recrudescência da malária na Itália do século XVI (e mais geralmente no Mediterrâneo daquele tempo), Phillip Hiltebrandt supõe a chegada de novos germes maléficos, os de uma *malária tropicalis*, em rápida proveniência (ultrarrápida mesmo) da América. À maneira de Huntington, não se poderia pensar (sobretudo tratando-se do século XVII, além disso) num ligeiro aumento das precipitações atmosféricas e numa consequente ascensão, nos países baixos mediterrânicos, das águas estagnantes, por conseguinte, numa multiplicação de jazigos anofélicos? Sempre pensando, bem o quero, em outras explicações também plausíveis: o aumento dos homens, notadamente, a multiplicação das "bonificações", criadoras (em seus inícios, sobretudo, mas mais tarde ainda quando não estão vitoriosamente acabadas) de um agravamento da malária, como toda agitação do solo nessas zonas perigosas? Muitos outros pequenos fatos seriam, ao citar-se, discutíveis, obscuros também: não resolvem o problema contra a opinião dos geógrafos partidários da imutabilidade do clima durante as épocas históricas; não, sem dúvida, mas, se não me engano, eles o colocam com mais clareza. Cf. a esse respeito as notas prudentes de E. de Martonne em *La France* (*Géographie Universelle*, 1943), primeira parte, p. 313: "O espírito do sábio volta-se imediatamente para a hipótese de uma periodicidade". E, p. 314: "Uma periodicidade de perto de 30 anos não está longe de ser verossímil".
11. A notar o parágrafo consagrado às sobrevivências dos regimes alimentares primitivos, p. 239, e a nota, p. 240, sobre a antiga prioridade dos cereais em pasta e notadamente dos milhos miúdos: "poder-se-ia falar… de uma idade dos milhos miúdos".
12. Pena que não tenha falado das consequências que tiveram algumas grandes revoluções alimentares da época moderna na Europa. Quadro sumário dessas revoluções no manual clássico de história econômica de Kulischer. Para certos aspectos sociais dessas transformações (a propósito do café, do chá, da cerveja) ver Henri Brunschwig: *La crise de l'État prussien à la fin du XVIIe siècle et la genèse de la mentalité romantique*. Os historiadores franceses contemporâneos são pouco atentos em geral, à história da alimentação, talvez tão interessante, no fim das contas, quanto o sistema de Law ou qualquer outra grande questão clássica. Temos uma história da, ou melhor, das cozinhas francesas? ou, por exemplo, uma história do óleo ou da manteiga – até mesmo no Mediterrâneo do século XVI, uma história da manteiga rançosa que então se transportou por barcos de Bône à Argel, de Djerba à Alexandria, talvez mesmo até

sas, faremos a mesma crítica, tanto mais que, em um exemplo (Impaludismo e história, p. 392-400), Maximilien Sorre nos mostrou o interesse desses retornos ao passado. Nesse domínio, poder-se-iam citar centenas de exemplos históricos que teriam encontrado, sem dificuldade, seu lugar na narrativa do livro III e que, dado o caso, se prestariam a interpretações cartográficas úteis: assim, para as epidemias de peste bubônica fora do Mediterrâneo e no Mediterrâneo, penso especialmente, na peste de Palermo, durante os anos 1590-1600, sobre a qual temos uma porção de observações medicinais; penso também nessa epidemia de gripe "inglesa", nos séculos XV e XVI, curiosamente detida nos países bálticos em sua expansão para o Leste, ou nos surtos da cólera asiática através da Europa Oriental e Central onde, regularmente, os altos países alemães permanecem indenes. Historiadores, sobretudo hoje, atribuem às devastações do tifo, endêmico na Rússia, tanto quanto ao inverno, o grande desastre de 1812... Esses problemas, não teriam, eles e muitos outros, seu interesse geográfico?

Mas esse belo livro não coloca problemas interiores ou questões de detalhe. Ele vale por seu conjunto. Obriga-nos, após tê-lo lido e relido, a reconsiderar o próprio conjunto da ciência geográfica. Ali estão seus problemas exteriores.

Os geógrafos o sabem: a geografia (como a história) é uma ciência muito inacabada, bem mais inacabada que as outras ciências do social. Talvez tão inacabada quanto a própria história, essa velha aventura intelectual. Tampouco está, nem plenamente segura de seus métodos, nem, menos ainda, em possessão de um domínio perfeitamente reconhecido. A geografia científica não se constitui, como o próprio livro de Maximilien Sorre, por conquistas laterais (por justaposição), por expedições, não numa espécie de *no man's land*, mas sobre terras vizinhas e já ocupadas? A obra de Maximilien

---

Constantinopla? Muitos historiadores conhecem as dificuldades da fabricação do biscoito, no Mediterrâneo dos navios redondos e dos navios a remos, condição das mais gloriosas armadas? Sem trigo não há frota, poder-se-ia dizer. Quantos ainda, citamos ao acaso, conhecem tal nota reveladora de W. Sombart sobre o impulso que tomaram as indústrias de conservas nos séculos XV e XVI – ou essa história nórdica e atlântica do boi salgado que H. Hauser gostava de explicar nos seus cursos?

157

Sorre assemelha-se a essa grande conquista das riquezas, das ciências da natureza, feita ontem pela geografia e conseguida por ela. Mas precisamente, quantas conquistas laterais não restam ainda hoje por fazer, se quisermos enriquecer ao máximo, isto é, "acabar" a geografia ou, pelo menos, precisar seu objeto? Conquistas por terminar, a da história e da pré-história – ainda não realizada, não obstante tudo o que tem sido feito nesse sentido (e foi feito muito), em certas teses e estudos de geografia regional. Conquistas por perfazer também, indiscutivelmente, as que reduziriam à ordem geográfica as aquisições dos economistas[13], dos folcloristas, dos etnógrafos, dos etnólogos, e, de uma maneira geral, dos sociólogos.

Enquanto essas reduções não forem efetuadas, duvido que uma geografia humana viável, segura de seus métodos, seja verdadeiramente possível. Inútil, antes desse termo, retomar a empresa de Jean Brunhes, contestável hoje, ainda que tão útil no seu tempo. E essas reduções serão possíveis e frutuosas – o que complica ainda o problema – apenas no dia em que forem fixadas as linhas mestras da própria geografia, seus eixos de coordenadas, linhas e eixos, com respeito aos quais a redução deve fazer-se. Tomar seu patrimônio em outrem, sim, – mas para transformá-lo em riquezas novas.

O ponto onde me separo de Maximilien Sorre, é quando ele se considera, após tantos outros, tranquilizado sobre o caráter geográfico de sua empresa tão logo desemboca no espaço – digamos num mapa, ou como ele o diz, numa área de extensão. Não nego, certamente, que a geografia seja, antes de tudo, uma descrição da terra[14] e que seja, à sua maneira, uma ciência do espaço. Quem o negaria, aliás? Mas essa tarefa é a única? A geografia encontra talvez no espaço um fim e um meio, entendo um sistema de análise e de controle. Na verdade, ela tem talvez uma segunda meta, uma segunda coordenada – que é desembocar, não no homem, mas nos homens, na sociedade.

---

13. Cf. sobre esse ponto a nota de François Perroux, *Cours d'économie politique*, 1.9 ano, p. 137: "Ela (a geografia) define pouco e mal os termos que emprega", etc.
14. André Cholley, *Guide de l'étudiant en géographie*, Paris, Imprensas Universitárias, 1943, p. 9. Mais descrição "homocêntrica", p. 121.

A geografia me parece, na sua plenitude, o estudo espacial da sociedade ou, para ir até o fim de meu pensamento, *o estudo da sociedade pelo espaço*.

Encontra-se, no último livro de Albert Demangeon, essa exortação: "Renunciemos a considerar os homens como indivíduos"[15]. O mesmo conselho, e mais amplamente motivado, aparece em *La Terre et l'évolution humaine*, de Lucien Febvre; mas esse livro não veio muito cedo (em 1922)? Tanto quanto nos liames do espaço, o homem está nas malhas do meio social – e não haverá geografia se ela não apanha a mãos cheias essa realidade social, múltipla como se sabe, ao mesmo tempo matéria de história, de economia política, de sociologia, se não pesquisa as grandes linhas do esforço "dos homens sobre as coisas"[16] tanto as coerções quanto as criações da vida coletiva, amiúde visíveis sobre o solo...

Por conseguinte, toda redução de fatos humanos à ordem geográfica deve ser, me parece, pelo menos dupla: redução ao espaço, sim, certamente, mas também redução ao social – esse social que o livro de Maximilien Sorre evita, que ladeia, e onde ele só se aprofunda quando é constrangido a fazê-lo pela unidade viva, infrangível de seu assunto. Dir-se-ia mesmo que a preocupação de Maximilien Sorre, na realidade, foi deter-se nesse mau caminho: assim, no que concerne os microclimas artificiais, que colocam os grandes problemas da geografia da vestimenta e do abrigo[17]. Ou ainda, tratando-se do estudo de certas moléstias infecciosas, apenas assinaladas por sua exposição. Seu desejo foi ater-se, se possível, a uma ecologia do homem enquanto indivíduo biológico; mas, o que mais pode ser frequentemente essa ecologia do indivíduo, exceto uma abstração, um caminho demasiado estreito, impraticável ou, ao menos, muito difícil?

Entretanto, tenho necessidade de dizê-lo, Maximilien Sorre foi perfeitamente atento às restrições que se impunha, e ele as explica em meias palavras no seu prefácio e na sua

---

15. Albert Demangeon, *Problèmes*, p. 28.
16. Segundo a expressão de Maurice Halbwachs.
17. P. 37-38. Bem característico, o fato de que M. S. tenha reservado (Cf. p. 10) à uma outra obra, aquela por aparecer, o estudo do meio climático urbano.

conclusão onde se encontrariam sem maior esforço os próprios termos de que nos servimos para efetuar a crítica de seu desígnio. Não é ele quem escreve (p. 10): "Ainda assim é muito simples falar do homem. É dos homens que é preciso dizer – os do presente... os do passado..." É ele ainda que escreve, nessa mesma página de prefácio: "A interação do meio social e do meio natural será portanto *evocada*... Há influências que não se pode dissociar". *Evocada*, a palavra que sublinhamos, é bem reveladora, *evocada* e não estudada deliberadamente, o que faz diferença. Sem dúvida, é sempre injusto não se contentar com as riquezas que uma obra como esta vos traz em profusão; digamos, entretanto, que é um pouco lamentável que esse belo livro não tenha sido concebido de maneira ainda mais ampla e explicado com mais insistência e clareza em sua arquitetura de conjunto – que desejaríamos que fosse mais clara, mais unitária, sobretudo, melhor organizada por dentro, talvez mais ambiciosa, muito simplesmente.

Mas esse livro terá plena eficácia, tal como é – por pior escolhida, infelizmente, que seja a hora de sua aparição. Um rico futuro o espera. As ciências geográficas – e todas as ciências sociais – hão de tirar todas as vantagens dele, e os historiadores não serão os últimos a consultá-lo. Pela qualidade de sua escritura, que faz pensar em Jules Sion, por seu talento em evocar, numa série de toques breves, paisagens dispersas pelo mundo inteiro ou em tornar sensível o clima de uma época passada, pela riqueza de sua experiência direta e de seu conhecimento científico, por sua habilidade em seriar os fatos e em ligar os desenvolvimentos, em situar um exemplo ou um detalhe de história ou de lenda, por seus retornos insistentes às margens clássicas do Mediterrâneo, a obra, no seu espírito e por seu humanismo, está perfeitamente dentro da brilhante tradição da escola francesa de geografia. A vida intelectual é um combate: esse livro nos traz o exemplo de uma bela, de uma magnífica empreitada. Nesses domínios tão difíceis e tão apaixonantes da geografia humana, nenhuma obra dessa qualidade nos havia sido oferecida há longo tempo, desde os *Príncipes de géographie humaine*, de Vidal de La Blanche; desde *La Terre et l'évolution humaine*, *de* Lucien Febvre.

9. SOBRE UMA CONCEPÇÃO DA HISTÓRIA SOCIAL[1]

Estou atrasado para falar do livro complicado, alerta e ambíguo de Otto Brunner: *Neue Wege der Sozialgeschichte*[2], publicado em 1956, mas que apenas acaba de chegar aos *Annales* (após erros assaz fortuitos). Os historiadores leitores de revistas gerais conheciam, aliás, por tê-los lido e apreciado em seu devido tempo, dois dos dez artigos reunidos no presente volume: um, sobre o próprio problema de uma história social da Europa, publicado pela *Historische Zeitschrift*[3] em 1954, e outro no *Viertelfahrschrift für Sozial-und Wirtschaftsgeschichte* do mesmo ano (sobre a burguesia da Europa e da Rússia)[4]. Por si sós, já colocavam certos proble-

1. *Annales E.S.C.*, n.º 2, abril-junho 1959, *Débats et Combats*, p. 308-319.
2. *Neue Wege der Sozialgeschichte. Vorträge und Aufsätze*, Goettingen, Vandenhoeck u. Ruprecht, 1956, 256 p.
3. Tomo 177, 1954, p. 469 e s.
4. Tomo 40, 1954, p. 1 e s.

161

mas que o livro retoma, problemas vastos, bastante complexos, e que, finalmente, põem em discussão a metodologia inteira, até mesmo o próprio sentido das ciências históricas. Isto significa dizer que não será fácil apresentar um resumo exato de um trabalho composto, não obstante sua unidade em profundeza, de materiais diferentes, de uma série de argumentações, nove, e mesmo dez, pois que o capítulo VI compreende, só ele, dois estudos sobre as relações da burguesia e da nobreza em Viena e na Baixa Áustria (na Idade Média). Imaginem viagens com pontos de vista sucessivos e cuja sucessão mesma, muito rápida, quase só se revela lógica à reflexão. A leitura não é simplificada pelas numerosas referências enviadas, infelizmente, para o fim do volume: a gente se reporta à nota, perde a página, depois recomeça. Todo esse vaivém é acompanhado, na verdade, de uma alegria do espírito, bastante grande.

Otto Brunner não deve nada aos *Annales* e os dados de seu raciocínio ou de sua experiência, seus pontos de apoio, sua conclusão, não são os nossos. Daí, a nossos olhos, a importância singular de tudo isso. Mas faz-se mister um grande esforço de nossa parte para compreender e, aqui ou ali, captar e penetrar as sutilezas de sua linguagem. Eis, em todo caso, um historiador que fala em voz alta da confusão atual da história e que, seguro de seu ofício e da ajuda das ciências vizinhas, tenta dominar os tempos inquietos que nossa especulação aborda. Como lhe é preciso apoiar-se em seus pares, a seu chamado se organiza, desde a partida, o cortejo quase completo dos historiadores alemães, os de ontem, os de hoje. Mesmo se Otto Brunner não tem sua inteira aquiescência – e é mais que provável – ele se apresenta em sua companhia, e esse é um atrativo suplementar de seu livro. Eis, para nós, velhos companheiros de leitura: Werner Sombart, Max Weber; Georg von Below que, ontem, contou entre seus ouvintes, o jovem Marc Bloch; Meinecke, cujo pensamento permaneceu injustamente alheio, ou pouco falta, à historiografia de nosso país; Heinrich Mitteis, autor de admiráveis trabalhos sobre as instituições medievais; Otto Hintze, a quem se reservaria entre nós o grande lugar que merece se suas obras completas não houvessem aparecido em má hora, em 1941 e 1942; Th. Mayer, outros ainda... Não menos numerosos, nessas notas ou citações, são os nomes de novos especialistas de história da filosofia, de sociólogos, de economistas, de historiadores enfim: Gerhard Ritter, Werner Conze, Wilhelm Abel, Herbert Hassinger[5].

Otto Brunner nos oferece assim com liberalidade, ia dizer em suplemento, uma viagem através desses antigos e novos caminhos da historiografia alemã. Mas por isso mesmo é tanto mais difícil, finalmente, depreender a verdadeira face desse pensador demasiado ágil, demasiado apaixonado, e que não teme nem uma contradição, nem um debate inacabado. O leitor, pouco a pouco, se habitua, é verdade, a seus processos, às suas artimanhas, a seus imensos resumos, às suas explicações amiúde excelentes; medievalista, nosso autor encontra-se na boa junção, a própria junção do destino do Ocidente. Mas a ocasião lhe é sempre propícia para ir aquém ou além dos limites convencionais da Idade Média europeia, seja em direção à Antiguidade, seja em direção à plena modernidade. De "Platão", dirá, "até Joaquim de Flore e a Bossuet", ou do mesmo modo, "de Homero a Fénelon..." Mas temos o direito, nos *Annales*, de nos queixar dessas pernadas e não ser indulgentes com um historiador que fala da Europa sem se demorar nos eventos ("esse esqueleto da história", como dizia um de nossos pedagogos de visão curta), sem se demorar nos indivíduos, ou então apresentando-os por fileiras espessas, por grupos, a título de delegados de conjuntos sociais ou culturais? Nós o seguimos, por certo... Mas ninguém nesse jogo estará, repitamo-lo, inteiramente seguro, ao sair de alegações que nos é preciso ler e reler uma a uma, de conhecer o verdadeiro pensamento de Otto Brunner, às voltas com problemas que não são exatamente os nossos, abismado em lembranças e

---

5. É de Heinrich Freyer essa citação (no sentido mesmo do pensamento de Max Weber) que me encanta à passagem, por duas ou três razões: "A época das luzes (*Aufklärung*), escreve, não é somente esse fenômeno histórico de alcance limitado que designamos comumente por essa expressão, mas, uma das tendências de fundo, por um pouco diríamos, o *trend* da história europeia por excelência..."

experiências que não partilhamos. Apesar disso, não sou um leitor tão indiferente que não me tenha detido, uma ou duas vezes, diante dessa ou daquela reflexão cujo prolongamento nos conduziria diretamente até o tempo presente. Mas creio inútil demorar-me em interpretações dessa ordem, difíceis e talvez errôneas. É inútil, também, nos reportarmos, para ver mais claro (salvo determinada referência que citarei dentro em pouco), à obra densa e sólida de nosso autor. Meu propósito é pôr em discussão unicamente esse livro, inteligente e fino, que nos vem visitar um pouco tarde, e ver o que ele nos traz no plano exclusivo da especulação científica.

1. *A originalidade ocidental (séculos XI-XVIII) reduzida em "modelo"*

Seu primeiro objetivo é nos propor, se não me iludo, e nos fazer aceitar uma história social, estrutural e conservadora, em oposição a uma história liberal, flexível, evolucionista. Praticamente nos é oferecido, nas águas da *longa duração*, um certo *modelo particularizado da história social europeia*, do século XI ao XVIII. Esse modelo põe em evidência continuidades, imobilidades, estruturas. Abandona o evento, subestima o conjuntural, prefere o qualitativo ao quantitativo e não se interessa um segundo, e é pena, pelo pensamento matematizante de Ernest Labrousse. O empreendimento (limitado ao contexto medieval) situar-se-ia, entretanto, sem muito esforço, numa história social tal como eu a concebo, e que tem os ares e as dimensões de uma história global.

Os substantivos e os adjetivos com que tento cercar assim o pensamento de Otto Brunner não o definem, evidentemente, senão pela metade e podem traí-lo. Só as palavras que sublinhei no parágrafo precedente se encontram também na sua argumentação com o sentido que nós lhes damos de ordinário. De fato, trata-se, realmente, volto a isso num instante, de *modelo social*. Mas outras continuidades, no caminho, se acrescentam à sua argumentação. Otto Brunner assinala de bom grado as evidentes continuidades intelectuais; elas estriam seu livro de linhas que não acabam de atravessar o tempo. Ele procura também, com deleite, o que o presente mais original pode conter de passado longínquo; assim, quando percebe que o velhíssimo conceito medieval de alma e de corpo (não no sentido de organismo vivo que lhe dará a moderna biologia) está no centro de pensamento e do vocabulário de Oswald Spengler, ou quando suspeita que aos fisiocratas ou o próprio Karl Marx retomam por sua conta tais ou tais ideias da velha "economia" medieval.

Mas aqui é sobretudo a sociedade que é o objeto de uma "modelização" séria, no campo particular do Ocidente, entre o século XI e o XVIII. Postas de parte as conclusões aqui, as estagnações ali, ou, alhures, os excessos, até mesmo, as anomalias, a sociedade ocidental apresenta em toda parte os mesmos quadros, as mesmas peças mestras: a saber, a cidade, sua burguesia, seu artesanato, suas franquias; os campos com seus camponeses enraizados (evidentemente, há os outros que correm aventura, mas estes não impedem a existência daqueles, seguros de seus direitos) e seus senhores, estes últimos mais preocupados, como o camponês, em conduzir sua "casa" do que em pensar no lucro e na economia, no sentido que lhe dará nossa sociedade moderna. Pois, a economia foi, primeiramente e durante séculos, a *oeconomia*, a atenção, o cuidado da casa (a "Casa Rústica" como dirão ainda, no século XVI, Charles Estienne e Jean Liébaut): cuidar das domésticas ou dos escravos, educar as crianças, decidir das culturas; em geral, preocupar-se muito pouco com o mercado urbano e com sua "crematística". Se os velhos livros de *oeconomia* não ignoram o mercado, este não se acha no centro da economia de subsistência que descrevem. Seu horizonte é a "casa", a "casa inteira". Não nos espantemos, então, se comportam conselhos morais, um resumo de medicina prática, por vezes, uma coletânea de receitas de cozinha. Os historiadores e economistas alemães assinalaram há muito tempo essa rica *Hausvaterliteratur*[6].

6. Cf. Gertrud Schroder-Lembke, "Die Hausvaterliteratur als agrargeschichtliche Quelle", Z. f. *Agrargeschichte und Agrarsoziologie*, 1953.

Essas peças mestras têm, no modelo, sua autonomia, sua cor, seu sentido particular. Mas compõem-se num jogo harmonioso umas em relação às outras. Cristais de vivas arestas, mas através dos quais circula uma luz comum.

Os compartimentos se comunicam entre si: o camponês ganha a cidade (mesmo as cidades estacionadas, com populações frágeis, têm necessidade constante de homens). Eis o recém-chegado, ou, amanhã, seu filho, tornar-se artesão, depois o artesão pode um dia fazer-se mercador, o mercador se transformar em senhor. Pois tudo acontece, ou pode acontecer: é questão de paciência, de gerações prudentes, de circunstâncias felizes. Filho de camponeses, tecelão camponês, Hans Fugger, o fundador da grande família, foi para Augsburgo em 1367. Por vezes, ao contrário, senhores aspiram a tornar-se burgueses. Não afirmamos que esses circuitos sejam de forte vazão, mais tais que possam bastar para distender, até mesmo para destruir certas tensões, para manter equilíbrios de longa duração. No entanto, esses equilíbrios são sem cessar ameaçados. Se as trocas se aceleram, os cristais iniciais podem, com o tempo, alterar-se. É o que sugere o exemplo de Viena (Cap. VI), ao qual Otto Brunner consagra, na minha opinião, as melhores páginas de seu livro. É verdade que é um caso marginal, que o "modelo" flutua mal sobre essas águas particulares, que aqui o Príncipe intervém cedo nas trocas vivas. Facilita as passagens da burguesia para uma nobreza que, pouco a pouco, perde suas virtudes, suas raízes e suas realidades terrenas. Nas águas, se podemos assim dizer, dessas ascensões sociais, o Estado na Áustria, alhures também, faz girar sua própria roda. E enquanto na Idade Média, no Ocidente, a política se difunde no social e aí se perde (o senhor é ao mesmo tempo senhor e proprietário) progressivamente, com o avanço do Estado moderno, a distinção, a disjunção se completam: o Estado, de um lado, a sociedade econômica, de outro. E o velho modelo, ou se preferem o Antigo Regime social se desfaz. Para quem quisesse, a todo custo, situar cronologicamente esse desmoronamento, a noite de 4 de agosto de 1789, se oferece como um termo espetacular: são abolidos os direitos feudais, as comunidades aldeãs, as franquias urbanas... É maneira de falar; entretanto, no mesmo lance, a Revolução Francesa tomará a aparência de acusada. E a seu lado, misturada, não substituída por ela, está a Revolução Industrial, esse outro personagem sombrio.

Então se encerra, em todo caso, uma das grandes fases da história ocidental, cujo ponto de partida se situaria sete séculos mais cedo, entre 1000 e 1100. Nessa época longínqua, o Ocidente conheceu um ascenso de força, um impulso demográfico de grande fôlego (dentro em pouco se encetavam a colonização para o leste do Elba e, a partir da França, uma grande emigração para a península ibérica). Henri Pirenne vê, e muitos historiadores em sua trilha, a renovação urbana que irá seguir-se, como uma consequência do recrudescimento geral dos tráficos. Entretanto, houve também ascensão geral dos campos ocidentais; produziram alimentos mais abundantes e mais homens que outrora – víveres e homens, sem o que o desenvolvimento urbano, seguramente estimulado pelo comércio, não teria sido possível; fixaram um campesinato europeu relativamente denso, capaz, nos países do Norte, graças ao afolhamento trienal, de tirar uma produção aumentada de seus campos. Inteiramente tomado desde logo por um trabalho rural intenso, o camponês torna-se camponês em tempo integral. Cabe aos senhores portanto, assegurar e também confiscar sua defesa.

Prosperidade rural e prosperidade urbana se sustentam desde a partida; são as bases da economia europeia, economia seguramente nova e destinada a durar. No decurso dos séculos anteriores, o tráfico de mercadores *ambulantes* assentava sobre matérias preciosas, raras – os ricos estofos, as especiarias, os escravos – ou de primeira necessidade, o sal, o trigo. Só contava então, ou quase, a clientela composta pelos príncipes e pelos ricos. Mas a partir do século XI aumenta a parte dos produtos fabricados nos tráficos. A Europa se afirma como exportadora de têxteis, a glória das feiras de Champagne, as dos tráficos mediterrânicos se anunciam e depois se afirmam. O mercador se enraíza. As cidades se multiplicam, formam arquipélagos, pirâmides de cidades, cada grupo desembocando em cidades, em metrópoles mercadoras de ordem superior. Tudo isso em simbiose com um mundo senhorial e camponês, base permanente, terra que nutre esses êxitos.

Tal esquema exigirá evidentemente, retoques e complementos. Otto Brunner não se preocupa excessivamente com isso. Sua argumentação é longa, frequentemente repetida, mas suas conclusões sempre breves, idênticas. Visam o geral. Somente se colorem um pouco quando se trata do segundo "polo" de seu modelo, os camponeses, os senhores, a senhoria, mais geralmente essa *Adelswelt* para a qual se dirige sua ternura secreta e cujo papel e importância ele aumenta de bom grado, que ele apresenta sob o signo de compromissos recíprocos, com um campesinato na sua base que, no pior, dispõe ainda de uma certa autonomia, de uma certa liberdade. Coloca essa *Adelswelt* no centro de uma civilização de longuíssima duração, estendida até os Fisiocratas, uma civilização aristocrática, penetrada até a medula por um espírito de verdadeira, de efetiva liberdade, uma civilização, não apenas violenta e grosseira, mas refinada, animada de virtudes evidentes – as bibliotecas da nobreza (na Áustria e alhures) aí estão para no-lo provar a partir do século XV. É nessa civilização que participa igualmente a burguesia das cidades. Quem não veria, aqui, uma ajuda evidente, quase uma reviravolta... Mas pleitear, é pleitear.

2. *Ocidente e Rússia*

O leitor adivinha que minha intenção é apresentar, não discutir esses resumos autoritários, e ver, mais que o fundamento dessas teses, a inspiração, a vontade do encenador. Portanto, aceitemos essas amplas explicações estendidas do século XI ao XVIII.

Seguramente, esses séculos tiveram alguma coisa em comum. Preferiria dizer séculos XIII-XVIII, mas pouco importa! Que tenha havido, de 1000 a 1800, uma certa unidade, uma certa "horizontalidade" do tempo longo, concedê-lo-ia de boa vontade. Gino Luzzatto e Armando Sapori, um e outro, disseram-no à sua maneira, afirmando a "modernidade" dos séculos XIII e XIV. Armando Sapori, "homem" do século XIII, não quer se deixar ofuscar pelas luzes do Renascimento. Henri Hauser, "homem" do século XIV, cuja evidente modernidade proclamava, nomeadamente em face do século XVIII. Mas esses jogos não são familiares a Otto Brunner, nem indispensáveis à sua tese ou mesmo à sua argumentação. Seu jogo é ao mesmo tempo mais complicado, mais arbitrário e muito mais amplo, diria mesmo, muito mais perigoso. Consiste numa dialética bastante particular: ver sucessivamente nas paisagens da história o que as unifica, depois o que as diversifica. Quer dizer que ao capricho da demonstração, o jogo de cartas é aberto e mostra então todas as suas figuras de naipes e valores diferentes, ou bem, ei-las todas reunidas, não formando mais que um só maço na mão do jogador. Otto Brunner, para afirmar a originalidade global do Ocidente, teve que concentrar um jogo de cartas numerosíssimo. Porque seu modelo vale sobretudo para as terras e as cidades alemãs. Valerá para as terras e as cidades da Itália ou da Espanha? Aí e alhures, a coincidência somente será possível com alguns hábeis golpes de ajuda. Imagino de antemão que Armando Sapori reagirá, seguramente, contra essa imagem de um Ocidente monótono, como reagiu, ontem, ante a visão de conjunto que Werner Sombart propunha em relação à economia medieval. Mais ainda, que historiador aceitará essa horizontalidade do tempo longo, através de uma Idade Média recortada de perturbações, de crises econômicas e sociais? O Estado moderno se anuncia com o século XV, mais ainda, o século XVI, e a ruptura, a separação "Estado-sociedade" não espera a Revolução Francesa. Do mesmo modo, a economia de mercado, desde antes do fim do século XVIII, penetrou profundamente a sociedade ocidental. Far-se-á sempre necessário uma certa habilidade para transpor ou dissimular esses obstáculos.

A habilidade de nosso colega é a de nos fazer aceitar, como entrada de jogo, que sua simplificação inicial é, de fato, o reconhecimento atento de uma originalidade própria, única, do Ocidente, depois, para além dessa afirmação, transferir imediatamente a discussão fora do Ocidente para nos demonstrar, a toque de caixa, a originalidade da Europa em relação ao que não é a Europa, em relação à imensa abstração weberiana (de Max Weber, é claro) – essa zona da cidade denominada "oriental" e que reúne nas suas malhas o Islão, a Índia e a China. Quem acreditará na unidade dessa categoria? Ou que Max Weber tenha verdadeiramente levado sua célebre sociologia urbana até o âmago dos problemas?

Mas deixemos essas críticas semiformuladas. Transportados à margem oriental da Europa, leitores, somos convidados a medir as diferenças entre sistema ocidental e sistema russo (até mesmo oriental). A demonstração nega imediatamente o que pretendem certos historiadores, a saber, que a Europa, ou se quisermos, o Ocidente, recomeça, reedita seu destino sobre a cena russa, com cores particulares, um certo atraso, deformações, devidos às intempéries da história, à imensidão da cena, à hostilidade das florestas e dos pântanos, à débil densidade de povoamento. Ao que se acrescenta o enorme cataclisma da expansão mongol.

Contra certos historiadores russos, mas se apoiando em outros, Otto Brunner sustenta que, mesmo antes desse cataclisma, já há atraso e, mais ainda, diferença de natureza entre estruturas sociais de um e de outro mundo. Novgorod não é uma cidade fechada em si mesma, à ocidental, mas uma cidade "antiga" aberta para o campo ao seu redor, integrada na vida desse último. As cidades russas, certamente, são consideráveis, ricas em homens, mas pouco numerosas, afastadas umas das outras: é o caso de Kiev, de Moscou. Não se apoiam sobre pirâmides ou redes de pequenas cidades, como sucede na Europa. Além disso, elas não souberam, ou não puderam, reservar-se o monopólio da vida artesanal: ao lado de uma indústria urbana de artesãos miseráveis, uma indústria camponesa se mantém vivaz, polivalente, fora do controle urbano. O inverno russo libera por longos meses uma mão-de-obra superabundante nas aldeias e é impossível lutar contra ela. Quanto aos camponeses, estão há muito tempo mal enraizados. Suas culturas permanecem itinerantes, organizam-se em detrimento da floresta, mas não se trata, à ocidental, de sujeitar de uma vez por todas essa nova gleba, de estabelecer aí sulcos duráveis, de arrancar-lhes os troncos das árvores. Como na América aberta aos camponeses da Europa, o desperdício do espaço é a regra. Acrescentemos que o artesão, não mais que o camponês, não é inteiramente livre em seus movimentos. Ultimo traço: o comércio na Rússia, até Pedro o Grande, basear-se--á em produtos naturais, sal, peles, mel, mercadorias de luxo e escravos. É caravaneiro, itinerante. Esses traços arcaicos completam o quadro de conjunto. Inversamente, a Europa tem seus camponeses semilivres, suas cidades independentes ou quase independentes, seu capitalismo comercial ativo, em avanço, com seus mercadores permanentes. As cidades ocidentais são a indústria artesanal e o comércio fora do controle do Estado, outras tantas ilhotas livres para o capitalismo à curta ou à longa distância. Aí está, no sentido da velha afirmação de Max Weber, uma das originalidades urbanas da Europa medieval: nem a cidade "antiga", nem a cidade "oriental", haviam conhecido essa cisão, ou melhor, essa distinção, entre cidades e campos, indústria e agricultura – numa palavra, essa supervoltagem urbana.

Basta essa demonstração para esclarecer o "enigma russo" de que falava ainda recentemente Gerhard Ritter[7]? Ou o mistério do observador alemão face a essa imensa paisagem? O leitor responderá. Pergunto-me o que daria, conduzido como o conduziu Otto Brunner, um paralelo desta vez entre a Europa e a América colonial dos ibéricos (do século XVI ao XVIII). No Novo Mundo, com o fim do século XV, uma nova Europa nem bem nem mal se enraíza, *recomeça*. E recomeça pelas *cidades*. Essas cidades precedem os campos cuja construção é lenta (Rio de La Plata), ou se apoiam em campesinatos indígenas. Onde quer que se situem, são cidades abertas para o campo, cidades "antigas" com fórmulas antigas, dominadas por grandes proprietários rurais – é o caso desses *homens bons* dos conselhos municipais do Brasil ou desses grandes *hacendados* dos *cabildos* (almotaçarias) espanhóis. Nesse conjunto, duas ou

---

7. *Lebendige Vergangenheit*, Munique, Oldenbourg, 1958, "Das Rätsel Russland", p. 213 e s.

três cidades modernas quando muito, grandes cidades "à russa", muito isoladas, o México dos vice-reis, Recife durante e após os holandeses, Bahia com seus comerciantes exportadores de açúcar, o Potosi. Acrescentem a esse quadro um comércio por caravanas burriqueiras. Então, é essa a Europa de antes do século XI? Ou a Rússia de antes de Pedro o Grande?

3. O que é a História Social?

Essas questões, essas semicríticas não colocam em discussão, para dizer a verdade, senão a metade de um terço desse livro nervoso. Otto Brunner não teve apenas a intenção de abranger a irredutível originalidade da Idade Média ocidental, de cantar-lhe as virtudes, de revelar sua grandeza, quase de afirmar seu "milagre". Se não me engano, pretende apoiar-se nas luzes desse grande espetáculo para volver-se (ainda com mais habilidade que força ou clareza) para o tempo presente – segunda operação de envergadura – e para as estruturas do mister de historiador, terceira e última operação, que recobre e ultrapassa as precedentes.

Na realidade, a Idade Média ocidental de antes do século XVIII está separada de nós por obstáculos diversos. Historiadores e homens do século XX, portanto de uma idade mais ou menos separada das longínquas raízes da Europa pelas mutações e descontinuidades dos séculos XVIII e XIX, como podemos, ao mesmo nível, reencontrar as realidades de uma história social da Europa entre o século XI e o XVIII? As próprias palavras, a de economia, essencialmente, mas também a de sociedade, até mesmo a de Estado, nos desservem. Eis-nos apartado em espírito desse objeto, dessa paisagem longínqua, por uma cortina de fumaça onde tudo se reúne: as ideologias (que nasceriam com o século XVIII), essas ideias todas carregadas ao mesmo tempo de verdades e de ilusões; as antigas explicações; o próprio esforço das novas ciências sociais. Num capítulo, que compreendo mal, embora o tenha lido e relido, eis que somos postos em guarda contra o anacronismo, contra o perigo evidente de um diálogo presente-passado, eis que somos, além disso, postos diante das pesadas responsabilidades da história. Mas, de fato, não é, na trilha de Karl Mannheim, uma caça às ideologias, depois às feiticeiras e às fumaças, a que somos convidados? As ideologias estão ou não perdendo a velocidade? É possível. Mas de um lado e de outro da cortina por elas interposta, a que julgamentos, a que comparações se abandona o autor – nenhum leitor estrangeiro o saberá com meia palavra. A quem se julga, a quem se condena, ou, se preferimos, de quem devemos gostar? Porque esse evidente elogio ao Antigo Regime social, independente do lucro e das tiranias do Estado ou das deformações ideológicas, deve ter um sentido. O *laudator temporis* nunca é feito sem segundas intenções presentes.

Essas incertezas não deixam de complicar de antemão e de debilitar nossa resposta à questão fundamental que nosso colega se coloca, a respeito do destino, da razão de ser da história. Mas procedamos como se o caminho oferecido nos parecesse seguro.

Desde o princípio, como Henri Berr em 1900 no limiar da *Revue de synthèse*, Otto Brunner tenta elevar-se acima dos compartimentos das histórias particulares. Sabe-se que são numerosos: história do direito, história das instituições, história da filosofia, história das ideias, história das letras, história das ciências, história da arte, história religiosa, história da vida cotidiana, história econômica; sabe-se também, (cf. Heinrich Freyer) que têm seu ritmo próprio, seu alento, suas medidas cronológicas. Ora, esses setores particulares devem ser dominados, deslocados. Assim, o império da *Kulturgeschichte* é heteróclito, abusivo. Do mesmo modo, ainda que isso não seja dito claramente, a história econômica, simples setor, não pode inflar-se até às dimensões da história inteira, sem excesso ou escândalo.

Em suma, a história não admite senão dois planos gerais: o político, de uma parte, o social, de outra. Como na geometria descritiva, é sobre um e sobre o outro plano que é preciso projetar o corpo inteiro da história. Sou eu, bem entendido, que adianto essas imagens discutíveis. Otto Brunner dirá mais exatamente que a história social não é para ele uma especialidade (*Fach*), um setor particular (*Sondergebiet*), "mas uma maneira de considerar um aspecto do homem e dos grupos humanos na sua vida comum, na sua arregimentação social (*Vergesellschajtung*)". Com respeito à política, reclamava em outros tempos (1936): "Toda problemática puramente histórica, escrevia então, depende da história política... Desse ponto de vista, toda história, no sentido estrito da palavra, é história política"[8]. Hoje, sem que eu lhe faça agravo disso – bem ao contrário – é de opinião diferente. A história tem sempre o homem como objeto, diz em substância, mas há duas maneiras de considerá-lo: primeiramente, no espelho de uma história social, "e então serão impelidos ao primeiro plano a construção interna, a estrutura dos liames sociais"; ou, segunda possibilidade, no sentido de uma história política, de uma política de significação aristotélica: a essa altura, tratar-se-á de compreender como objeto a ação política, "a autodeterminação dos homens". Repito-o: dois planos entre os quais tudo se divide ou pode dividir-se. É impossível ao historiador confundi-los ou, o que dá no mesmo, apresentá-los conjuntamente.

Seria importante seguir, de página em página, o escorço alusivo a uma história reduzida ao político, que é dado por este livro pronto a afirmar, jamais a contradizer, e assim quase isento de negações que serviriam de pontos de referência: a história do homem "animal político", se o compreendo bem, é um pouco a de seus movimentos, de suas ações, de seu livre arbítrio, e mesmo por vezes, uma *Machtpolitik*, tendendo portanto muitas vezes para uma história tradicional. Sobre a outra porta do díptico, na própria medida em que a história social mobiliza em seu proveito a imobilidade e a longa duração, a realidade social espessa, pesada, resiste às intempéries, às crises, aos choques; tem a força de sua lentidão, de sua inércia poderosa. Os impulsos da história econômica se esgotam remexendo essa massa, perfurando uma couraça espessa.

---

8. Otto Brunner, "Zum Problem der Sozial-und Wirtschaftsgeschichte", in *Zeitschrift für Nationalükonomie*, VII, 1936, p. 677.

Aliás, na Idade Média, repitamo-lo, não há senão essa única história, a história social; ela absorveu tudo, assimilou tudo, o Estado se dissolve entre esses corpos diversos de que falamos: cidades, senhorias, comunidades, aldeias. A economia de mercado pode de fato ter suas crises, e mesmo suas convulsões, a *oeconomia* se recolhe dentro de si mesma. Ela está ao abrigo dessas pequenas tempestades. Os séculos lhe pertencem. O Estado e a economia, isto é para mais tarde. Não procurei, ao longo desse artigo, senão esclarecer para mim mesmo e meus leitores franceses um pensamento que nos é pouco familiar. Entre historiadores alemães e franceses, o contato esteve perdido por tanto tempo que basta por vezes uma palavra mal compreendida, uma afirmação lançada muito depressa para que a discussão perca todo o sentido. Haveria certamente vantagem, para as duas partes, em se juntarem pensamentos que se tornaram nesse ponto estranhos um ao outro. Interditei-me, portanto, tanto quanto possível, a atitude mental do crítico, deixando a Otto Brunner a iniciativa desse debate.

Estou convencido, ao fim dessa confrontação? Esta é uma outra questão. Estou dividido entre uma certa simpatia e algumas reticências bastante vivas. Na verdade, uma história social de longa duração só pode seduzir-me, mesmo que ela se me afigure como uma história social entre várias outras, a das lentidões, das permanências, das inércias, das estruturas: além dessas imobilidades, seria preciso recolocar a conjuntura social, que não é uma personagem insignificante. Tampouco, nada há a dizer, bem entendido, contra uma história política que, "aristotélica" ou não, se confunde com a história tradicional do último século. Mas há tudo a dizer, parece-me, contra a autoritária dicotomia de Otto Brunner, essa dualidade em que encerra a história. Quaisquer que sejam as razões ou as ideias preconcebidas que ditem sua escolha – elas permanecem incertas para um leitor francês – eu não poderia subscrevê-las.

Correndo o risco de ser taxado de liberalismo impenitente, direi, ao contrário, que todas as portas me parecem boas para transpor a soleira múltipla da história. Nenhum de nós, infelizmente, poderia conhecê-las todas. O historiador abre primeiro com respeito ao passado aquela que ele conhece melhor. Mac se procura ver tão longe quanto possível, obrigatoriamente baterá a uma outra porta, depois a uma outra... À cada vez por-se-ia em discussão uma paisagem nova ou ligeiramente diferente, e, não há historiador digno desse nome que não saiba *justapor* um certo número destas paisagens: cultural e social, cultural e política, social e econômicas, econômica e política, etc. Mas a história as reúne todas, ela é o conjunto dessas vizinhanças, dessas médias, dessas interações infinitas... A geometria em duas dimensões de Otto Brunner não poderia, pois, satisfazer-me. Para mim, a história não pode ser concebida senão em *n* dimensões. Essa generosidade é indispensável: ela não repele para planos inferiores, até mesmo fora do espaço explicativo, a apreciação cultural ou a dialética materialista ou qualquer outra análise; ela define na base uma história concreta, *pluridimensional*, como diria Georges Gurvitch. Para além dessa multiplicidade, evidentemente, cada um permanece livre – alguns mesmo se sentem obrigados a afirmar a unidade da história, sem o que nosso mister seria impensável ou, pelo menos, perderia algumas de suas ambições mais preciosas. A vida é múltipla, mas é una também.

10. A DEMOGRAFIA E AS DIMENSÕES DAS CIÊNCIAS DO HOMEM[1]

A história que defendemos, nessa revista, propõe-se a ser aberta para as diferentes ciências do homem; e, hoje, mais que a própria história, é o conjunto dessas ciências que nos preocupa. Creio útil repeti-lo, no limiar dessa crônica que pretende pôr em discussão, os dados e orientações essenciais dos estudos demográficos, considerando-os também, desse ponto de vista de conjunto, e não apenas do ponto de vista exclusivo da história.

Estejam tranquilos: não quero, por este viés, encetar o processo fácil de um certo *demografismo*, explicação imperialista, unilateral, muitas vezes precoce da realidade social. Cada ciência, sobretudo se é jovem ou, o que dá no mesmo, rejuvenescida, se esforça em elevar o conjunto do social e

---

[1] *Annales E.S.C.*, n.9 3, maio-junho I960, Chronique des sciences sociales, p. 493-523.

explicá-lo por si só. Houve ainda, um *economismo*, um *geografismo*, um *sociologismo*, um *historicismo*; todos imperialismos bastante ingênuos, cujas pretensões são, entretanto, naturais, até mesmo necessárias: ao menos durante um certo tempo, essa agressividade teve suas vantagens. Mas talvez, hoje, conviria pôr-lhe um termo.

Sem dúvida, a palavra *ciência auxiliar* é aquela que mais incomoda ou irrita as jovens ciências sociais. Mas, em meu espírito, todas as ciências do homem, sem exceção, são auxiliares, alternadamente, umas das outras e, para cada uma delas, é lícito (do ponto de vista pessoal, mas não exclusivo, que é e deve ser o seu) domesticar, para seu uso, as outras ciências sociais. Não é pois questão de hierarquia, fixada de uma vez por todas e, se não hesito, de minha parte, do ponto de vista egoísta que é o meu, em alinhar a demografia entre as ciências auxiliares da história, desejo que a demografia considere a história como uma, entre algumas outras, de suas ciências auxiliares. O essencial é que todas as explicações do conjunto se harmonizem, acabem por se reunir; que elas esbocem ao menos, um encontro.

É a essa altura que desejo situar o presente diálogo com nossos colegas e vizinhos demógrafos, e não, peço desculpas por isso a Louis Henry e René Baehrel, ao nível das discussões sobre métodos. Não nego um instante o valor, em si, dos métodos e somente participo, pela metade, das cóleras de Lucien Febvre[2] contra as intermináveis querelas que suscitam de ordinário. Do mesmo modo, "no ápice", não são apenas os métodos ou os meios que contam, mas os resultados e, mais ainda, a interpretação, a aplicação desses resultados; numa palavra, é por que se pode corrigir, se necessário, mais de um erro devido ao método.

É portanto da orientação geral das ciências do homem que se tratará na presente crônica. Um tal propósito me obriga a escolher meus interlocutores e, praticamente, a sair mais que pela metade da estreita e insuficiente atualidade

2. "Cabe a cada um fazer seu método", escrevia-me numa nota que tenho sob os olhos. "Não há necessidade de perito para isso. Se não se é capaz de fabricar um método para si mesmo, *lascia la storia...*"

bibliográfica. Creio que as voltas para trás que esse ponto de vista me impõe não serão inúteis. Nunca é tarde demais para se falar das obras importantes.

1. Os "Limiares" de Ernst Wagemann

Ainda que não seja inteiramente justo, nem muito cômodo (que eu saiba nenhuma revista crítica o tentou entre nós), apresentemos em primeiro lugar, os trabalhos autoritários, irritantes também, de Enrst Wagemann. Ao abordá-los, uma primeira dificuldade pode nos deter: é difícil situar-se com exatidão nessas primeiras edições, reedições, traduções, ampliações, resumos seletivos, artigos retomados dez vezes em seguida para moagens diferentes, transposições ou repetições integrais[3]. Entretanto, no meio dessas repetições, uma sondagem deve bastar e, em todo caso, nos bastará. Ela porá em discussão sobretudo duas obras das quais tomei conhecimento, há muito tempo, em Santiago do Chile, onde sua aparição, em 1949 e 1952, causara certo barulho, não sem razão. A primeira, traduzida

3. Madame Use Deike, antiga aluna da École des Hautes Études, me faz alcançar a seguinte lista das obras de Ernst Wagemann que creio útil reproduzir. Ela introduziu um pouco de ordem nas publicações múltiplas de nosso autor: *Die Nahrungswirtschaft des Auslandes*, Berlim, 1917; *Allgemeine Geldlehre*, I, Berlim, 1923; *Einführung in die Konjunkturlehre*, Leipzig, 1929; *Struktur und Rhythmus der Weltwirtschaft. Grundlagen einer weltwirtschaftlichen Konjunkturlehre*, Berlim, 1931; *Geld und Kreditreform*, Berlim, 1932; *Was ist geld?*, Oldenburg, 1932; *Narrenspiegel der Statistik. Die Umrisse eines statistischen Weltbildes*, 1ª edição, Hamburgo, 1935; 2ª edição, Hamburgo, 1942; *Wirtschaftspolitische Strategic Von den obersten Grundsälzen wirtschaftlicher Staatskunst*, 1ª edição, 1937; 2ª ed., Hamburgo, 1943; *Die Zahl ais Detektiv. Heitere Plauderei über gewichtige Dinge*, 1ª edição, Hamburgo, 1938; 2ª ed., Hamburgo, 1952; *Der neue Balkan*, 1939; *Wo kommt das viele Geld her? Geldschopfung und Finanzlenkung in Krieg und Frieden*, Düsseldorf, 1940; *Menschenzahl und Völkerschicksal. Fine Lehre von den optimalen Dimensionen gesellschaftlicher Gebilde*, Hamburgo, 1948; *Berühmte Denkfehler der Nationalôkonomie*, 1951; *Ein Markt der Zukunft. Lateinamerika*, Düsseldorf, 1953; *Wirtschaft bewundert und kri--tisiert. Wie ich Deutschland sehe*, Hamburgo, 1953; *Wagen wägen, Wirtschaften. Erproble Faustregeln – neue Wege*, Hamburgo, 1945.

do alemão para o espanhol, se intitula *A população no destino dos povos*[4]; a segunda, *A economia mundial*[5], parece, em espanhol, uma primeira edição, mas retoma passagens inteiras da precedente, assim como de outras publicações anteriores. Recorrerei igualmente ao pequeno volume publicado em 1952, pouco antes da morte de Wagemann (1956), na vasta coleção da Livraria Francke, em Berna, *Die Zahl ais Detektiv*[6] e que também é uma reedição, mas, ao mesmo tempo, uma obra-prima de clareza. Esse livro onde Sherlock Holmes se entretém, com seu bom amigo o Dr. Watson, com cifras, estatísticas, grandezas econômicas, como se se tratassem de outros tantos culpados ou suspeitos – esse livro testemunha, melhor que outro qualquer, a mestria e a agilidade, por vezes desenvoltas, de um guia que pensa haver descoberto, através das complicações da vida social, uma pista de onde as coisas, vistas de muito alto, podem ordenar-se segundo as exclusivas deduções da inteligência e do cálculo.

Acrescentemos, para completar nossa apresentação, que Ernst Wagemann, como o sabem todos os economistas, foi, antes da Segunda Guerra Mundial, o diretor do célebre *Konjunktur Institut* de Berlim. Após a derrota germânica, tomou o caminho do Chile de onde, como numerosos alemães, era originário. Foi-lhe dado ocupar, durante alguns anos, até 1953, uma cadeira na Universidade de Santiago, o que explicaria, se necessário, as publicações chilenas que assinalei. Mas são as obras, não o homem, que queremos pôr em discussão.

Obras, na verdade, precoces, escritas ao acaso, inacabadas, febris, divertidas, agradáveis, senão sempre muito razoáveis. No plano da história, bastante banais, até mesmo francamente medíocres, mas jamais suscitando o tédio. No primeiro dos trabalhos citados, *A população no destino dos povos*, as cento e cinquenta primeiras páginas têm certo porte e certa grandeza: aí, esse economista de formação se apresenta como demógrafo, e demógrafo apaixonado, inovador.

---

4. *La población en el destino de los pueblos*, Santiago, 1949, 245 in-8º.
5. *Economia mundial*, Santiago, 1952, I, 220 p., II, 296 p., in-8º.
6. *Sammlung Dalp*, nº 80, Berna, 2ª ed., 1952, 187 p., in-16.

Seu primeiro cuidado é, aliás, desprender-se, valha-o que valer, dos estudos e dos pontos de vista da economia que, durante muito tempo, foram os seus, desprender-se mesmo da economia poderosamente enraizada no espaço, a mais inteligente, segundo ele: a de von Thünen, "talvez o maior economista alemão, confia-nos, com Karl Marx". Para se liberar depressa e de maneira espetacular, multiplica negações diatribes, balança as explicações admitidas. Tudo isto, mais divertido do que sério. Malthus, ao levantar da cortina, é um dos alvos preferidos. Além disso, é possível fiar-se, argumenta ele, nesses pseudomemógrafos, pessimistas ou otimistas conforme a conjuntura esteja na alta ou na baixa econômica?

A dependência fortemente acentuada em que se encontram as teorias demográficas com respeito à situação econômica dá, por si só, prova de que essa disciplina não dispõe de fundamentos de método suficientes.

Dito isto, o que Wagemann procurará com obstinação, quando houver rejeitado sucessivamente a ideia do desenvolvimento contínuo, cara a Gustav Schmoller ou a teoria da capacidade demográfica – a carga de homens que um sistema econômico dado pode suportar – teoria saída das observações desse "empirista da economia" que foi Friedrich List; quando, ainda, houver afastado esta ou aquela definição (entretanto, inteligentes em seu sentido) do *super povoamento* ou do *sub povoamento*, devidos a economistas como Wilhelm Röpke ou Gustav Rümelin – numa palavra, quando forem rompidas todas as amarras, antigas ou novas, entre economia e demografia – o que ele vai procurar, é a constituição dessa última num mundo à parte, num domínio científico autônomo que é um pouco, no seu pensamento, se ouso dizer, o das causas primeiras.

Uma das teses preferidas da economia política de vulgarização, é que o rápido crescimento moderno da população deve ser atribuído ao sucesso do capitalismo em viva expansão. Sem dúvida nenhuma, os que sustentam o contrário, têm, parece, bem mais razão ainda: a saber, que os progressos técnicos e econômicos dos séculos XIX e XX devem ser atribuídos ao rápido aumento da população.

Eis-nos fixados: a demografia conduz o jogo.

Essas demolições, esses gestos de bravura, úteis ou menos úteis, não são mais que um levantar de cortinas. É preciso, para lhe dar a dignidade de ciência, consignar à demografia, tarefas precisas, definidas com clareza. Segundo Ernst Wagemann, a demografia seria, antes de tudo, o estudo das flutuações demográficas e de suas consequências. Seria, assim, uma ciência da conjuntura, curiosamente calcada sobre a economia conjuntural. Mas não vamos sorrir, à passagem, dessa aparente contradição, dessa volta para trás.

Em todo caso, é da conjuntura que dependem as grandes oscilações demográficas do passado, esses fluxos e refluxos de longas vagas, movimentos essenciais, bem conhecidos dos historiadores, e que Ernst Wagemann considera, de sua parte, como o primeiro objeto de estudo digno de constituir o terreno próprio da demografia. *Grosso modo*, ele reconhece no Ocidente, os seguintes ritmos demográficos: séculos X-XIII, aumento apreciável da população; século XIV, diminuição catastrófica, com a Peste Negra; século XV, estagnação; século XVI, surto considerável (na Europa Central, precisa Wagemann); século XVII, estagnação ou diminuição; século XVIII, aumento considerável; século XIX, desenvolvimento "intempestivo"; século XX, aumento ainda, mas mais lento. Assim, três grandes impulsos, no relógio da Europa: o primeiro, antes e depois das Cruzadas, o segundo, até a véspera da Guerra dos Trinta Anos, o terceiro, do século XVIII até nossos dias. Que esses fluxos se estendem ao universo, é certo no tocante à última ascensão (a dos séculos XVIII, XIX e XX), provável em relação à segunda (século XVI). Quanto à primeira (século X-XIII), Ernst Wagemann raciocina um pouco depressa: a seu ver, não há impulso demográfico sem longas guerras. Ora, só o nome de Gengis Khan (1152 ou 1164-1227) indica o quanto o destino global da Ásia foi então agitado. Não se pode deduzir daí que a Ásia conheceu, também, um grande impulso demográfico na época, mais ou menos, das Cruzadas? Nenhum historiador prudente seguirá passo a passo nosso guia para aderir a conclusões tão peremptórias, mesmo no caso de ficar impressionado, e com razão, por tantas analogias entre Extremo Oriente e Ocidente. Entretanto, Gengis Khan posto à parte, tudo o que podemos entrever sobre as tensões demográficas da Ásia das monções e da Ásia Central não afirma, muito ao contrário, as suposições de Wagemann. Ademais, se, a partir do século XVI, seguramente do século XVIII, as oscilações demográficas se situam em escala do planeta, ele tem o direito de afirmar, em resumo, que a população do mundo aumenta por ondas mais ou menos bruscas, mais ou menos longas, mas que tendem a ganhar a humanidade inteira. No que, aliás, está de acordo com um espírito de peso, o próprio Max Weber.

De um mesmo golpe, todas as habituais explicações da demografia histórica e, para além, da própria demografia, são colocadas, ou pouco falta para tanto, fora de jogo. Não mais nos digam que tudo foi comandado no século XVIII, depois no XIX, pelos progressos da higiene, da medicina, que venceu as grandes epidemias, ou da técnica, ou da industrialização. É inverter a ordem dos fatores, como já o indicamos, porque essas explicações cortadas na medida da Europa, ou melhor, do Ocidente, vestem mal os corpos longínquos da China ou da Índia que, no entanto, demograficamente, progridem, parece, no mesmo ritmo que nossa península privilegiada. Aqui, Ernst Wagemann tem razão em dar aos historiadores, e a todos os responsáveis pelas ciências sociais, uma excelente lição: não há verdade humana essencial senão em escala do globo.

É preciso, pois, sair de nossas explicações ordinárias, mesmo que não possamos, por ora, encontrar boas explicações para esses movimentos de conjunto. Roberto Lopez pensa, como eu, no clima. Ontem, os especialistas dos preços pensaram, também, em desespero de causa, nos ciclos das manchas solares. Mas Ernst Wagemann quase não se preocupa – uma vez encontrada a independência da demografia – em responder a essa interrogação natural. O problema, para ele, é destacar, depois apreender "fenômenos universais, sujeitos à repetição"; acrescento, ainda que ele não o diga, mensuráveis, se possível. A especulação científica pode ater-se a isso, à falta de algo melhor, se não quiser chamar à discussão, como Ernst Wagemann o faz de passagem, determinada "lei biológica (que explicaria tudo), mas que não conhecemos ainda, nem em suas raízes, nem em seu desenvolvimento perspectivo". Vale mais dizer que ele se contenta (tal como no caso das "alternâncias" que iremos abordar logo mais), com simples hipóteses de trabalho, isto é, com uma teoria da qual se exige somente que leve em conta uma série de conhecimentos firmados e abra a via a uma pesquisa mais aprofundada. O critério é a eficácia. Nesse jogo, é menos a natureza dessas oscilações que suas consequências, pelo menos certas consequências, que serão postas em debate, sob o nome de alternâncias.

As "alternâncias" de Wagemann, que chamarei mais a gosto de "limiares", são uma hipótese de trabalho dinâmico ou, como ele o diz, *demodinâmico*, uma hipótese sedutora, embora demasiado simples, por certo. Expô-la brevemente, é ainda deformá-la e, além disso, lançar o leitor na armadilha de um vocabulário enganador, porque as palavras *superpopulação* e *subpopulação*, decisivas aqui, evocam uma imagem de inúmeros crescentes e decrescentes que é bem difícil afastar, quaisquer que sejam as advertências do autor. Preferiria, de minha parte, substituí-las pelas expressões neutras, fase A e fase B, nas quais pensei, bastante logicamente, porque as explicações de Ernst Wagemann lembram perfeitamente a linguagem de François Simiand, conhecido de todos os historiadores entre nós.

Trata-se portanto, de conduzir nossa atenção para a massa dos homens vivos e suas variações incessantes. Seja, diremos, para falar ao nível do abstrato e do geral (como convém), seja fora do tempo real e do espaço preciso, um país P. Sua população, que podemos fazer variar à nossa vontade, é tida como crescente. Sua densidade quilométrica – é ela sobretudo que será objeto de discussão – atingirá, portanto, sucessivamente, todos os valores. Reteremos, nessa sucessão, algumas cifras fatídicas, verdadeiras cifras de ouro da demonstração de Wagemann: 10, 30, 45, 80, 130, 190, 260 habitantes por km^2. Cada vez que a população transpõe um desses "limiares", ela sofre na massa, diz nosso autor, uma mutação material profunda; e não apenas material, aliás.

Antes do limiar de 10 habitantes por km², nosso país P está em fase de *subpopulação*, digamos, na fase A; de 10 a 30, ei-lo na fase B de *superpopulação*; além de 30, retorno (e é aí que cumpre abandonar nossas imagens comuns) à subpopulação; e assim por diante, alternando. Vê-se que é prestar às palavras *subpopulação* e *superpopulação* um sentido elástico, fora da linguagem corrente. Seria preciso, por certo, definir esses conceitos. Ora, esperamos em vão nosso guia nessa primeira curva. Ele declara rejeitar todas as habituais definições dos economistas e se contentar, num primeiro estádio, com definições muito provisórias. Mas dá a prova que também em ciência, infelizmente, o provisório pode durar muito tempo.

De fato, essas alternâncias não podem ser entendidas claramente, a não ser quando traduzidas em linguagem econômica. O que está em questão é, essencialmente, a relação, voltaremos a isso, entre dois crescimentos. Ernst Wagemann o diz à sua maneira. Há *superpopulação* quando os homens, tendo-se multiplicado, ainda não aumentaram seus recursos proporcionalmente. Então, a observação descobre regularmente os seguintes sinais: o desemprego, como na Inglaterra de 1939; a imperfeita utilização da mão-de-obra (no decorrer desse mesmo ano de 1939, poder-se-ia subtrair, no dizer de peritos, 750 000 trabalhadores da Bulgária sem abaixar o nível de sua produção agrícola) ; as crises monetárias e de crédito, a insuficiência de vendas... Conforme o caso, o da *subpopulação*: se não fosse assinalado, com força e logo à entrada, a estreiteza crônica dos mercados, e o desenvolvimento imperfeito dos circuitos econômicos, a situação se apresentaria em cores demasiado belas. Todavia, os signos felizes abundam: a demanda de mão-de-obra permanece regularmente insatisfeita, há superabundância de terras férteis, devolutas, pelo menos, fáceis de tomar; as imigrações se mostram necessárias (quer espontâneas ou dirigidas); a economia se instala e prolifera sob o signo da liberdade.

Essas passagens de A para B, ou de B para A, e as mudanças consideráveis que acarretariam, serão lentas, deverão atravessar a estação de equilíbrios de longa duração, ou serão bruscas, sob o signo de catástrofes curtas? As duas explicações nos são fornecidas alternadamente, sem que seja possível saber se é preciso, no espírito do autor, juntá--las uma a outra, como é provável, ou escolher entre elas... Mas deixemos-lhe, aqui e alhures, todas as suas responsabilidades.

Para além de as definições "provisórias" e que só esclarecem os problemas pela metade, temos direito a uma rápida série de "provas" particulares. Desta vez, o plano teórico, onde devia se acabar e se coroar a explicação, é abandonado sem tambor nem trombeta. Trata-se de fazer falar as cifras e somente às cifras, como se falassem por si próprias! Eis-nos, em todo caso, em contato com realidades tangíveis, no meio de múltiplos exemplos onde o historiador se alegrará de reencontrar suas habituais perspectivas e suas contingências. Mas a demonstração perde aí força, divide-se em rios, depois em riachos minúsculos.

Rio, entretanto, o primeiro exemplo põe em discussão mais ou menos o mundo inteiro, mas é o único dessa categoria excepcional. Suponham que repartíssemos o maior número possível dos países de hoje segundo suas densidades de povoação, o que significa agrupá-los aquém e além dos "limiares" (10, 30, 45, etc.) e que calculássemos para cada um deles, partindo das cifras de Colin Clark, sua renda nacional por cabeça de habitante ativo; depois, que coloquemos em face dessas cifras as da mortalidade infantil, consideradas, não sem razão, como exemplares. Obtemos o quadro e o gráfico que reproduzimos, por nossa vez[7]. A mesma demonstração gráfica, no caso do comércio exterior contabilizado *per capita* de habitante, segundo as densidades crescentes. Essas variações no espaço – e não no tempo – denunciam as oscilações concomitantes do bem-estar, para além dos diferentes limiares escolhidos, tanto num sentido, quanto noutro. Se o cálculo é justo, algo sobre o que não me posso pronunciar, as cifras de ouro parecem ter um fundamento, ao menos na realidade atual.

7. Ver esse gráfico nos *Annales E.S.C.*, 1960, n.º 3, p. 501.

Demonstrações análogas nos são apresentadas em seguida, com um aparelho estatístico sempre simplificado, a propósito dos diversos Estados dos Estados Unidos (classificados segundo sua densidade quilométrica crescente); a propósito da Baixa-Saxônia, entre 1925 e 1933, onde os diversos distritos foram classificados da mesma maneira; a propósito das variações da renda nacional dos Estados Unidos entre 1869 e 1938; enfim, a propósito da nupcialidade na Prússia, entre 1830 e 1913, de um lado e de outro do ano de 1882, data em que a Prússia transpõe o limiar fatídico dos 80 habitantes por km². Esse divertido gráfico mostra a oposição dos dois períodos: antes de 1882, temos fortes oscilações da nupcialidade, em relação às oscilações de uma situação econômica tensa; depois, para além, uma curva regular. Para Wagemann, essa passagem da agitação à calma é a de um país superpovoado a "um país em equilíbrio", e dentro em pouco subpovoado e portanto folgado.

Onde se deter, na enumeração sem fim dos exemplos, alguns dos quais frágeis e pouco convincentes, ainda que jamais sem interesse? No exemplo da regressão da população negra das Índias Ocidentais inglesas? Mais esclarecedor é o retorno da Irlanda, após a emigração maciça que segue à crise de 1846, a uma tensão demográfica desde então suportável. No início do século XIX, em 1821, a Irlanda representava a metade da população da Inglaterra: esta não podia assegurar sua tranquilidade a não ser dominando sua vizinha demasiado poderosa. Em 1921, a Irlanda é dez vezes menos populosa que ela: não há mais inconveniente em lhe conceder a independência política. Assim raciocinava o demógrafo inglês Harold Wright, a quem nosso autor segue de perto.

Mas detenhamo-nos, já que não se pode analisados todos, num último exemplo muito sintomático. Por volta de 1912, no estado do Espírito Santo (norte do Rio de Janeiro), cuja capital é o porto de Vitória, vive uma colônia de 17 500 alemães. Ela dispõe de um território de 5 000 km² (densidade 3,5 em 1912 por 17 500 habitantes, de 7 a 8 em 1949 com 35 ou 40 000 indivíduos). Região atrasada, seguramente *sub povoada*. O único meio de transporte, em 1949, ainda era a mula, como no Brasil colonial de outrora, ou quando muito, a carroça de madeira. Uma única técnica ao serviço do homem: um almofariz hidráulico para descascar o café, precioso gênero, cuja exportação assegura as poucas compras necessárias no exterior: carne seca (o charque), farinha, tabaco, álcool, quinquilharia... Entretanto, no essencial, a alimentação provém das propriedades dos colonos. E muitos outros sinais de autarquia se nos oferecem: a pequena casa levantada com a ajuda dos vizinhos, os móveis (cada um possui os que ele mesmo fabrica). A terra abunda, seguramente, e, cada vez que as culturas esgotam o solo e que a colheita se torna demasiado magra, ataca-se um novo setor da mata. Resulta daí um nomadismo das culturas e dos homens. Santa Leopoldina, que contava 300 famílias em 1885, perde boa metade delas durante os trinta anos que seguem. É preciso viver, mas as escolas, a civilização, não digo a doçura de viver – adivinha-se! – acompanham mal esses nômades. No entanto, eles prosperam. Nesse vasto espaço que lhe é oferecido, o homem se multiplica: mortalidade 7%, natalidade 48%, cifras inauditas que a gente tem de ler duas vezes para acreditar. Assim, há economias primitivas e no entanto aptas a proliferar; essa nos serve de bom testemunho sobre uma vida antiga, sem artesanato, com um comércio reduzido, nas mãos dos *tropeiros*, esses proprietários de caravanas burriqueiras que, desde o século XVIII, criaram a primeira economia brasileira de grande extensão continental. O que é preciso concluir daí? Que a população comanda a economia, que ela comanda tudo.

Essas aferições, esses resumos dizem bem, eu o espero, do interesse do pensamento de Wagemann. Não poderíamos cogitar, aqui, de retomar suas afirmações e encadeamentos para submetê-los a uma verificação errada, inútil. Primeiramente, o autor já não está aqui para defender-se – e ele teria sido capaz de fazê-lo com vigor. Ademais, o próprio leitor terá, nesse transcurso, formulado as críticas e as reservas que se impõem. Enfim e sobretudo, esse pensamento pede uma apreciação de conjunto e não de pormenor.

Como todo economista, como todo intelectual de ação, Ernst Wagemann, sem dúvida, viu em demasia o tempo presente, aquele sobre o qual, valha o que valer, precisou trabalhar. As cifras que ele nos oferece balizam, a rigor, limiares *atuais*, mas sua sucessão não vale, *ipso jacto*, para o passado. Quem poderia crer, com efeito, "fora das condições naturais ou técnicas e das conjunturas particulares à história", no valor de uma série de cifras de densidade, dadas uma vez por todas e onde, antecipadamente, como num horóscopo dos mais simples, todos os nossos destinos seriam inscritos e legíveis? A França, em 1600, tem perto de 16 milhões de habitantes, densidade quilométrica 34. Reportemo-nos à escala invariável: ei-la subpovoada, ao passo que todos os sinais conhecidos de sua vida de então e, por si só, uma forte imigração em direção à Espanha, provam que ela pertence à outra categoria. É verdade, poder-se-ia objetar, que a cifra de 16 milhões não é absolutamente certa. Mas continuemos o jogo: a França, em 1789, era superpovoada? A França de 1939, subpovoada? Um estudo, mesmo rápido, mostraria que há pelo menos trinta e seis maneiras, num país dado, às voltas com sua história e seu espaço reais, de ter uma população em número excessivo ou não suficiente. Tudo depende de sua capacidade, de suas capacidades neste ou naquele plano, ou mesmo, da "vitalidade" que lhe infunde ou lhe recusa o fluxo demográfico que lhe atravessa o destino. Tudo é questão de relações e esses valores "totais", de que fala Ernst Wagemann, mas eu diria antes dominantes, não cessam de variar, seguindo as deformações de uma equação complexa. O número dos homens é alternadamente determinante ou determinado, essencial ou relativamente secundário, etc. Não creio em *uma* explicação capaz de servir de "valor total" ou de causa primeira ao múltiplo destino dos homens.

Mas não deixemos Ernst Wagemann com essas críticas muito fáceis. Não é pequeno o mérito que lhe cabe por haver liquidado certos mitos e levantado tantos problemas que reencontraremos, logo mais, sob a pena ágil de Alfred Sauvy. E se retivéssemos apenas sua teoria das mutações, sob o peso da ascensão dos homens, não teríamos perdido inteiramente nosso tempo. Não há provavelmente, limiares imutáveis, porém mutações, sim, sem dúvida, em níveis demográficos variáveis, segundo os lugares e os tempos. Essas mutações recortam, em profundidade, o tempo da história. Dão um sentido suplementar, um valor novo ao velho jogo, sempre útil, das *periodizações*.

Não é um pequeno mérito, tampouco, o de ter procurado delimitar e precisar, para torná-la mais científica, uma disciplina que ainda está por ser edificada, mesmo que, de outra parte, ela haja acelerado a passo vivo o ritmo de sua construção, durante esses últimos anos. Entretanto, será prudente, como o faz Wagemann, encerrá-la apenas nos problemas de conjuntura? Deixada fora das medidas e das explicações capazes de apreender o que designa, bastante bem, não obstante sua relativa imprecisão, a palavra, hoje triunfante, *estrutura*? Seria lamentável, seguramente, para uma ciência cujo papel e ambição são ir até às próprias bases da vida dos homens. Mas seria preciso, mesmo recorrendo à história[8] como Wagemann, mais prudência e, sobretudo, menos pressa.

2. *Os modelos de Alfred Sauvy*

Chego ao livro essencial, clássico, de Alfred Sauvy, livro duplo e mesmo triplo, pois, com toda equidade, haveria necessidade de ajuntar aos dois volumes de sua *Théorie générale de la Population*: I: *Économie et Population* (1952); II: *Biologie sociale* (1954)[9], o livro anterior *Richesse et population* (1943), que anuncia antecipadamente os grandes temas da obra seguinte[10]. Livros já antigos, deveria me desculpar por falar deles tão tardiamente, mas não está fora de tempo assinalar-lhes o valor: seu ensinamento não se esgotou.

8. Esse recurso à história me parece, nele, desarrazoado, mas porque se explicar longamente! Ernst Wagemann não é um historiador. Em nossos domínios ele é muito ingênuo para que haja proveito em segui-lo ou em criticá-lo.
9. Imprensas Universitárias, t. I, 370 p., t. II, 397 p., 2ª ed., 1959.
10. Não ouso dizer que seria preciso ligar, além disso, essa discutível mas viva *Nature sociale*, publicada em 1956, ou essa *Montée des jeunes*, alerta e inteligente que saiu das imprensas há alguns meses.

Uma vasta obra consagrada ao conjunto da demografia, sobrevoando todo o seu território, pode ser concebida de muitas maneiras. Alfred Sauvy apoia a sua no econômico; em seguida, no social; não digo, sem mais, na economia e na sociologia. De fato, o primeiro volume é uma tentativa propositadamente abstrata, matematizante, de esboçar um "modelo", tão amplo quanto possível; o segundo confronta o modelo, ou melhor, os "modelos" assim construídos, depois complicados ao bel-prazer, com as realidades da experiência. Portanto, dois movimentos: primeiro, problemática, depois, verificação experimental. É bom que seja assim.

De saída, vemo-nos, portanto, fora das complicações do real e de suas contingências emaranhadas. O terreno está livre: cálculos e raciocínios podem dar-se, e se dão, prazerosamente, fora das cautelas ou das pusilanimidades da observação concreta. Não se trata de uma população real, de um país real, de um tempo, de recursos, de rendas reais. Suponhamos, diz, divertindo-se, Alfred Sauvy, uma ilha povoada de cabras e de lobos… Ou suponhamos, adianta ele uma outra vez, que a Inglaterra conte 200 habitantes… Como no caso de Wagemann, ganhamos em primeiro lugar o país ideal dos cálculos, com uma população que veremos crescer ou decrescer, não biológica ou historicamente, ou segundo tais ou tais regras, mas segundo nossa exclusiva vontade, de o ao infinito, ou, se fosse necessário, em sentido oposto.

O problema a resolver é simples, ou antes, colocado simplesmente. Ainda assim cumpre estar atento aos seus elementos. Trata-se de trazer à luz a relação que não cessa de ligar e de opor uma população dada aos recursos diversos de que dispõe. Suponhamos uma balança bastante particular para aceitar num de seus pratos, as populações, e, no outro, os recursos heterogêneos dos quais elas vivem, em cada momento de sua história, ou se preferem, de seu "crescimento". Alternativamente, os recursos aumentarão mais depressa ou menos depressa que os homens; suceder-se-ão fases que verão reviravoltas sucessivas, não ousamos dizer no bom, depois no mau sentido, isso seria uma maneira pouco científica de falar. Mas essa imagem de balança, ela também, é pouco científica. Deixemo-la e passemos às curvas que nos propõe Alfred Sauvy e aos teoremas e modelos que daí depreende e que hão de permanecer a base fixa sobre a qual se apoiará em seguida sua observação, complicada, matizada à vontade.

Essas curvas são essencialmente três e nelas a população é cada vez levada em abcissa e tomada como crescente. A primeira seria a da *produção total* de cada uma dessas populações sucessivas, sendo as duas outras as curvas da *produção média* e da *produção marginal*.

Essa última é a mais apropriada a nosso desígnio. A cada valor X da população, ela faz corresponder o valor Y da produção marginal, entenda-se, a do último homem que intervém no circuito do trabalho. Para X = 1 000, Y é a produção do 1 000º indivíduo, introduzido na nossa população crescente. O eixo dos X, por suposição, começa em 1. A produção do primeiro homem, contida em Y, é tomada como igual ao mínimo vital, do contrário esse primeiro homem não seria capaz de esperar a chegada do segundo... Reproduzimos, modificando-o um pouco, esse importante gráfico[11]. Vê-se aí em primeiro lugar, a produção marginal elevar-se, sendo a do indivíduo de matrícula 1 000 maior que a de seu predecessor imediato, e assim por diante, no sentido da origem, até o número 1. Com efeito, cada recém-chegado aproveita, no seu esforço, do trabalho, do equipamento de seus predecessores. A produção marginal, por muito tempo, está assim em alta, até o momento em que o equipamento tem, verifica-se, seu pessoal ótimo. Então, a produção irá decrescer; cada novo trabalhador se colocará dificilmente ou, pelo menos, de maneira menos vantajosa que seus predecessores, nas classes da população ativa. Suponhamos que essa inversão se produza em m, para uma população arbitrariamente fixada em x = 2 000. Suponhamos que ao próprio ponto Mp onde a curva descendente alcançará de novo o mínimo vital, corresponda, sempre arbitrariamente, uma população x = 6 000 indivíduos. Além dessa cifra de 6 000, a produção marginal será doravante inferior ao mínimo vital. A partir daí, a contribuição

11. Cf. *Annales E.S.C.*, 1960, nº 3, p. 505.

do último indivíduo a chegar não é mais uma vantagem para a comunidade. Ele viverá em parte à sua custa.

Essa curva da *produção marginal* nos dá, ademais – e é o importante – o montante da produção total. Suponhamos, com efeito, que queremos calcular essa produção para a população x = 2 000. Elas nos é dada imediatamente pela superfície compreendida entre a curva, a ordenada d *m*, correspondente a x = 2 000, e os dois eixos de coordenadas. Cada um de nossos 1 000 trabalhadores inscreveu nessa superfície, sob a forma de uma linha reta de comprimento variável, sua produção pessoal, no momento de sua entrada no jogo. A soma dessas linhas é a superfície considerada (na verdade, a chamada função *primitiva* da curva de produção marginal).

Nessas condições, a produção global, para a população x = 6 000, é representada no gráfico pelas superfícies cobertas, superfícies que se decompõem em dois níveis: embaixo, um fragmento retangular correspondente ao mínimo vital; acima, o que Alfred Sauvy chama "a corcova", ou o excedente. Suponhamos a nossa população reduzida à porção côngrua; ela consumiria somente esse retângulo, ficando o resto à disposição de seus chefes, senhores ou dirigentes.

Não sustento que essa linguagem seja de uma clareza evidente para o leitor, sobretudo se ele não se dá bem com a matemática elementar cujo conhecimento essa explicação supõe. Mas, à segunda leitura, não há dúvida alguma que ele decifrará essa mensagem simples. Poderá então admitir que o *optimum de poderio*, isto é, a população abandonando o "excedente" mais considerável a seus amos, corresponde à população x = 6 000. A palavra *poderio* é pouco precisa, sem dúvida, o *poderio* depende do uso que se quer ou se pode fazer dos excedentes. Este pode ser, ao capricho das decisões e das possibilidades, o luxo das classes dirigentes, o desperdício do príncipe, os investimentos frutuosos ou a preparação para a guerra... Poder-se-ia longamente, mais longamente ainda que Alfred Sauvy, discutir esse supérfluo, essas "mais-valias". Sua importância social, tanto quanto material, é imensa; Marcel Mauss o disse, à sua maneira rápida, semienigmática: "Não é na produção propriamente dita que a sociedade encontrou seu impulso... o luxo é o grande promotor"[12]. Sim, é o "luxo" que tem sido frequentemente o fator de progresso, com a condição, evidentemente, de que uma teoria do luxo ilumine nossa lanterna; a de Sombart não nos satisfaz plenamente[13].

Mas voltemos às curvas, aos discursos preliminares de Alfred Sauvy. O que ele procura, nessa primeira aproximação, é fixar, tanto quanto possível, os termos do problema, numa linguagem matemática clara e que os reduza a uma formulação evidente e aceitável. Na minha opinião, não vejo melhor meio para fixar essa realidade essencial: população – vida material, as quais é preciso constantemente considerar, uma e outra, variáveis. Não há, em si, *optimum* de população, mas *optima* diversos, cada um devendo responder a critérios (sobretudo materiais). Temos assim, curvas à mão, uma definição não perfeita, mas aceitável do *optimum de poderio*. Definir-se-ia, com uma outra curva, o *optimum econômico*, ou qualquer outro *optimum*, contanto que os critérios que o fixam sejam claramente exprimidos. Mas digamos desde já que essas diversas fórmulas, relativas a tal ou tal *optimum* são, antes, uma maneira de limpar o terreno, que de organizá-lo. Jogar tudo sobre pontos fixos seria imobilizar o movimento demográfico. "Como noção de *optimum* não se presta a numerosas aplicações práticas, é uma população em movimento que se trata de estudar", explica o próprio Alfred Sauvy, não sem razão, no início do segundo volume.

Esse primeiro esquema não é portanto mais que um modelo elementar, uma maneira, repito-o, de diminuir os problemas, mas, simplificando-os. A população ideal, por exemplo, não pode começar nem em 0, nem em 1. É preciso, de partida, um pequeno grupo, o menor grupo capaz de viver por si mesmo: o *isolado*[14]. Tampouco, não é verdade, que a produção média possa confundir-se, sem mais, com o nível de existência, nem que toda a população seja ativa,

---

12. *Manuel d'ethnographie*, Paris, 1947.
13. *Luxus und Kapitalismus*, Munich, 1922.
14. Para uma definição simples, ver Louis Chevalier, *Démographie générale*, Paris, Dalloz, 1951, 139 p.

nem que a curva das produtividades tenha esses comportamentos elementares. Toda produtividade depende do nível técnico e este varia lentamente; mas varia, e, com o fim do século XVIII, suas variações dominaram do alto, toda a vida dos homens. Não é verdade, tampouco, que o mínimo vital seja essa simples paralela que traçamos. Consumo, salários, salários reais, componentes da alimentação, todos esses dados variam e complicam os problemas. Apenas traçadas, nossas curvas se revelam muito rígidas. Alfred Sauvy não se priva do prazer, depois de ter simplificado tudo, de tudo complicar, de ir de um esquema muito claro a uma situação concreta extremamente matizada. Seu primeiro livro, ainda que teórico em princípio, é assim, cheio de incidentes, de anedotas, de exemplos. Nesse incessante vaivém do real à explicação que o interpreta, surgem mil casos particulares: a Peste Negra do século XIV, as categorias etárias de uma população, os três setores de atividade (primário, secundário, terciário), o desemprego, os preços, o custo do homem... Tudo isso cheio de imaginação, de espírito, de inteligência. No fim desse livro, o leitor acredita ter atingido o alto-mar: mas ainda está nas águas ficticiamente agitadas do porto.

O segundo volume da *Théorie générale de la population* se intitula: *Biologie sociale* (belo programa). Entretanto, posso dizê-lo, ele me surpreendeu um pouco. Esse vasto retorno à experiência e à observação, essa multiplicação de exemplos que falam ainda mais de si mesmos que dos problemas gerais, a viva desordem do livro, tudo isso não funciona, para o leitor que estava desejoso de aprender uma técnica, sem grande embaraço. Estaria, gentilmente, caçoando um pouco dele? Num primeiro tempo, ou primeiro volume, Alfred Sauvy nos diz: "Eis como as coisas deveriam passar-se". Nós o deixamos, portanto, com algumas "conclusões provisórias". Segundo tempo, ou segundo livro: tudo é confrontado com a experiência, a atual e a histórica. E então, "o que a teoria queria, a história (ele poderia dizer do mesmo modo a vida) o recusou". "Dessas conclusões provisórias, somente algumas puderam ser conservadas, quando foi restituída ao homem a iniciativa que as primeiras convenções lhe roubaram". Estou seguro de que toda essa demolição precisa, múltipla, prosseguida com franqueza em nome do homem, "esse importuno", "esse eterno esquecido", em nome da história e da experiência, teria encantado Lucien Febvre. "A história é o homem", escrevia, e entendia, por tal, uma sucessão de surpresas, não forçosamente agradáveis.

Quais são as "conclusões provisórias... conservadas por nosso colega?" Confesso não ter encontrado em parte alguma o catálogo preciso. Mas pouco importa! Constatemos somente que Alfred Sauvy – e era direito seu – quis ser obstinadamente relativista, prudente, nessa segunda folha do díptico. Alusivo, também, por vezes, e algumas questões formuladas permanecem sem resposta. "O crescimento da população é a causa da riqueza ou o inverso?", pergunta, deixando-nos o cuidado de responder pelo sim ou pelo não, ou, por nossa vez, não responder. Tampouco, não vejo claramente, o que ele entende por uma certa psicologia coletiva, frequentemente invocada, jamais dominada.

O livro fechado, penso que talvez, segundo as linhas de maior inclinação de um texto sempre inteligente, cheio de ensinamentos, de apreciações vivas, o que ressalta mais fortemente, é um testemunho longamente meditado sobre o próprio corpo, o destino da França, à luz dos pesos e dos pensamentos demográficos, testemunho prudente, sincero, honesto, quase sempre convincente. Qual de nós poderia permanecer indiferente?

Assim, muitos exemplos que se acreditaria apresentados por si mesmos (o da Espanha moderna entre os séculos XVI e XVIII, o da Itália superpovoada, o da Holanda) se colocam, sem dúvida, no fio de uma explicação geral; mas, aberta ou insidiosamente, vêm esclarecer, por contraste, o caso francês, esse típico caso *malthusiano*. A sociologia assim esboçada, sem ser jamais sistematizada, é bem a de uma população que envelhece, devido à diminuição, na base, de sua natalidade, e se refere portanto, constantemente, à França que, a primeira a fazê-lo, deu o exemplo de uma população onde a restrição voluntária dos nascimentos, desde o século XVIII, ganhou as altas classes e depois o conjunto vivo da nação. Se o demógrafo calcula de novo a evolução demográfica de nosso país, empurrando para trás o que foi, imaginando coeficientes diferentes – os mesmos de nossos vizinhos – surgem resultados tão desproporcionais ao que foi nosso destino, que a aberração esclarece com uma luz crua o caso desse país estacionário, vítima de falsos cálculos, de cautelas estreitas e mesquinhas. A exposição vira defesa. O autor, "se engaja", julga. Acho esse engajamento por demais conforme com o que penso pessoalmente, para ter qualquer coisa a dizer contra os argumentos incisivos de Alfred Sauvy, contra o que ele adianta a propósito do envelhecimento das populações, ainda menos, contra sua opinião preconcebida em favor dos jovens e de seu impulso inovador, nos quadros, infelizmente, muito conservadores, de uma sociedade como a nossa.

Mas, abandonando-se assim à sua inclinação natural, Alfred Sauvy não terá restringido, em parte, o alcance do segundo volume de sua *Théorie générale*, colocando, sobretudo, a França e o Ocidente no centro de sua argumentação, e mencionando rapidamente o caso dos países subdesenvolvidos, particularmente do Extremo Oriente ou da América Latina, com seu forte crescimento e suas misturas étnicas, ou do conjunto da população mundial[15], cujos grandes, os imensos problemas, aborda pouco? Finalmente, não considerou em demasia, como um caso central, ao mesmo tempo o envelhecimento das populações do Ocidente e o equilíbrio demográfico, o da França, lento em romper-se? Mais ainda, será que o envelhecimento é suficientemente medido na escala do mundo (pois tende a generalizar-se, como as vagas "demodinâmicas" caras a Wagemann) e também, voltarei a isso, na escala da história?

O que duvido, enfim, é que uma teoria geral da população se mantenha ereta sobre esses dois pés: de uma parte, o cálculo no aspecto econômico, de outra, a observação no aspecto experimental. A fabricação de um modelo deve ser prosseguida em todas as direções do social e não apenas num ou dois domínios. Assim, há uma economia não clás-

---

15. O Cap. XI, em outros termos, me parece curto.

sica, uma geografia, uma antropologia, uma sociologia, uma história, uma biologia humana, no sentido cativante de Henri Laugier, deveria mesmo haver uma microdemografia: nessas diversas direções, o pensamento de Alfred Sauvy é pouco ativo para o meu gosto. Não creio que a palavra *oekoumène* tenha sido pronunciada, nem a de densidade de população[16], nem que tenha sido evocada uma geografia das cidades[17]. Pode-se construir a teoria geral da população quase fora do espaço, em todo caso sem um só mapa, sem o menor recurso aos *Principes de géographie humaine* de Vidal de La Blache, ou aos densos volumes de Maximilien Sorre, ou as obras de referência, como a de Hugo Hassinger, para citar uma obra antiga, ou a de Kurt Witthauer, para voltar a uma publicação inteiramente recente, ou a da Sra. Jacqueline Beaujeu-Garnier? Esses dois últimos livros, digo-o de pronto, Alfred Sauvy ainda não os tinha à sua disposição, mas sua existência apoia minha crítica. Lamento igualmente que não seja utilizada por nosso colega nenhuma obra de antropologia, que as palavras--chaves, *civilização* e *cultura* lhes sejam praticamente estranhas[18]; que, contudo, um livro publicado na coleção de Georges Gurvitch – *Bibliothèque de Sociologie contemporaine* – seja, na verdade, tão pouco sociológico.

A história, enfim, nessa pesquisa no entanto múltipla, tem regularmente a parte do pobre. A paixão atuante de Alfred Sauvy, com respeito à história das ideias e, particularmente, de homens como Malthus, Cantillon ou Quételet, ou Quesnay, não pode lhe servir de *alibi*. Não é Malthus que me interessa, falou-se demais dele; nem mesmo Marx, ainda que esse livro fale demasiadamente pouco dele para meu gosto; o que me interessa é o mundo na época de Malthus ou de Marx.

Na minha opinião, Alfred Sauvy se deixa com muita frequência seduzir por uma história fácil, uma história factual e politizante. E é pena. O tempo presente, onde seu

---

16. É dizer que o Cap. XIV me decepciona.
17. Algumas linhas, II, p. 236.
18. Valha-me Deus! não há índice das matérias.

pensamento rápido situa seus argumentos, seus exemplos, suas surpresas e nossos espantos, é somente um instante da vida do mundo. Não se poderia compreender plenamente esse instante sem remergulhá-lo na duração que comanda o sentido e a velocidade do movimento geral que o arrasta. Essa duração histórica permanece demasiado estranha a Alfred Sauvy. Se ele toca na história, de tempos em tempos, é uma história digna de um humor tônico, em suma: "É um jogo fácil e terrivelmente difícil, escreve, refazer a história a golpes de nariz-de-Cleópatra*". Certo, mas por que tentar? Ademais, o que pensar dessa pedra lançada no charco dos seiscentistas: "A queda da natalidade francesa é, em suma, o resultado de uma "Reforma reaberta..." De minha parte, teria preferido, mesmo ao preço de um pouco de aborrecimento, que fosse retomado por um demógrafo dessa qualidade o pesado dossiê da demografia histórica, que não é "uma ciência selvagem", nova, mas uma pesquisa já antiga, bem assentada. Teria gostado de conhecer sua opinião sobre os trabalhos históricos de Julius Beloch, de A. P. Usher, de Paul Mombert, dos irmãos Alexandre e Eugène Kulischer, de Eugène Cavaignac, para não falar dos estudos recentes de Daniele Beltrami, Alfredo Rosenblatt, Marianne Rieger ou Van den Sprenkel...

Mas eis que falo muito, ou não o bastante de história. Pois essas críticas à base de enumerações bibliográficas são muito fáceis e ociosas, se os títulos citados não lembram nada de tangível. Valeria mais pleitear a causa de uma demografia histórica junto ao próprio Alfred Sauvy, tentando alcançá-lo no seu próprio curso mas com argumentos de historiador; um caso assim é o propósito dessa senescência francesa da longa duração que, não sem razão, está no centro do pensamento e da ação de nosso autor.

Acredita ele verdadeiramente que tenha bastado, para lançar esse movimento, alguns pervertidos, frouxidões sub-reptícias no tocante a Roma, desde o século XVI, e o sucesso, no século XVIII, na aristocracia e na burguesia, de práticas anticoncepcionais que ganharam pouco a pouco o

---

* Mantivemos a expressão francesa. (N. do T).

conjunto da sociedade? "E isso no próprio momento (para citar uma frase tomada numa de suas recentes conferências) em que se dava a partida da grande corrida para a expansão mundial... Toda a marcha da França é a seguir influenciada por esse evento capital que se produziu no fim do século XVIII". A França tomou então, na via do envelhecimento, um século de avanço. Mas esse envelhecimento de *longa* duração, por que teria tido, no próprio passado da França, uma *longa* preparação? Alfred Sauvy diz um pouco depressa "que no século XVIII havia um paralelismo no desenvolvimento dos países do Ocidente". Sim e não. Sim, no plano da vida cultural, ou econômica, ou ainda política; não, se se pensa no passado demográfico.

A França sai, no século XVIII, de uma longa fase de superpovoamento, crônica desde o século XIII, ou melhor, o século XII. Durante quatrocentos ou quinhentos anos (se excetuarmos a regressão de 1350-1450), ela viveu numa situação análoga à da Índia atual, sufocando-se sob sua própria natalidade, na vizinhança desse polo de "poderio" que amiúde é acompanhado de subalimentação, de emigrações em cadeia. Todas essas emigrações, todas essas conquistas, essas *Gesta Dei per Francos*, toda essa usura, não pode isso ter determinado, em profundidade, um futuro que seria fácil, mas vão, atribuir somente a faltas, a leviandades, ou a maus exemplos? Um fenômeno de longa duração pode desencadear-se por pequenas razões? Duvido. Assinalemos, em apoio da tese que esboço, que a Inglaterra, tão frequentemente evocada por Alfred Sauvy, não teve, do século XII ao XVIII, essa vida biológica de exuberância que foi a nossa. Ela não é um país superpovoado nem no século XIII, nem ainda no século XVI, talvez no XVII, em todo caso, as querelas religiosas aí determinam êxodos. Em resumo, quando chega o século XVIII, ela não tem o que A. P. Usher chama "maturidade biológica", ou a tem desde pouco, ao inverso da França. Ora, o *envelhecimento* não interviria, aqui e ali, no mundo, ao termo de exuberâncias de longa duração? Dir-me-eis que com esses últimos quinze anos, a França acaba de conhecer um brusco despertar e atribuireis o mérito a alguns levianos homens políticos de França: é "factualizar" de novo[19]. Enceta-se um fluxo que um refluxo anterior como que preparou e tornou necessário, e nossos homens políticos tiveram a inteligência – quando a tiveram – de se inserir nesse "vento da história". Mas se eles fossem os únicos responsáveis por essa feliz ascensão, esperaria em breve vê-la refluir. As grandes vagas da demografia histórica não podem depender de razões medíocres.

Não quisera concluir com essas críticas, elas próprias discutíveis, mas, com a simpatia que me inspira um pensamento sempre aberto, sem opinião preconcebida, flexível porque sem cessar honesto, e com o qual, por consequência, o leitor, quaisquer que sejam por vezes seus ligeiros desacordos, não pode senão se sentir extremamente enriquecido. Esse demógrafo é, antes de tudo, um homem de seu século, que se interessa prodigiosamente, sob todos os ângulos, pelo mundo que o cerca. Não é nunca deliberadamente que ele se coloca atrás de uma barreira. Com Alfred Sauvy, sempre valerá a pena tentar dialogar. Todos os diálogos, seguramente, o tentam e ele ignora essa limitação intelectual que é o desdém.

3. *Louis Chevalier*: *Por uma História Biológica*

Historiador chegado à demografia, Louis Chevalier acaba de publicar uma obra compacta e veemente: *Classes laborieuses et classes dangereuses à Paris dans la première moitié du XIXe siècle*[20], seguramente um belo tema, seguramente um belo livro. Li-o e reli-o, menos para pesar-lhe a exatidão ou o bom fundamento documentais – outros se encarregaram disso sem amenidade – do que para destacar suas intenções e "doutrina". Penso que é nesse nível que o livro, difícil e desconcertante à primeira vista, assume seu valor. Ainda que não seja fácil ganhar o fio direto de uma obra bastante espessa, amiúde pouco clara, em razão mes-

---

19. Se esse despertar, como eu o desejo, se anuncia de longa duração.
20. Coleção "Civilisations d'hier et d'aujourd'hui", Paris, Pion, 1958, XXVIII-566 p., in-16.

mo de suas riquezas e da multiplicidade de suas intenções. Além disso, não é escrito, mas falado, o que explica suas dilações, suas repetições, suas redundâncias, seus fragmentos de bravura, bem como seu desdém pela palavra ou pela fórmula claras, ou pelos desenvolvimentos alinhados a prumo. Mas, digamos imediatamente, também abundam aí passagens de uma beleza sombria. Todo o livro – tenha o autor pretendido ou não – é, aliás, um livro sombrio sobre essa Paris "mal conhecida" da primeira metade do século XIX "perigosa, insalubre, terrível". Suas feridas, suas abominações, suas selvagerias, suas paisagens malditas, sua miséria indizível se harmonizam com sombrias gravuras românticas, com veemências à moda de Michelet: umas e outras são a honra desse livro.

Mas que caminho segue? Pergunta imprudente! Louis Chevalier responde dez vezes por uma; entretanto, para compreender como se harmonizam suas respostas sucessivas, seria preciso percorrer a volumosa obra de ponta a ponta, duas ou três vezes. Então, tudo pesado, relidas as passagens-chaves, com a pena na mão, as declarações das duas ou três últimas páginas – essas páginas de verdade – tomam seu *verdadeiro* sentido. Essas afirmações, essas desenvolturas que nos haviam irritado, essas lacunas anunciadas, asperamente justificadas e no entanto pouco compreensíveis à primeira vista, se alinham enfim num movimento coerente. Esse livro foi concebido, antes de tudo, como um desafio, como uma aposta, como um "manifesto", como uma obra pioneira; por um instante sequer, o autor não ignora sua originalidade. Quisera mesmo, com certa impaciência, que essa qualidade, que pessoalmente não lhe contesto, lhe fosse de pronto reconhecida, que fosse tomada a sério sua revolta contra as regras monótonas de nosso ofício de historiador, e aceitas, na plenitude, as novas regras que ele escolheu. A esse jogo múltiplo tudo é sacrificado, o objeto do livro é o método, a Paris da Restauração e da Monarquia de Julho é um belo pretexto. É o "manifesto", ao mesmo tempo aposta e desafio, que domina tudo. E naturalmente, é ele que eu gostaria de analisar primeiramente, na medida do possível. Operação pouco cômoda, mas essencial.

Esse "manifesto" além disso, não se reduz, sem mais, a um desafio afirmado de bom grado, mas esse desafio, se ele pode, por si só, de vez em quando, nos extraviar, é uma primeira aproximação válida. Antes de tudo ele se exerce contra a história (uma certa forma de história posta à parte, que seria estritamente a dos demógrafos), contra uma economia que seria de vista curta e facilitada, contra uma sociologia da qual se fala parcimoniosamente, contra uma sociologia do trabalho, simplesmente ignorada, contra os criminologistas que "tratam do crime em Paris, nesses anos, como o fariam em relação a qualquer outra cidade e qualquer outra época", mesmo contra o estatístico (oh ingratidão!) "...o estatístico, isto é, o homem menos apto a compreender..., forte por sua especialidade, mas empobrecido por ela".

Quanto à aposta, nenhuma dúvida: especialmente para o caso examinado e o período escolhido, só a demografia, no sentido estrito, com a multiplicidade de modos de apreensão, deve bastar para desembaraçar e para explicar os problemas diversos das classes laboriosas e, mais ainda, perigosas, da aglomeração parisiense. "A medida demográfica intervém então plenamente, de maneira privilegiada, dispensando a rigor qualquer outra medida", escreve ele; e, mais claramente ainda: "Por razões que são de documentação (*sic*), é a demografia que manda". As razões não são, de modo algum, sem mais, de documentação, porquanto a documentação habitual e a judiciária, existentes, foram autoritariamente afastadas como inúteis. Simplesmente, nosso colega permaneceu fiel, com uma obstinação simpática, mas estrita, ao programa que traçava, em 1952, sua brilhante e orgulhosa aula inaugural no Collège de France. Para ele, a história se individualiza em duas zonas: uma de luz, de tomadas de consciência; a outra, de obscuridade, "esse domínio... onde o homem escapa ao homem e se dissocia em formas de existências instintivas, elementares, que não dependem mais da cidade organizada, mas de outras necessidades, as da multidão, as do espaço". Essas "profundezas" são acessíveis à demografia, não à história e à economia, que dependem da "cidade organizada". Os demógrafos querem estar a sós, ou pelo menos Louis Chevalier, demógrafo, se empenha sozinho nesse mergulho.

Confesso que esse programa me apaixona, ainda que não esteja na linha de minhas preferências: sou, ao contrário, a favor de empreendimentos associados, em revezamento, conectados cuidadosamente entre si. Acredito que sejam as únicas eficazes. Mas, justamente por isso, como não me sentiria cheio de curiosidade diante dos acasos e dos resultados, dessa aventura? Pode a demografia assegurar sozinha a substituição da história e das outras ciências do homem; nisso, é preciso acreditar em Louis Chevalier?

Desde que as procuremos, as citações, a propósito dos desafios, apostas e tomadas de posição do autor, são fáceis de encontrar nesse livro sensível e combativo. Elas vêm a nós por si mesmas, tanto mais quanto os mergulhos não correm sem trégua: cada vez que o autor vem à tona, as dificuldades, afastadas por um instante, se apresentam de novo, maliciosas. Portanto, cada vez que, *normalmente*, o preço do pão, ou uma estatística dos crimes, ou uma descrição das condições de trabalho, etc., se impõem no fio do relato, o autor crê-se obrigado a nos dizer porque ele nô-los recusa ou nô-los dá com parcimônia e porque permaneceremos ou devemos permanecer em nossa fome. Por isso, essa descrição da Paris operária da primeira metade do século passado é estranhamente entrecortada, sem cessar, de profissões de fé, de justificações, de digressões sobre a necessidade de afastar de uma análise séria, em profundidade, as outras explicações sociais.

Nesse jogo, a história é frequentemente visada, essa história que o autor acha medíocre quando a deixa, mas aceitável quando torna a entrar nela e a julga transformada por seu próprio labor. "Essas estatísticas não trazem à história apenas uma medida suplementar... elas lhe estendem e metamorfoseiam o programa". Mas, fora das mãos do demógrafo, que pobre pesquisa é a história, com seu "programa incompleto e seus conceitos imutáveis"! Louis Chevalier ignoraria (como tantos sociólogos e filósofos a quem se desculpa, pelo menos, por não serem historiadores de formação) que os conceitos da história, desde muito tempo, não param de mudar, e que seu programa, completo ou não, certamente hoje não é mais essa explicação tradicional, esse "relato cronológico" com os quais parece confundi-la? Há mesmo, na França, uma história largamente aberta à demografia. Penso na tese bastante sensacional de Pierre Goubert sobre o Beauvaisis do século XVII, na tese revolucionária de René Baehrel sobre a Haute-Provence dos tempos modernos, ambas de um vigor que nada tem a invejar à presente obra. Os inovadores acreditam e querem ser solitários; na verdade, sempre têm companheiros.

Mas não é somente a história que o autor quer ignorar. São numerosas as interdições que ele se impõe, que propõe e respeita, por vezes, não sem inquietude ou pesar. Assim, escreve (e é a economia política que será excluída): "... da desigualdade econômica, trataremos pouco, pois o seu estudo foi feito com frequência". Simples escapatória: o problema não é jamais saber se determinada constatação foi feita ou não, mas se é ou não necessária à demonstração ou à pesquisa que conduzimos. "Pouco importam, dirá ainda, as correlações que se podem estabelecer entre crises econômicas e criminalidade e essa ascensão paralela do preço do pão e do número de atentados". Na verdade, pouco importa! Entretanto, três ou quatro vezes, ele se justificará mais pausadamente. Paris é então, antes de tudo, a presa, a vítima de uma imigração maciça que submerge, comanda tudo. Essa imigração é a variável decisiva (do mais alto grau algébrico); as outras se apagam diante dela. "Engendrado pelo fenômeno econômico, o fenômeno demográfico se desenvolve por seu próprio movimento, nesse ponto cortado doravante do fenômeno econômico e nesse ponto importante que... age enquanto causa e merece atenção, pelo menos tanto quanto o fenômeno econômico, quando não mais". Portanto, eliminemos o genitor, o fato econômico, visto que o afluxo dos imigrantes para as grandes aglomerações se faz tanto na alta como na baixa da conjuntura econômica... Seja, pensará o leitor, mas o afluxo demográfico não se instala em Paris num vazio material. A rigor, esqueçamos a conjuntura de saída. Permanece a da chegada. A partir do momento em que "age enquanto causa", o fenômeno demográfico, o amontoamento de uma população entre muros demasiado estreitos, terão as mesmas consequências num clima de euforia econômica ou numa conjuntura de desemprego e de miséria? A resposta se impõe por si mesma, mas nos reconduziria a terras interditadas.

O autor tem, sem dúvida, consciência disso, e, não podendo, não desejando mesmo, negar o interesse das explicações econômicas, tenta pelo menos, limitar-lhes o valor. Não são, segundo ele, mais que explicações a curto termo, mais ou menos superficiais. Só os dados demográficos valem em profundidade e a longo termo. É, para empregar o jargão de hoje, relegar a economia à conjuntura, a demografia se reservando as estruturas. Ora, há também conjunturas demográficas (esse livro, de fato, é o exemplo disso; voltarei ao assunto) e, seguramente, há estruturas econômicas, e mesmo, econômicas e sociais ao mesmo tempo. O capitalismo é uma delas, não a única, bem entendido, mas não se trata dele, nem dos ricos, nesse livro onde o próprio título – *classes* laboriosas, *classes* perigosas – parecia contudo evocá-las de antemão. De forma preconcebida, insistamos bem, Louis Chevalier repele essas explicações "fáceis" e, sabendo-o, constrói seu livro sobre um certo vazio econômico: nenhuma palavra sobre os salários, sobre os preços, sobre os orçamentos operários, sobre as rendas globais da cidade, sobre o volume de seu abastecimento e sua alimentação, à parte de algumas indicações colocadas, poeiras impelidas pelo vento sob a pena do autor, quase malgrado ele (assim p. 316: "o preço de doze a treze soldos pelas quatro libras (de pão) é... um verdadeiro limite *fisiológico*"). Numa palavra, construiu cientemente, um livro economicamente frágil e essa fragilidade, para início de jogo, surpreende o leitor. Sem dúvida, escreve agradavelmente: "Reconheçamos que a história política e a história econômica frequentemente viveram como um casal em boa paz, bastando-lhes amplamente uma à outra (*sic*), sem que jamais lhes parecesse necessário, com a história demográfica intervindo, viver em *menage à trois*". Mas, Louis Chevalier, com toda evidência, é pelo celibato.

Essas afirmações, esses retratos esboçam antes uma atitude do que uma política firmemente afirmada. Louis Chevalier, além disso, não se contenta, evadindo-se de todas as explicações sociais, em se acantonar somente no reconhecimento demográfico e é ali, se não me engano, que seu pensamento, apesar de tantas tomadas de posição, não é suficientemente claro. Em todo o caso, não o é aos meus olhos e, sem dúvida, aos olhos de todo leitor de boa-fé. Não chegarei a dizer que Louis Chevalier pretende desafiar também a demografia, o que seria divertido. Na verdade, procura ultrapassar o que chamarei uma demografia clássica, tradicional. Coloca, sem dúvida, as medidas e os quadros que são do conhecimento de todos os historiadores preocupados com sua profissão – leitores e, a esse título, alunos de Alfred Sauvy e de sua excepcional revista, *Population*[21], controle da migração, natalidade, casamentos, mortalidade, composição por sexo e por idade... Mas essas primeiras medidas, assim como seus comentários não constituem senão considerações prévias, o esclarecimento indispensável a uma outra pesquisa, a de uma *biologia* mais secreta, mais *profunda*. As palavras *biologia* e *biológico*, sob a pena de Louis Chevalier, conhecem uma fortuna excessiva: são quase um tique de linguagem. Dez vezes por uma, biológico poderia ser substituído, ao capricho das frases que o introduzem, por "demográfico", "humano", "social", "sociológico", "jurídico", até mesmo "geográfico". Mas não nos detenhamos nessa querela vã.

Descobrir, em todas as ciências, não é senão "apreender o que é inapreensível, compreender o que escapa ao raciocínio", como diz Louis Chevalier, pelo menos desembocar num domínio mal conhecido. Ora, se as realidades, se as estruturas que Louis Chevalier taxa de biológicas estão mal definidas no vocabulário e no pensamento do autor, apesar disso elas *existem*. Constituem, como diria Georges Gurvitch, "um patamar em profundidade" da realidade social, na verdade, a grande articulação a construir e a reconhecer das ciências do homem. Na medida em que o pensamento de

---

21. Editada pelo I.N.E.D., 23, avenida F.-D.-Roosevelt, Paris, VIII".

Chevalier aceita e sobretudo propõe essa pesquisa de "fatos biológicos que uma enorme sedimentação de fatos econômicos e morais (*sic*) recobria", ele se explica e justifica a meus olhos. Far-me-ia mesmo aceitar seus vetos se eu pudesse crer em "fatos biológicos" isoláveis. Na verdade, toda a demografia, toda a história, melhor, todo o social, todo o econômico, todo o antropológico (e poderia continuar) são biológicos, *também* são biológicos. Se é questão de *fundamentos* biológicos, impor-se-ia uma ampla discussão que esse livro nos recusa. Maximilien Sorre já não definiu, há uma dezena de anos, os "fundamentos biológicos" da geografia humana? Louis Chevalier parece pensar que o exemplo de Paris é de tal modo esclarecedor, que é, por si só, uma demonstração. É o perigo, diremos, de misturar um livro e um manifesto. Em todo caso, não creio ser bastante satisfatória a definição que nos é uma ou duas vezes oferecida: esses fundamentos seriam "tudo o que, nos fatos sociais, está em estreita relação com os caracteres físicos dos indivíduos", pois "o comportamento das pessoas está em ligação estreita com o corpo, a estrutura, as necessidades, as exigências, o funcionamento destas". Seguramente, mas eu teria gostado de uma definição mais circunstanciada, meticulosa, dessa história corporal e, acrescentaria por minha conta, *material*, uma história das necessidades, as satisfeitas e as não satisfeitas. Se a houvesse tentado, ter-se-ia o nosso colega obstinado em encerrar essa realidade profunda nos quadros de uma história demográfica, *stricto sensu*! Duvido disso, porque ele próprio transborda evidentemente os quadros. Se o suicídio é certamente de sua alçada (e não de uma sociologia intemporal, como é dito por um instante), o crime, a concubinagem, o adultério, o envio dos recém-nascidos aos asilos, o teatro popular, a literatura popular e não popular, esses instrumentos para compreender uma história biológica não são todos, ao mesmo título que os óbitos ou os nascimentos, do domínio estrito da demografia. Todos esses testemunhos transbordam o seu império, sem, no entanto, sobrecarregar o do biológico que se estende, por sua vez, muito além. A "biologia" de Louis Chevalier[22] não se interessa, sem dúvida, pelos alimentos terrestres. Ora, não exerceriam eles alguma influência sobre esse "comportamento" dos homens, em ligação estreita com o corpo? Uma afirmação de Feuerbach que tem visos de jogo de palavras, pretende que "o homem é o que ele come" (*der Mensch ist was er isst*). Assim pensa a sabedoria das nações.

Vê-se a ambição de uma tal formulação teórica, a multiplicidade dos problemas e das discussões que levanta. Essas dificuldades se acrescentam a dificuldades próprias ao exemplo que essa obra aborda: o conjunto dos problemas sociais e biológicos de Paris da primeira metade do século XIX. Mas que um "manifesto" também amplo se misture assim com um exemplo histórico concreto de uma espantosa complexidade, é sem dúvida, o que prejudica, o mais frequentemente, uma fácil compreensão desse livro de vastas proporções, muito prolixo, se pensarmos na sua argumentação teórica e muito curto, se considerarmos a massa enorme que propunha ao historiador essa vida parisiense de um meio século, sob o signo revolucionário de uma aceleração demográfica jamais vista e que, salvo em 1856, não mais se reproduzirá no futuro. Nesse complexo arranjo, Louis Chevalier é constantemente perturbado por múltiplos interesses, amiúde em conflito uns com os outros: fica preso entre o geral e o particular, entre a tradição e a inovação da pesquisa, entre a história clara (a dos tomadas de consciência) e a história obscura... Essa multiplicidade dos interesses e dos pontos de vista faz o valor dessa obra, mas também a sua dificuldade inerente. A digressão útil floresce aí sem constrangimento. É preciso, ao mesmo tempo, lamentar-se e felicitar-se por isso.

Todo um primeiro livro – *Le thème criminel* – é assim consagrado aos testemunhos literários. Estranho início! Suprimindo-o, a obra teria ganho cento e sessenta páginas ou mais. Por que nosso autor, que hesitou a esse propósito, deu finalmente amplíssimo lugar a esses "dados qualitati-

---

22. No índice do tratado de *Démographie générale* (1951) de Louis Chevalier, distraímo-nos, um instante, cm não encontrar as rubricas de sua pesquisa presente das estruturas biológicas.

vos", a esse "universo invasor de imagens"? Pensei por um instante que, não querendo dever nada a ninguém, Louis Chevalier houvesse recorrido, sem remorsos, à literatura que não é uma ciência social, ou pelo menos não passa por tal. Pensei também que ele havia procedido como um encenador: os atores e as peças conhecidos, são bons atores e boas peças. Os *Miseráveis* podem ser contados de novo, sentir-se-á prazer nisso. O autor adianta outros motivos, mas, na verdade, nenhum deles pôde me convencer de que as personagens de Balzac, de Eugène Sue, de Victor Hugo e, de antemão, de Zola, não invadem abusivamente um livro que se apresenta como científico e mesmo revolucionário. Persisto em pensar que valeria mais reunir num livro à parte, essas análises interessantes por si mesmas.

Mas os argumentos opostos aos meus têm seu peso. Louis Chevalier introduzia assim no seu livro o "qualitativo", sem o que, estou de acordo com isso, não há história, nem estudo social completo (mas há outros testemunhos qualitativos, se o romance o é, como regra geral, o menos seguro). Outra vantagem: ele dava lugar a essas tomadas de consciência, sem o que, a história é excessivamente desencarnada. Estou também totalmente de acordo com isso. Sobretudo, captando com infinitas precauções, esse testemunho literário *em profundidade* num estágio infrafactual, acreditou poder esclarecer o grande tema de sua observação e de sua descoberta. De Balzac a Victor Hugo, organiza-se a passagem de uma criminalidade "excepcional e monstruosa" a uma criminalidade "social", generalizada. "O crime cessa de colar-se estreitamente às classes perigosas, para estender-se, mudando de significação, às grandes massas de população, à maior parte das classes laboriosas." Estas por si mesmas, por seu simples peso, deslizam para a franja vermelha do crime; esse limite é, em suma, seu destino. "Os crimes, como o escrevia Parent-Duchâtelet, são doenças da sociedade." Toda essa análise dos testemunhos literários e a evocação dos lugares sinistros da topografia parisiense, todo esse longo preâmbulo é de uma excelente, de uma poderosa oportunidade. Mas, repito-o, é um livro em si e que requerida apenas chegar à autonomia e à independência, porque essa poderosa (e inovadora) malaxação do testemunho literário também coloca seus problemas, seus múltiplos problemas. Exige precauções muito mais do que não importa qual outra operação acerca de não importa que outra fonte. Uma crítica cerrada, não somente das realidades postas em questão, mas da distância que, conscientemente ou não, toda obra de arte interpõe entre ela e essas realidades. Essas dificuldades não escaparam a nosso guia. O que ele diz sobre o controle, sobre o teleguiado, nessas zonas difíceis, pela estatística, tem grande importância. E não menos o que ele escreve sobre esse testemunho da literatura, "testemunho eternamente presente que é preciso, entretanto, saber escutar. Não no que ele pretende dizer, *mas no que ele não pode evitar dizer...*".

Assim se apresentam, sem que eu tenha a pretensão de esgotá-los, os problemas múltiplos e vivos desse longo primeiro livro, seguramente interessante, ainda que nem sempre suscite a convicção e nomeadamente na sua linha maior. Como Louis Chevalier explica, com efeito, essa tardia tomada de consciência da literatura com respeito à "criminalidade social"? Os *Miseráveis* estão na tarde de seu período.

O segundo livro – *Le crime, expression d'un état pathologique considéré dans ses causes* – apresenta, ao lado das clássicas medidas demográficas, o estudo das casas, do equipamento urbano, das estruturas físicas e materiais da aglomeração. Quais são as massas de homens que se amontoam na cidade? Sua distribuição? Sua idade? Esse segundo livro é denso e sólido. Lamentemos apenas que os mapas e gráficos atirados ao fim do volume sejam tão pouco numerosos e de difícil consulta.

O terceiro livro se intitula *Le crime, expression d'un état pathologique considéré dans ses effets*. Louis Chevalier sacrificou tudo, ou quase tudo de sua obra, para que essa última parte se imponha e brilhe. Aí, estuda como se deterioram as condições demográficas e biológicas da população laboriosa de Paris e, de novo, como a opinião pública, bem ou mal, e de maneira diferente, segundo a óptica burguesa ou operária, toma consciência dessa imensa transformação. Os sinais com que aclara essas deteriorações são os suicídios (suicídios operários), os infanticídios, a prostituição, a loucura, a concubinagem dos operários, a fecundidade, enfim, a morte, a desigualdade por excelência, "a morte contabilizando o todo" como o diz fortemente. O problema é estimar, com cifras, bem como as correlações e hipóteses que elas autorizam, a massa aproximativa dos indigentes, oficiais ou clandestinos (entre a metade e o terço dos vivos); depois essa franja perigosa da qual se suputa a largura sem poder calcular-lhe os efetivos. Há, certamente, um liame entre a ilegitimidade dos nascimentos e tendência criminal de uma parte da população. Os filhos naturais fornecem uma grande pare do "exército do crime". E Louis Chevalier dá-se muito trabalho para calcular essa população, em situação mais desvantajosa ainda que as classes laboriosas normais e em cujas fileiras a vida social encontra naturalmente suas mais fortes tensões.

Colocadas em jogo essas *causas*, os *efeitos* não poderiam surpreender: toda a massa laboriosa desliza, encosta abaixo, para essa franja vermelha e obsedante do crime de *múltiplos* aspectos. Essa franja, Louis Chevalier não pedirá às estatísticas criminais que a desenhem por uma razão que ele dá e uma que ele silencia. A primeira é que o crime registrado administrativamente é somente uma parte do crime real e virtual. Sem dúvida, mas os arquivos judiciários não registram, ao lado do crime, a gama muito extensa dos "delitos".

A segunda razão, não expressa, é verdade, é talvez o desejo do autor de permanecer uma vez mais no interior de suas próprias medidas e de sua demonstração. Tanto mais que, dessa vez, seus meios de controle, estou de acordo com isso, lhe fornecem ampla messe de informações. As doenças, a mortalidade, os suicídios, as crianças abandonadas, os nascimentos ilegítimos, a concubinagem, os hospitais, os asilos de velhos, o envio de crianças aos asilos, todos esses signos "biológicos" (mesmo que não sejam, sou eu que o acrescento, apenas biológicos) permitem um estudo em laboratório, cuja amplitude não tem precedentes. Toda uma patologia social, cujo espetáculo é rico em ensinamentos, surge assim revelada. Essa apreensão é uma lição válida de método.

Louis Chevalier tem, evidentemente, razão quanto ao sentido geral de sua investigação. Assinala-se um laço do crime, faixa estreita, com o perigo social, faixa larga; com a indigência que prende em suas malhas uma parte tão grande da população parisiense; enfim, com o conjunto da classe laboriosa, categoria biológica e social. Não se trata de "julgar" esta última (o livro todo, aliás, lhe é favorável), mas de ligar em um conjunto as cifras que controlam seu comportamento múltiplo e no-la mostram encerrada numa sorte inexorável. Nenhuma mobilidade social cria para o alto essas ascensões compensadoras de que não se podem citar senão exemplos, exceções que confirmam a regra.

Tentei seguir e resumir esse livro difícil. Não é, repito-o, minha intenção julgar seu bom fundamento no que concerne a Paris. Toda tentativa tão apaixonada, sob o signo do risco, atrai e atrairá forçosamente reservas e críticas. Para mim, o problema era assinalar-lhe o movimento. Tentei fazê-lo, assumindo os riscos e perigos. Sobre a aplicação da doutrina ou do "manifesto" nesse exemplo que os realiza, um longo debate poderia, sem dúvida, se travar. É útil presentemente? Espero que Louis Chevalier me dê a ocasião, num novo livro, de reencontrar, a claro, seu pensamento complicado e autoritário. Eu teria medo, ao me empenhar desde agora numa discussão desse gênero, de diminuir o alcance do debate. Pouco importa, com efeito, na medida das ciências do homem, que Louis Chevalier tenha razão – como eu creio – (ou não) sobre o caso parisiense; que ele se tenha enganado sobre determinada cifra ou determinada referência; que ele tenha cometido um erro, como eu acho, (ou não) em desprezar arquivos judiciários, os quais, sinto receio, não estão forçosamente de acordo com sua tese. Pouco importa também, que ele tenha errado, ou não, de contar com tanta insistência com o testemunho literário.

No entanto, certas lacunas de seu estudo parisiense me parecem bastante graves, na medida em que contradizem, ou melhor, limitam a tomada de posição desse livro. Espanto-me que a Paris da Restauração e da Monarquia de Julho não tenha sido mais minuciosamente comparada às Paris que a precederam e seguiram. Análises, cifras abundantes, medidas demográficas e biológicas teriam iluminado nossa lanterna. De minha parte, tenho a impressão de que a aventura parisiense que nos é contada por Louis Chevalier, não é, infelizmente, tão excepcional quanto ele o crê e, por exemplo, que, ao lado da Paris do século XVI e de Luís XIII, os horrores do primeiro século XIX não passam de água de rosa. E se estou enganado, que me provem! Enfim e sobretudo, o que se passa, no mesmo momento, nas outras cidades e mesmo nos campos de França? E nas outras capitais europeias? Estou perturbado pela ideia de que, se a população de Paris dobra mais ou menos de 1800 a 1850, a de Londres, da qual Louis Chevalier não diz praticamente nada, triplica (900 000 a 2 500 000). Essas comparações, parece-me, eram indispensáveis pura fixar o verdadeiro semblante de Paris e o verdadeiro sentido da experiência demográfica que aí se desenrola. Eram mais indispensáveis ainda para dar, à lição de método que pretende ser esse livro, força convincente. Estou de fato persuadido de que, tocar nos fundamentos biológicos de uma sociedade, para falar como Louis Chevalier – é ir ao âmago de suas estruturas. Mas eu me espanto que me queiram prová-lo graças a um estudo no fim de contas conjuntural, estreitamente conjuntural mesmo, atento somente ao que se nos apresenta como um acidente ainda desconhecido, como uma exceção na vida parisiense, sem o menor cuidado, pelo contrário, em inscrever esse acidente no movimento secular que arrasta a vida profunda de Paris e a das outras capitais, e a da Europa... É quase naturalmente que Louis Chevalier se demora em conjunturas curtas, finas como pontas de agulhas: é o caso das epidemias de cólera de 1832 e 1849.

Mas, trégua nas discussões e nas reservas! O que conta é a brecha que esse livro abriu, ou tentou abrir nas ciências do homem, em direção ao novo horizonte das realidades e estruturas biológicas, com o risco de demolir um pouco de passagem, para aumentá-la aliás, a imperialista demografia. Reconhecer esse mérito essencial é, sem dúvida, a melhor maneira de render justa homenagem a essa obra combativa.

4.

Os três autores que retive não se assemelham. Se os reuni aqui, foi para melhor analisar as diferentes posições da demografia em face do conjunto das ciências sociais, posições que me interessam tanto mais quanto situo mais alto o lugar da demografia nesse conjunto. Coisa curiosa é Ernst Wagemann, antigo economista, é Louis Chevalier (pode-se dizer, antigo historiador? Em todo caso, vindo da história) que são mais ferozmente nacionalistas, xenófobos mesmo, se posso dizer, face às ciências rivais da demografia. Pelo contrário, o pensamento de Alfred Sauvy é naturalmente levado a uma curiosidade universal que o poupa de um espírito bairrista.

Ora, no momento em que as ciências do homem criam pele nova, em que se quebram todas as velhas barreiras que as separam (e aqui eu defendo, por minha vez), a hora não é, não é mais para pequenos nacionalismos, conscientes ou inconscientes. Ou então estou totalmente enganado. Não há *uma* ciência ou *uma* carreira que dominaria, nesse vasto campo não estruturado do conhecimento do homem. Não há história, e ainda menos concepção histórica que "conduza", não há sociologia que conduza, não há economia, não há demografia que conduza. Os métodos, os pontos de vista, os conhecimentos adquiridos são para todo o mundo, quero dizer, para quem quer que se mostre capaz de servir-se deles. Assimilar *técnicas* estrangeiras, aí está, disse-o, a dificuldade de um mercado comum das ciências sociais. Não acrescentemos a isso vãs disputas de fronteiras ou querelas de precedência. Toda explicação unilateral me parece odiosa e, hoje, diante da amplitude da tarefa, um pouco vã.

Karl Marx que, entretanto, tinha esse desejo autoritário, próprio a todo sábio, de visar o essencial e o simples e, que se atinha, nas suas teorias da apropriação dos meios de produção, à dupla linha (ao menos era dupla) de uma articulação social e econômica, Karl Marx que, entre todos, teria podido, a justo título, ser tomado pela embriaguez do inovador, escrevia, não obstante, a 18 de março de 1872, a Maurice La Châtre: "Não há estrada real para a Ciência". Não o esqueçamos muito! É por múltiplos e difíceis atalhos que nos cumpre caminhar.

III. HISTÓRIA E TEMPO PRESENTE

11. NO BRASIL BAIANO: O PRESENTE EXPLICA O PASSADO[1]

Lê-se, relê-se com prazer o livro dedicado, inteligente, de Marvin Harris, da Columbia University. Seu título, *Town and Country in Brazil*[2], faz temer um livro geral, teórico, mas felizmente o anúncio é inexato. Trata-se unicamente de uma viagem, e de uma estada numa pequena cidade brasileira. Desde as primeiras páginas, chegamos à Minas Velhas, no coração do Estado da Bahia, longe no interior; ainda estamos lá quando o livro se acaba, sem jamais termos, durante o percurso, nos aborrecido um segundo sequer em companhia de uma guia que sabe ver, compreender, fazer compreender. A pintura é, aliás, tão viva, o texto a tal ponto interessante, que a obra se lê "como um romance". É

1. *Annales E.S.C.*, n.º 2, abril-junho 1959, p. 325-336.
2. Marvin Harris, *Town and Country in Brazil*, New York, Columbia University Press, 1956, in-8º x-302 p.

em meu espírito um cumprimento excepcional, porque é raro que uma obra, cientificamente desenvolvida, sob o signo da mais estreita objetividade, possa, a esse ponto, desprender-nos do tempo presente e conduzir-nos, como diante de um espetáculo, às fontes – aqui ainda vivas – de uma realidade, de uma civilização urbana passada. Um historiador pode sonhar com uma paisagem desse gênero, mas vê-la, desusada, arcaica, com seus próprios olhos, tocá-la com o dedo, é um prazer vivo, e que ensinamento! Apressemo-nos em desfrutá-lo! Em Minas Velhas, mesmo a vida nova tem seus atrativos: um dia, ela agitará toda essa ordem antiga, frágil, que se mantém por milagre.

I

No meio de uma região ingrata, montanhosa, mais que semideserta, Minas Velhas foi plantada pela difícil aventura mineira do século XVIII: foi uma das importantes cidades do ouro do imenso interior brasileiro, estas, precoces, nascidas desde o fim do século XVII, aquelas, mais numerosas, com os primeiros decênios do século XVIII. Em Minas Velhas, a exploração remonta a 1722, talvez um pouco antes. O estatuto urbano da cidade data, em todo caso, de 1725 pelo menos e, desde 1726, ela possuía sua Casa da Moeda onde o ouro era fundido e retirado o quinto que revertia ao rei de Portugal. Em 1746-1747, o quinto se elevou assim à 13 libras de ouro, ou seja, 65 libras de produção. A isso se acrescentavam evidentemente a fraude e o ouro em trânsito. Enquanto que o ouro dos filões e dos aluviões foi abundante, nenhum problema, para dizer a verdade, se colocou à ativa cidade: os víveres afluíam de toda parte, por vezes de muito longe. Mas, com o fim do século XVIII, a prosperidade aurífera se vai, em Minas Velhas como no conjunto do Brasil.

A esse desastre, a cidade sobreviveu, entretanto, com dificuldade, a despeito de sua situação anormal, precária por natureza. Continuou aproveitando o impulso inicial, depois conseguiu adquirir e reter a medíocre fortuna de um centro administrativo de última ordem; assim, aos tropeços, chegou até o tempo presente, depois de muitas desilusões, pois seu primado administrativo – a segunda riqueza – foi bem depressa contestado e seu "distrito" desde então remanejado, desmantelado, retalhado. Em 1921, último golpe, quase mortal: Vila Nova, sua vizinha bastante próspera, se separou dela, com um distrito constituído para esse propósito e, naturalmente, uma vez mais, em detrimento da velha cidade de sua circunscrição. Acrescentemos a esses avatares que, no traçado das estradas carroçáveis e, depois, dos caminhos de ferro, Minas Velhas não teve oportunidade: a geografia jogou contra ela. A via férrea detém-se muito longe de suas portas, em Bromado, e o tráfego de automóvel a atinge há pouco tempo e de maneira difícil: um caminhão por dia, com seu cacho de viajantes e suas mercadorias heteróclitas.

Além disso, quem teria interesse em ir até essa cidade perdida? O viajante hesita, ao alcançar a última montanha, em Vila Nova, cidade burburinhante que, a um só tempo com a estrada, o progresso toca (a eletricidade, a T.S.F., a coca-cola...). O viajante, se se informar, não será muito encorajado a ganhar, em lombo de mula, pela "garganta" do Rio das Pedras (cortado, entre outras, por uma gigantesca queda d'agua) o alto vale e os planaltos das *gerais* de Minas Velhas, batidos pelos ventos, povoados de arbustos raquíticos, de ervas raras. "Fique aqui conosco, aconselham ao autor. Temos eletricidade e coco, abundância de frutas frescas e carne de porco... Minas Velhas é o lugar mais morto do mundo. Nada progrediu ali há duzentos anos. Se quiser cerveja fresca, será melhor permanecer conosco. Há só um bar em Minas Velhas e faz muito pouco movimento para que valha a pena ter um refrigerador[3]... Eles estão horrivelmente atrasados. Os negócios lá são péssimos. É um lugar triste, muito morno, frio, sem nenhuma atividade."

A surpresa é tanto maior, para o viajante ciente de que deixou a "civilização", ao chegar a Minas e deparar com uma cidade tipicamente cidade – impressão que quase não proporcionam hoje, as cidades brasileiras em construção –, uma cidade, oh milagre, com suas ruas pavimentadas, suas

---

3. Em Minas Velhas, além disso, não há eletricidade.

casas[4] alinhadas ao longo das calçadas, frescamente repintadas em branco e azul, sua limpeza geral, seus habitantes decentemente vestidos, suas crianças saindo da escola em blusa branca e calção azul... Uma ponte de pedras, portas móveis, barreiras, pseudomuralhas, a grande praça com sua igreja de pedra, também recentemente pintada, ouro, branco, azul, o jardim e suas platibandas entrelaçadas, orgulho da cidade, ponto de encontro dos passeantes da tarde. Teria o viajante atingido a cidade maravilhosa?

II

Em seguida? O melhor é interessar-se pelos espetáculos, pelas realidades da cidade, ao acaso dos encontros. Pouco a pouco, os problemas se descobrem. Não, Minas Velhas não vive, sem mais, dos vilarejos bastante pobres e incultos de seus arredores: Serra do Ouro, Baixa do Gambá, Gravatão, Gilão, Bananal, Brumadinho, vilas de camponeses brancos, como a primeira, ou de camponeses negros, como a segunda, todas, aliás, miseráveis, porque a terra, muito fragmentada, é de uma fertilidade medíocre. No total, essas vilas encerram 1250 camponeses. Em face delas, Minas Velhas, minúscula, para dizer a verdade, não agrupa menos, quase 1500 cidadãos. Um camponês, por si mesmo, pode suportar sobre seus ombros o peso de um cidadão? Não, sem dúvida. É pedir-lhe demasiado, tanto mais que o excesso da colheita – legumes, frutas, açúcar, arroz, feijão, mandioca, um pouco de milho, inhames, batatas doces, café – não vai somente para o mercado da cidade: os vendedores chegam até Vila Nova, Gruta, ou Formiga. Há pois concorrência, mas a velha cidade, melhor situada, leva ainda assim a melhor. Defende também seus direitos pelas propriedades mesmas de seus "burgueses"; as maiores são *fazendas*, de pequena extensão, é verdade, mas frequentemente ao longo do Rio das Pedras, sobre as melhores terras. Essas proprie-

---

4. Feitas com tijolos secos ao sol, com adjunção de algumas pedras, cobertas de telhas.

dades, pequenas ou medíocres, constituem um liame a mais entre cidade e campo.

Em todo caso, é em relação a esses camponeses que o homem de Minas Velhas se sente citadino e, até a medula dos ossos, com um sentimento bem mais forte do que aquele que liga o londrino ou o nova-iorquino à sua grande cidade. Ser citadino é ser superior, e poder dizê-lo a si mesmo, pensá-lo em face dos mais infelizes ou menos afortunados. O campo, que diferença! É a solidão. A cidade é o barulho, o movimento, a conversação, uma certa gama de prazeres, de distrações. Uma forma inteiramente outra de existência. Não invejem esse homem de Minas Velhas, que mora numa casa isolada, à parte; pois uma *verdadeira* casa toca em suas vizinhas, se lhes cola para se alinhar em conjunto, com um mesmo movimento, sobre a rua. Se essa rua é calma, se "quando você sai de manhã, não há um barulho", então tudo fica estragado. A cidade é o rumor, reconfortante, fraternal, dos outros. É também a ocasião, eu o disse, de sentir-se superior a esses camponeses, hóspedes do sábado, no dia do mercado, a esses clientes desajeitados das lojas, reconhecíveis à primeira vista pelas roupas, pelo sotaque, pelas maneiras e mesmo pelo rosto. Como é agradável chalacear a respeito deles! Esses campônios eles próprios sabem que a cidade lhes é muito superior. Pensem portanto, aqui, cada um compra a alimentação por dinheiro. A cidade, para eles, sem mais, é o *comércio*... Como explica José, de Baixa do Gambá, "a vida do *comércio, é* somente para aqueles que têm os bolsos cheios de dinheiro"[5]. Sua mulher acha que "o *comércio* é bom por algumas horas. Gosto do movimento, diz ela, mas depois de um instante, isso me cansa e não vejo a hora de voltar"[6]. Pobre camponês, ou, como se diz em Minas, pobre *tabaréu*, pobre *gente da roça*... "A própria sombra lhes faz medo", diz Péricles, um citadino, ainda que simples e pobre tijoleiro de Minas. Repetidas vezes, ele foi o companheiro de Marvin Harris nas excursões fora da cidade. Se se trata de ir à Vila Nova, Péricles vai de pés

---

5. Marvin Harris, op. cit., p. 145.
6. Ibid.

descalços, com as roupas esfarrapadas de todos os dias. Mas, se é para Baixa do Gambá, não, veste-se, chega a ponto de emprestar sapatos. "Em Vila Nova, ninguém presta atenção a essas coisas, mas em Baixa do Gambá, não posso andar feito esses tabaréus"[7].

Melhor que longos discursos, esses pequenos traços – eles abundam no livro – falam do orgulho da cidade, de sua reserva orgulhosa, de seu gosto pela dignidade, de seu amor pelo barulho e pela festa, esse superlativo do barulho, bem como de seu gosto pela cultura, até mesmo pela gramática latina, o que, em 1820 já fazia a admiração de dois viajantes alemães, os naturalistas Von Spix e Von Martius. Eles também ficaram impressionados com a dignidade da pequena cidade (então com 900 habitantes) e... a excelência de seu professor de latim.

III

Mas não se vive somente de barulho ou de complacência para consigo mesmo. Uma vez que as vilas-satélites só alimentam a cidade em parte, e não gratuitamente, ela se vê forçada a ganhar a vida para pagar o que consome: o que compra aos camponeses, mas também a farinha e o querosene, o combustível indispensável, que lhe vem de Vila Nova. Duas soluções para esse problema: a emigração, de uma parte, com tudo o que ela pode significar em retorno de dinheiro; a indústria artesanal, de outra.

Deixemos a primeira dessas soluções. Minas Velhas é um exemplo, entre mil outros, desses grandes movimentos que afetam ao mesmo tempo todo o Nordeste brasileiro (cidades e campos) e não apenas o Estado da Bahia. É de um ponto de vista de conjunto que conviria encarar esse gigantesco problema, cuja inesgotável tragédia os romances-fluviais de Jorge Amado souberam contar. Gota d'agua, Minas Velhas está presa nesse rio. Evidentemente, tudo nela é com isso revirado. A emigração incide sobre os jovens, os

---

7. p. 143.

mais qualificados por vezes, artesãos que são tentados pelos altos salários da Bahia ou mais ainda, de São Paulo. Daí muitos dramas. Os das esperas – a cidade tem uma população feminina superabundante –, os dos retornos; mas há verdadeiros retornos? Como se readaptar à existência em si enfadonha da estreita cidade?

Fora de seus emigrantes, Minas só pode contar para viver, com o trabalho de seus artesãos: artífices do cobre, ferreiros, fabricantes de serras, de arreios, de bagagens, de rendas e de flores artificiais, oleiros, latoeiros, costureiras, alfaiates, carpinteiros. Imaginem uma cidade medieval, de pequeno porte, que trabalha para seu próprio mercado e, quando pode, para mercados longínquos. O mercado próximo são os camponeses de que falávamos há pouco, compradores de selas, de arreios, de facas, de chicotes... Do mesmo modo, em 95 artesãos, contamos 39 metalurgistas (se o podemos dizer) e 28 artesãos, do couro. A forja está, com pouca coisa de diferença próxima de sua congênere das aldeias da França que nossa infância conheceu, com seu fole rudimentar. Na loja, dois ou três operários ajudam o patrão, geralmente um filho ou um jovem parente, ou a mulher do patrão. Assim, o comprador comprará os produtos fabricados sob seus olhos, ou quase. Eis-nos a nossa vontade, por um instante, no século XVIII, no XVII, mais longe talvez, não importa onde no Ocidente...

Ao lado do mercado próximo, o mercado longínquo (entenda-se com isto o interior do Brasil), por excelência a zona da circulação burriqueira, ainda à margem das vias férreas, tão pouco numerosas, e da circulação dos caminhões, esta crescente. Tal mercado vai para oeste até Xiquexique, até a peregrinação do Bom Jesus da Lapa, sobre o São Francisco, peregrinação e feira ao mesmo tempo. É para lá que afluem em julho, ao mesmo tempo que os romeiros, os mercadores ambulantes de Minas Velhas, com suas mulas carregadas de mercadorias as mais diversas. Vendem, revendem, trocam, vendem de novo. O patrão que lhes confia facas ou sapatos, firma um preço com eles, mas a operação se desenrola por sua conta e risco: quando o revendedor voltar, restituir-lhe-á com as contas a mercadoria não escoada. Eis-nos, muito longe no tempo, talvez exagerando um pouco, no início da *commenda* e do capitalismo comercial. Quem dá as cartas não é aquele que produz, mas aquele que transporta e que vende. Como se imagina facilmente, a zona atingida por esse tráfico primitivo é ameaçada e sem cessar reduzida pela instalação de novos meios de transportes e pela chegada de novas mercadorias, uma coisa conduzindo a outra. À Vila Nova já chegam sapatos fabricados no Estado vizinho de Pernambuco. Ontem, há vinte e cinco anos, essas rotas do interior, a partir de Minas Velhas, atingiam Goiás e até São Paulo: hoje isso está fora de cogitação. Entretanto, essa zona alimentar reduzida permite ainda a Minas Velhas manter todos os seus intercâmbios, trocas ou compras antigas. Assim ela consegue os metais num comércio de ferro-velho atento: sucata, trilhos velhos, zinco de motores de automóveis em refugo, cobre das velhas caldeiras... Seus mercadores lhe trazem mesmo o metal necessário para suas niquelagens primitivas e que mal se mantêm. Seria melhor, sem dúvida, mandar vir da Bahia o níquel em folhas. Mas como o pagariam? Os mercadores juntam as velhas moedas de níquel de 400 réis, que hoje não mais se fabricam, mas que, ainda que desamoedadas, correm nesses circuitos primitivos e continuam a afluir entre as esmolas ao Bom Jesus da Lapa. Uma troca chega a bom termo e, ei-las, depois de julho, a caminho de Minas.

Prioridade dos transportadores, prioridade também dos capitalistas, dos empresários. Como é que estes surgem? É uma questão que nosso guia não resolve inteiramente, ou trata muito depressa, mas esses capitalistas existem realmente, reconhecíveis, ainda que pouco numerosos. O setor dos metais tem poucos: o mundo artesanal parece ter-se aqui arrumado por si mesmo, fabricando depressa objetos de segunda qualidade. O ferreiro João Celestino bem o sabe: "O ferreiro só tem olho para guiá-lo", declarava um dia. Mas de que lhe serve, excelente artesão, ter olho preciso? "A vida de hoje não nos dá mais ocasião de fazer uma peça decente de trabalho". Liberdade e miséria!

No setor do couro as coisas correm de outro modo: com a ajuda, baixos salários, apareceu o trabalho por peças (curiosamente, os artesãos veem nisso um sinal de liberdade e de independência, pois acham que o salário regular os escravizaria). Ao mesmo tempo, surge o trabalho a domicílio, até mesmo a especialização em novas oficinas, pois a "manufatura" se instala timidamente. Estamos aqui, no século XVI ou no XVII. O mestre é o empresário, o homem "que faz trabalhar" os outros; é o caso do Senhor Braulio, fabricante de sandálias, de sapatos, de botas, de selas, que ele mesmo venderá, mercador em suma, como houve tantos outrora, através do Ocidente do primeiro capitalismo: ele consegue a matéria-prima, paga os salários, assegura as vendas; é uma providência, pensam os artesãos de Minas Velhas. Aceito isso, mas por quanto tempo continuará a sê-lo? Tanto quanto durar um sistema que se baseia na divisão do trabalho e nos salários muito baixos. Ora, esse sistema se choca com algo bem mais forte que ele: alhures, existem máquinas. Não há máquinas, pode-se dizer, em Minas. Um dia virá em que mesmo os camponeses, os *tabaréus* dos arredores, não mais virão comprar seus sapatos, seus chicotes ou suas facas com bainhas de couro. Isto porque a luta está travada quase por toda parte entre o Brasil de ontem, já muito maltratado, e o Brasil imperioso de hoje. É por uma economia ascética, bastante miserável, que a velha cidade resiste a tantas condições contrárias. Nesse ritmo, mal faz viver seus ricos, ou os que se dizem ricos, pior ainda seus pobres, seus verdadeiros pobres. Mede-se essa mediocridade geral pela posição que parece a todos tão invejável, a do lojista da *venda*. Revendedor de produtos alimentares, de legumes, frutas, açúcar grosseiro (a *rapadura*), aguardente (a *cachaça*); emprestador, porque tudo ou quase tudo se vende a crédito, o vendeiro, sentado em sua cadeira ao longo do dia, é o felizardo que vê vir a ele os clientes, os rumores, todo o *movimento* da cidade.

IV

Essas imagens, documentos vivos tão cuidadosamente trazidos à luz, Marvin Harris nos perdoará por lhes ter dado, com insistência, o preço de um testemunho inestimável sobre o passado? Como compreender melhor o "pequeno" capitalismo dos lojistas medievais ou, se fosse necessário, o capitalismo à longa distância de seus contemporâneos: eles estão ali, um e outro, sob os nossos olhos, nos primeiros capítulos tão ricos do livro e que nós seguimos passo a passo. Além, Marvin Harris prossegue, segundo o plano habitual das investigações etnográficas: falara do lugar, da vida econômica; faz as ligações e nos fala, em capítulos sempre precisos e vivos, das raças, das classes, do governo municipal, da religião, crenças populares, sendo seu cuidado constante, cada vez que a coisa lhe é possível, de mostrar a harmonia ou a desarmonia entre a cidade e as pequenas vilas de seus arredores. Tem a sensação de estar ali diante de uma das grandes articulações de toda investigação etnográfica e não deixa de ter razão.

Posso dizer, entretanto, que não estou inteiramente de acordo com esse plano habitual, aplicado uma vez mais de maneira muito convencional, *a priori?* Uma pequena cidade é um bom campo de observação no atual? Sim, sem dúvida, com a condição de que não seja estudada somente por si e em si mesma, segundo as regras praticadas com muita frequência pela investigação etnográfica, mas como um testemunho que é preciso restabelecer em planos múltiplos de comparação, tanto no tempo quanto no espaço. No que concerne à Minas Velhas seria preciso discutir seu passado, o passado de sua região, o do Brasil tomado na sua massa. Seria preciso discutir sua circunvizinhança atual, deter-se em Vila Nova, como o viajante o fez no início desse livro, mas também avançar até Formiga, até Gruta, até Sincora, permanecer aí à vontade, e mesmo interrogar o conjunto do Estado da Bahia, suas cidades, suas vilas. Depois, sem dúvida, ir mais longe, no Brasil, alhures talvez...

Mas expliquemo-nos mais claramente ainda. O autor não nos oculta, desde as primeiras páginas de seu livro, o caráter excepcional de Minas Velhas, a surpresa que ela provoca ao recém-chegado, em razão sobretudo de seu ar citadino, mal harmonizado com suas dimensões e com sua pobreza. A partir daí o procedimento do autor será simples: estudar em todos os seus aspectos e em todos os seus detalhes atuais a vida de Minas Velhas, depois concluir, graças a uma comparação com os critérios da vida urbana, tais como, os definem sociólogos ou etnógrafos, que Minas é de fato, no essencial, uma *cidade*. Mas o problema capital, para mim, do ponto de vista das ciências humanas, se coloca diferentemente: por que, direi, esse caso aberrante? E em que medida ele é aberrante? É um caso único, extraordinário? Repete-se alhures, em condições sensivelmente análogas? Onde, como? Essas perguntas, a conclusão apenas as aflora, nas únicas páginas desse livro que são, na minha opinião, evasivas e imprecisas.

Parece-me, de minha parte, que tudo, na cidade de Minas Velhas, não é absolutamente original. Sustento o que o aberrante se reduz, no essencial, a essas estruturas socioeconômicas que descrevi segundo o autor. Numa palavra, o fato saliente ao qual eu pessoalmente teria, no lugar do autor, consagrado todos os meus cuidados, indo muito além daquilo que nos oferece seu inteligente acerto de coisas, é o fato, surpreendente em si, de que Minas Velhas tenha sobrevivido, após a catástrofe das minas de ouro e, notem-no, sobrevivido como uma cidade de outrora, com escassas fontes de rendas e uma população medíocre. Essa sobrevivência, os mecanismos antigos que ela implica, ter-me-iam retido de um modo quase exclusivo. Tê-los-ia visto, revisto e analisado em si mesmos, bem como à luz dos mecanismos medievais ou semimodernos que nos oferece a história europeia. Teria medido essa defasagem cronológica. Teria calculado e contado mais ainda do que o fez nosso guia (renda global, *per capita*), cartografado e discutido, de maneira precisa, a área desses tráficos...

Quanto à sobrevivência da cidade, uma vez que ela possui arquivos, eu os teria olhado de perto. Teria tentado saber, para marcar bem o ponto de partida, o que ela era verdadeiramente no tempo do ouro, com seus mineiros, seus artesãos, seus lojistas, seus proprietários de terras, seus escravos negros, seus transportadores. No século XIX, Marvin Harris nos diz que ela sobreviveu como centro administrativo, o salário dos "funcionários" substituindo, em suma, o pó de ouro. Ainda assim é preciso que o distrito tenha permitido essa vida nova, que tenha tido as riquezas, o povoamento suficiente, que todo um sistema de trocas – aquele que está ameaçado de perecer hoje, de um dia para o outro – tenha alimentado, ao subsistir, o jogo urbano de Minas Velhas. Questão subsidiária: de que horizonte, no século XIX, saíram os novos-ricos de Minas, pois houve então novos-ricos?

Em 1947, numa outra região do imenso Brasil, fiz uma viagem menos poética que aquela de Marvin Harris, mas não menos reveladora. Ubatuba, na costa do Atlântico, no Estado de São Paulo, não muito longe de Santos, conheceu, por volta de 1840, sua época de esplendor. Esteve então ligada por um tráfico ativo de tropas de mulas a Taubaté, assim como Santos a São Paulo que, então, não passava de um vilarejo. Taubaté-Ubatuba, assim como São Paulo-Santos, é o casamento, a associação por cima da poderosa Serra do Mar, muralha de verdura entre a costa e o interior, de um mercado colhedor de café e de um porto que o exporta para o mundo inteiro. Na luta logo travada, São Paulo--Santos prevaleceram, a tal ponto que, da projetada estrada de ferro entre Ubatuba e Taubaté, só foram construídas as estações. Ainda hoje, a ligação de Taubaté a Ubatuba se faz por um carro que consegue, Deus sabe como, a proeza de seguir o antigo caminho burriqueiro, pista escorregadia entre as duas cidades: à partida, Taubaté, à qual a indústria deu nova vida; à chegada, Ubatuba, miserável, engolida pela vegetação tropical. Seus antigos *sobrados* abandonados, arruinados pela água, pelas palmeiras crescendo entre as fissuras dos muros, mas de forma imponente, seu cemitério, com placas funerárias de uma certa riqueza, falam sozinhos da antiga fortuna de pequeno porto. A cidade de Ubatuba não sobreviveu. É uma vila de camponeses, de *caboclos*. Encontrei aí a filha de um engenheiro francês, analfabeta, não sabendo mais uma palavra de sua língua materna, casada com um *caboclo* e, em todos os pontos, semelhante a ele. No entanto, Ubatuba tem seus funcionários, seu juiz de paz também, formado pela Faculdade de Direito de São Paulo, um civilizado em exílio numa região muito aquém de Minas Velhas. Uma tarde inteira, escutei ao seu lado um cantor popular, acompanhado de um tocador de *violão* (que é uma espécie de guitarra de seis cordas) : todas as canções do folclore dominavam novamente aqui, as únicas no lugar, e uma improvisação cantada, seguindo o antigo uso, contava a epopeia da *chegada da luz elétrica*: não fora preciso abrir, para a linha e os postes, uma *picada* através da floresta que, descida da montanha, encerra a cidade; floresta impenetrável, mas não virgem, pois que, nos fazia notar o juiz, nosso guia, se achavam, aqui ou ali, os restos de cafeeiros. As plantações desapareceram, como a própria cidade, que não encontrou nem o circuito que lhe teria permitido ir levando a vidinha, nem a energia que teria permitido as adaptações. Minas Velhas, no circuito de vida desacelerada do Nordeste, teve mais oportunidade.

V

Comparado a esse problema central, o resto, a segunda paisagem que nos oferece Marvin Harris, me parece sem grande interesse. Duvido, com efeito, de sua originalidade. Quer se tratasse de crenças, do governo municipal, da paixão política, não obstante todos os matizes observados pelo autor, Minas me parece viver segundo a hora geral do Brasil. Sinto-me perturbado, entretanto, pela maneira como Marvin Harris apresenta a questão negra. Esta é tão tensa quanto ele leva a pensar? De um modo geral, há, de um lado, os "ricos brancos" e do outro, os "pobres negros", segundo a fórmula habitual, e também, bem entendido, brancos que não são inteiramente ricos e negros abastados, instruídos, donde uma pirâmide social bastante bizarra, efetuando-se a estratificação não na horizontal, mas de través. Aliás, não é o que acontece na própria vizinhança? A tensão social e racial será aí tanto mais viva, vejo-o bem, sobretudo ao nível do pobre branco, aquele cuja mulher vai ela própria procurar lenha, ou, prova de miséria por si só, vai lavar a louça ou a roupa no rio próximo. Essa tensão também será mais viva, ao nível do negro abastado que, convidado à casa dos brancos, mas não como um igual,

permanece no seu canto, medroso, descontente, digno, demasiado digno. Entretanto, é preciso atribuir a Minas Velhas, por causa de sua vida atenta e fechada, um racismo particular, bem anormal no quadro da civilização brasileira? Na escala da nação, a bonomia reina entre peles de cor diferente e já faz muito tempo que Gilberto Freyre assinalou sua fraternização sexual. Seguramente esse racismo, bastante benigno, de pequena cidade, se existe, não parece entrar na linha histórica do passado brasileiro. Sobre esse ponto, confesso que teria gostado de mais luz. O estudo das rivalidades de clube e de fanfarra, de leilões na *festa*, o retrato de Waldemar, o único conselheiro negro da cidade, somente me proporcionam uma semi-satisfação. Que pensar se não há referência a nenhum ponto de comparação! Como os mesmos problemas se colocam na vizinhança, em Gruta, Formiga, Vila Nova, as cidades vizinhas? A tensão social e racial é diferente, é particular a Minas Velhas? E se for, se ela se distingue das grandes correntes do país inteiro, quem é o culpado, o negro, o branco, ou ambos? Mas lembrem-se que o negro de Minas Velhas rompeu inteiramente com os cultos africanos que, aliás, são a fonte viva de sua originalidade. Esse simples fato é de enorme alcance...
Mesmas observações, em sentido ainda contrário, no que concerne à religião. O catolicismo de Minas Velhas parece formal a Marvin Harris, exterior, bastante vazio. Não resta dúvida que ele tem razão. Mas, não resta dúvida que não erra ao tirar daí certas conclusões. Receio que lhe falte o contato com os diferentes catolicismos da Europa, sobretudo o da Itália, da Espanha, de Portugal que, a um francês, por exemplo, parecem igualmente formais e exteriores. É em relação à formas mais puras, digamos, mais despojadas do cristianismo, que o de Minas pode surpreender; mas então, também o do Brasil inteiro! O anticlericalismo que nosso investigador procura nos textos de data diferente, nas "boas histórias", não prova grande coisa: está na tradição de um cristianismo jovem, que não impede o falar franco ou as histórias um tanto lépidas. Maravilho-me, na verdade, que, não obstante erros, ignorâncias, indolências, desvios que não são negáveis, o cristianismo esteja plantado ali, na

velha cidade, e bem no lugar, como no resto do Brasil onde é um componente essencial da civilização. Direi a mesma coisa das superstições: o Brasil moderno não se desembaraçará delas em alguns anos. Elas são tão vivas no coração das grandes cidades quanto no pequeno centro urbano de Minas Velhas ou seus campos próximos.

Mas detenhamos nossas críticas que, depois de tudo, nos permitiram prolongar o prazer evidente de nossa leitura. Teria gostado, por certo, que Marvin Harris orientasse seu livro de outra maneira; que soubesse, por duas ou três vezes, girar sobre si próprio, para fazer face ao passado do pequeno povo que tinha sob os olhos; que distinguisse o testemunho original de alguns homens – a aberração de Minas Velhas – do testemunho banal da vida cotidiana do interior brasileiro.

Mas, se o disse com certo vigor, foi muito menos contra um autor, cuja sutileza, sensibilidade e lealdade não padecem nenhuma dúvida, do que contra uma antropologia que se fia demais no valor da investigação direta e impõe a todo estudo do atual um tratamento uniforme, sem se inquietar com os prolongamentos evidentes e particulares que, em casa caso, se oferecem e que seria preciso destacar. É somente a propósito de livros, muito bons, como esse, que se pode tentar provar a insuficiência obrigatória do método – pois o autor não está em questão – e assinalar uma vez mais os perigos, como dizia Lucien Febvre, das regras da "obra-prima", aplicadas por confiança, quaisquer que sejam o assunto e a estratégia particular que ela reclamasse. Que pena![8]

---

8. Que pena também que esse livro não tenha as ilustrações que ele mereceria ter. Não há uma só fotografia!

12. A HISTÓRIA DAS CIVILIZAÇÕES: O PASSADO EXPLICA O PRESENTE

A questão discutida no presente capítulo[1] é bastante insólita: a história da civilização, tal como se desenvolveu do século XVIII, do *Essai sur les moeurs* de Voltaire (1756) aos nossos dias, pode trazer luzes ao conhecimento do tempo presente e, portanto, forçosamente, do futuro – porque o tempo de hoje quase não se compreende a não ser ligado ao tempo de amanhã? O autor dessas linhas (historiador para quem a História é ao mesmo tempo, conhecimento do passado e do presente, do "tornado" e do "tornar-se", distinção em cada "tempo" histórico, quer seja de ontem ou de hoje, entre o que dura, é perpetuado, perpetuar-se-á vigorosamente – e o que não é senão provisório, até mesmo efêmero), o autor dessas linhas responderia de bom grado

---

1. Cap. V da *Encyclopédie française*, tomo XX, Le Monde en devenir (Histoire, évolution, prospective), Paris, Larousse, depto. geral, 1959.

que é toda a História que é preciso mobilizar para a inteligência do presente. Mas nesse conjunto de nossa profissão, que representa justamente a história da civilização? É mesmo um domínio original? Rafael Altamira não hesitava em afirmar que "dizer civilização significa dizer história". Guizot já escrevia (1828): "...Essa história (da civilização) é a maior de todas,... compreende todas as outras".

Sem dúvida, trata-se no caso de um vasto, de um imenso setor de nossa profissão, que nunca é, entretanto, fácil de circunscrever e cujo conteúdo variou e continua a variar, segundo as interpretações, de um século a outro, de um país ao outro, de um historiador, de um ensaísta ao outro. Toda definição se mostra difícil, aleatória.

Em primeiro, há a *civilização*, concepção que põe em discussão a humanidade inteira, e *as* civilizações, dispersas no tempo e no espaço. Além disso, a palavra civilização jamais viaja sozinha: e acompanhada infalivelmente da palavra cultura que, no entanto, não é o seu simples *doublet**. Acrescentemos que há também *a* e *as* culturas. Quanto ao adjetivo *cultural*, ele nos prodigaliza, há muito tempo, serviços ambíguos, tanto no domínio da cultura (como o quer a etimologia), quanto no da civilização, onde nos falta um adjetivo particular. Uma civilização, diremos, é um conjunto de traços, de fenômenos culturais.

Eis já um certo número de matizes, de confusões possíveis. Mas qualquer que seja a palavra chave, essa história particular, dita da civilização ou da cultura, das civilizações ou das culturas, é, à primeira vista um cortejo, ou antes, uma orquestra de histórias particulares: história da língua, história das letras, história das ciências, história da arte, história do direito, história das instituições, história da sensibilidade, história dos costumes, história das técnicas, história das superstições, das crenças, das religiões (e mesmo, dos sentimentos religiosos), da vida cotidiana, para não falar da história, tão raramente abordada, é verdade, dos gostos e receitas culinárias... Cada um desses subsetores, mais ou menos desenvolvido, tem suas regras, seus objeti-

* Nota de tradutor: *doublet* significa *palavra afim*.

vos, sua linguagem interior, seu movimento particular e que não é forçosamente o da história geral. A dificuldade é harmonizar tudo. Tentei, bastante em vão, no Collège de France, durante um ano, procurar os liames, para o século XVI europeu, entre a história das ciências, das técnicas e os outros setores da história geral. Entretanto, se essas histórias caminham, ou não, no mesmo ritmo, não quer dizer que elas sejam indiferentes umas às outras. Contra Léon Brunschwieg e Etienne Gilson, contra uma história autônoma das ideias, Lucien Febvre reclama, a justo título, os direitos da história geral, atenta ao conjunto da vida do qual nada pode ser dissociado, senão arbitrariamente. Mas reconstituir sua unidade é, procurar, sem fim, a quadratura do círculo.

Todavia, não se poderia hesitar quando está em causa a história da civilização, tomada não mais num de seus setores, mas no seu conjunto; vê-se mal, então, como ela poderia dissociar-se da história geral ou, como também se diz, global. Pois se a história da civilização se afirma geralmente como um ponto de vista simplificado, ela permanece sempre um ensaio de interpretação, de dominação da História: impede certas verdades e certos aspectos para o primeiro plano do palco, mas essas verdades e realidades se apresentam como explicações de conjunto. A cada vez, é assim, em planos diferentes, colocada em discussão a história inteira, apreendida obrigatoriamente, por mais depressa que seja, em sua plena espessura e, portanto, sob todos os seus aspectos, tanto a história tradicional, quanto a história social, ou a história econômica. E mesmo, se a história da civilização gozou, por tão longo tempo, de uma espécie de primazia hoje contestada, é que ela oferecia então a única possibilidade de desbordar, Henri Berr dizia "de alargar" a história tradicional, encerrada na esterilidade da crônica política, "de fazer entrar aí outros eventos que não a política e outros atores que não as personagens oficiais". Em suma, atingir por caminhos novos e mais seguros, os horizontes da História e da explicação gerais. É o que dá seu sentido aos combates ontem tão vivos de um Karl Lamprecht em favor da *Kulturgeschichte*. Desde que, assaz recentemente, a História se alargou na direção do social e do econômico, o estudo das civilizações não desempenha mais esse papel ofensivo, ainda que permaneça, ao que tudo indica, um campo excepcional de reflexão.

Entretanto, feitas todas as contas, projetar sobre o presente essa história complexa, ainda indecisa, conduzi-la para uma posição que não lhe é de maneira nenhuma habitual, uma posição de "prospectiva", como se diz hoje, é abrir um longo, um difícil debate. O presente capítulo não pretende nem resumi-lo, nem fechá-lo, quando muito, destacar-lhe os dados essenciais.

Ainda assim será preciso tomar algumas precauções. Duas pelo menos. A primeira, recorrer (segundo a tradição do *Centre de Synthèse* de Henri Berr) às pesquisas de vocabulário: essas palavras que solicitam e perturbam nossa atenção devem ser compreendidas em suas origens, recolocadas em suas órbitas, devemos saber se são verdadeiros ou falsos amigos. Segunda precaução: sob o vocábulo civilização ou cultura, qual agrupamento, que constelação de forças, de valores, de elementos *ligados* devemos supor, com toda boa fé? Aqui, as definições impor-se-ão, imperativas, claras... Se não há, no terreno pelo qual enveredamos, uma certa coerência, se uma observação prévia e acessível a todos não é "cientificamente" possível, se não estamos resolutamente fora das presas de uma metafísica da História, então, evidentemente, nossa tentativa está condenada de antemão.

1. *Civilização e Cultura*

Origem e fortuna dessas palavras

A *priori*, espantamo-nos que haja apenas duas palavras, ágeis e duvidosas amigas, vamos vê-lo, mas apenas duas palavras para dominar e apreender um domínio tão vasto, *civilização* e *cultura* (sua passagem para o plural aumenta-lhes a significação, mas não o número). Quanto ao *cultural*, vindo a nós e a outrem a partir do alemão, por volta de 1900, acrescenta tão somente uma comodidade de escritura ou de linguagem, nada mais. Duas palavras, é pouco, tanto mais que, frequentemente, só uma está em serviço.

Assim, até 1800, cultura quase não conta. Depois disso, enceta-se a concorrência entre as duas palavras. Acontece ainda serem confundidas, ou que uma seja preferida à outra, o que vem restabelecer, se não me engano, uma concepção unitária da ideia de civilização ou de cultura. Mas, essas tendências para a unidade não são a regra. Crescentemente, a concorrência torna-se mais viva entre as duas palavras e esta, regularmente, resulta em partilhas. Fica então quebrada a unidade do vasto reino, fragmentada a integridade de grandes problemas: daí, guerras dissimuladas de ideias e muitos erros. Em suma, essas querelas de palavras que, à primeira vista, podem parecer e são amiúde fastidiosas, nos conduzem mais de uma vez ao próprio coração da discussão, ainda que, é claro, elas não bastem para trazer ao caso toda a luz.

Cultura e civilização nascem na França, mais ou menos no mesmo momento. Cultura, cuja vida interior é longa (Cícero já falava da *cultura mentis*), só adquire verdadeiramente o sentido particular de cultura intelectual, no meio do século XVIII. Ao que saibamos, civilização aparece pela primeira vez, numa obra impressa, em 1766. Sem dúvida, foi empregada mais cedo. Em todo caso, nasce muito tempo após o verbo e o particípio, *civilizar* e *civilizado*, que são discerníveis desde os séculos XVI e XVII. Foi preciso, realmente, inventar, fabricar o substantivo *civilização*. Desde o nascimento, designa um ideal profano de progresso intelectual, técnico, moral, social. A civilização, são as "luzes". "Quanto mais a civilização se estender sobre a terra, mais ver-se-ão desaparecer a guerra e as conquistas, bem como a escravidão e a miséria", profetiza Condorcet, em 1787. Nessas condições, não se pode quase imaginá-la sem que haja, para sustentá-la, uma sociedade de bom-tom, fina, "policiada". No seu oposto, situa-se a *barbárie*: sobre esta, aquela consegue uma vitória difícil, necessária. De uma à outra, é, em todo caso, a grande passagem. Mably escreveu, em 1776, dirigindo-se a um de seus amigos, um conde polonês: "No último século, fostes ameaçados por um grande perigo, quando a Suécia saiu da barbárie, sob a administração de Gustavo Adolfo... ". Do mesmo modo, escreveu, ainda: "Pedro I tirou sua nação (a Rússia) da extrema barbárie em que ela havia mergulhado". Mas, notem que a palavra civilização não chega imediatamente, em contraponto, à pena do abade. A fortuna da palavra não faz senão começar.

Ela será brilhante, ainda mais brilhante que útil, ao menos é a opinião de Joseph Chappey, num livro vigoroso e reivindicador (1958). Durante meio século, "civilização" irá, sem dúvida, conhecer um grande sucesso de linguagem e de escrita, mas não inteiramente um sucesso científico. "O homem, escreveu Joseph Chappey, não soube então tomar consciência da importância da palavra." Seria preciso, para dar satisfação à nossa crítica, que todas as ciências nascentes do homem se pusessem ao serviço da nova palavra e das aquisições imensas que ela significava. Não foi nada disso. As ciências do homem ainda estavam na infância, à procura de si mesmas. E essa sociedade "policiada", otimista, que havia dado à palavra seu primeiro equilíbrio, ia desaparecer bastante depressa, com as transformações e revoluções pelas quais o século XVIII, como se sabe, se solda dramaticamente ao XIX. Uma grande ocasião foi, talvez, perdida.

Em todo caso, por volta de 1850, após muitas transformações, *civilização* (e ao mesmo tempo *cultura*) passa do singular para o plural. Essa vitória do particular sobre o geral situa-se bastante bem no movimento do século XIX. Entretanto, em si, que evento considerável, reflexo de outros eventos e de outras transformações! Civilizações ou culturas no plural, é a renúncia implícita a uma civilização que seria definida como um ideal ou, antes, o ideal; é em parte negligenciar qualidades universais, sociais, morais, intelectuais que a palavra implicava em seu nascimento. Já é tender a considerar todas as experiências humanas com igual interesse, as da Europa, assim como as dos outros continentes.

À essa fragmentação do "imenso império da civilização em províncias autônomas" (Lucien Febvre), viajantes, geógrafos, etnógrafos muito contribuíram, desde antes de

1850. A Europa descobre, redescobre o mundo e deve se acomodar ao fato: um homem é um homem, uma civilização uma civilização, qualquer que seja seu nível. Houve multiplicação, nesse jogo, das civilizações "de lugar" e no tempo da história fracionado pelos especialistas até o absurdo, multiplicação de "diabólicas"[2]* civilizações da época. Verifica-se assim o esmigalhamento da civilização na dupla direção do tempo e do espaço. Ter-se-ia falado, no tempo de Voltaire e de Condorcet, da cultura dos Esquimós ou, mais ainda, como o fez numa tese magistral Alfred Métraux, da civilização dos tupis-guaranis, esses índios do Brasil? E contudo, Voltaire foi o primeiro, sem pronunciar a palavra, com seu *Siècle de Louis XIV* (1751), a falar de uma "civilização de época". Inegavelmente, o plural triunfante do século XIX é um sinal de reflexões, de mentalidades, de tempos novos.

Esse triunfo, mais ou menos claro por volta de 1850, não se assinala somente na França, mas através da Europa inteira. Não esqueçamos, com efeito, que as palavras essenciais, como muitas outras coisas, viajam sem parada, passam de um país ao outro, de uma língua à outra, de um autor ao outro. Trocam-se as palavras como bolas, mas no retorno a bola nunca é inteiramente a mesma que na partida. É assim que, vinda da Alemanha – de uma Alemanha admirável e admirada, a da primeira metade do século XIX – a *cultura* chega à França com um prestígio e um sentido novos. Imediatamente, o modesto adjunto torna-se, ou tenta tornar-se, a palavra dominante em todo o pensamento ocidental. Por cultura, a língua alemã designa, desde Herder, o progresso intelectual e científico, que ela destaca mesmo comumente, de todo contexto social; entende, de preferência, por civilização, o simples lado material da vida dos homens. Ela deprecia uma palavra, exalta a outra. Marx e Engels dirão, no *Manifeste du Parti communiste* (1848): "A

---

2. Joseph Chappey, p. 370.
* As referências que correspondem às notas foram redigidas sumariamente. A bibliografia no fim do artigo fornece, ao nome de cada autor citado, as referências completas.

sociedade tem hoje civilização em demasia, (isto é) demasiados meios de subsistência, demasiado comércio".

Essa posição em face de civilização e de cultura manter-se-á no pensamento alemão de maneira tenaz. Ela responde aí, como já se disse[3], à dicotomia, familiar a seu gênio, entre espírito e natureza (*Geist* e *Natur*). Nessa mesma linha, Ferdinand Tönnies (1922) ou Alfred Weber (1935) ainda vêm, sob o nome de civilização, o conjunto dos conhecimentos práticos, ou mesmo intelectuais, em suma, de todos os meios impessoais que permitem ao homem agir sobre a natureza; na cultura, ao contrário, eles somente reconhecem valores, ideais, princípios normativos. Para Thomas Mann,"... cultura equivale à verdadeira espiritualidade, enquanto que civilização quer dizer mecanização"[4]. Um historiador alemão[5] escreveu portanto, em 1951, de maneira característica: "É hoje dever do homem que a civilização não destrua a cultura e a técnica, o ser humano". Nada mais claro. Entretanto, mesmo na Alemanha, essa linguagem não é a única a ter curso. Em 1918-1922, Oswald Spengler modifica um pouco a relação habitual. Ele vê na cultura os inícios, a inspiração criadora, a primavera fecunda de toda civilização; a civilização, ao contrário, é outono, a repetição, o mecanismo vazio, a grandeza aparente, a esclerose. Para Spengler, há "declínio" do Ocidente, não por causa de dificuldades particulares, de ameaças trágicas, que ele não nega, mas pelo simples fato da chegada do Ocidente ao estádio da civilização, digamos da morte viva. E é nesse sentido que se explica a recente frase, anódina em si, vinda naturalmente da pena de um historiador alemão, G. Kuhn (1958), quando mostra, no fim das grandes invasões, a vitória dos camponeses da Germânia sobre a velha Roma. É, diz ele, "a vitória do camponês sobre o guerreiro, do campo sobre a cidade, da cultura sobre a civilização".

Mas essa predileção alemã de longa data, a partir de 1848 e do romantismo, em favor da cultura não fechou um

---

3. Philip Bagby, p. 160.
4. Citação tomada a Armand Cuvillier, II, p. 670.
5. Wilhelm Mommsen, citado por Chappey, p. 144.

debate aberto quase desde o princípio. Na Inglaterra e na França, aliás, a palavra *civilização* defendeu-se muito e mantém sempre o primeiro lugar. Também na Espanha onde, em 1900-1911, a grande História, em seu tempo revolucionário, de Rafael Altamira, se intitulava *Historia de España y de la Civilización Española*. Vede também, na Itália, o papel eminente da palavra, quanto a ela muito antiga, *civiltà*. Entre nós, duvido que os autores[6] de uma recente *Histoire de la civilisation française* (1958), que acaba de tomar, com certo brio, a sequência e a substituição do manual clássico e antigo de Alfred Rambaud, julguem que a França esteja, ou enterrada na vida material, inimiga do espírito, ou presa pela monotonia da repetição e da velhice, afastada desde o princípio, das fontes e nascentes de juventude, sem o que nenhuma criação é possível. Henri Marrou propunha, há já vinte anos, reservar a palavra *cultura*, em francês, à "forma pessoal da vida do espírito" e civilização às realidades sociológicas. Civilização, nessa partilha, conservaria um quinhão bastante bonito... De fato, creio que J. Huizinga tem razão quando vê no fracasso de Spengler (voltarei a isso daqui a um instante), uma razão suplementar: o ensaísta alemão subestimou a palavra civilização que atacava tão vivamente, quero dizer, subestimou seu poderio "internacional", fora da Alemanha.

Mas o perigo, se perigo há para a palavra civilização, da qual não sou nem defensor nem inimigo, vem muito mais da entrada dos antropólogos e etnógrafos, no jogo, que da obstinação, em si defensável, dos pensadores alemães. Desde o livro decisivo de Edward Burnett Tylor (1871), surgiu o hábito de se falar de culturas primitivas mais do que de civilizações primitivas, o que não incomodaria quase os historiadores se os antropólogos e etnógrafos não fossem, hoje, mais ou menos os únicos, a falar cientificamente, "objetivamente", dos problemas de civilização[7]. Ao

6. Georges Duby e Robert Mandrou.
7. A partir da cultura: esta, num grupo dado é o que se transmite, fora da hereditariedade biológica, pela hereditariedade social – o "modelo" de comportamentos sociais, o "complexo" dos modos de vida característicos.

ler seus trabalhos, sua linguagem se nos torna familiar. Arrisca impor-se a todos, uma bela manhã.

O que concluir daí, senão o seguinte: mais ainda do que no-lo diriam os lexicólogos, cultura e civilização vaguearam através do mundo, através de pensamentos e gostos contraditórios do mundo, donde mil avatares diante dos quais convém sermos, pelo menos, prudentes. Todas as palavras vivas mudam e devem mudar, esta como tantas outras. Não fosse por outro motivo, seria pelo menos em razão das necessidades do vocabulário científico, dos progressos insidiosos do adjetivo cultural – os neutros sempre fazem fortuna –, devido às crises de consciência e de método que todas as ciências do homem conhecem. A recente investigação de A. L. Kroeber e de Clyde Klukhohn, dois dos mais célebres antropólogos americanos, estabelece isso peremptoriamente no que concerne à palavra cultura: ela enumera as 161 definições escusado é dizer, diferentes, que foram dadas da palavra, sem contar aquelas que virão em seguida! No seu *Manuel de sociologie*, Armand Curvillier conta pelo menos uma vintena de sentidos diferentes de civilização. É muito, talvez muitíssimo. Arbitrar esses debates, é bom nem pensar nisso... Henri Pirenne dizia um dia (1931), contra as tentativas e tentações do *Centre de Synthèse*, preocupado então em fabricar um vocabulário histórico, de que o historiador levava a vantagem em servir-se, com exclusão dos outros, das palavras vivas da linguagem corrente e, portanto, afastar-se resolutamente de um vocabulário imobilizado, esclerosado, como o dos filósofos (que aliás, como o dos matemáticos, não cessa também de se mexer, diga-se o que se disser). De bom grado eu seria da opinião de Pirenne: utilizemos as palavras tal como se nos apresentam, no seu sentido vivo, provisoriamente vivo. Mas sejamos conscientes das outras possibilidades que propõem, que propuseram, das traições também que nos preparam.

Pois dessas palavras vivas, indisciplinadas, cada um pode fazer delas, ou quase, o que quiser. Um jovem antro-

A esse respeito, o ponto de vista de um filósofo, Pietro Rossi, Cultura e Civiltà Come Modelli Descrittívi, *Rivisla di Filosofia*, julho, 1957.

pólogo americano, Philip Bagby, nos propõe, num livro simpático e inteligente (1958), reservar *civilização* aos casos em que as cidades estão em pauta e *cultura* aos campos não urbanizados, sendo a *civilização* sempre, a esse preço, uma cultura de qualidade, um estádio superior. A solução, cuja paternidade não lhe cabe em suma, é talvez boa, mas não creio que seja possível moderar as palavras, de uma vez por todas, qualquer que seja o valor da definição ou da convenção proposta. As modificações se preparam ainda sob nossos olhos, por um simples fato que é a nossa tendência atual de combinar nossos substantivos equívocos com adjetivos que não o são menos e de falar de civilização (ou de cultura) material, moral, científica, técnica, ou mesmo econômica (um livro de René Courtin se intitula: *La civilisation économique du Brésil*).

A querela das palavras não está pois acabada. E talvez precisemos, mais do que se pensa, no domínio em ebulição das ciências do homem onde ainda há tantos imprevistos, palavras deformáveis, ricas em sentidos múltiplos, capazes de se adaptar à observação (às suas surpresas) e não de incomodá-la. Confesso que, até nova ordem, empregaria de bom grado essas palavras-chaves uma pela outra – o sentido virá do contexto – ou se a alternância se tornasse perigosa eu acabaria aceitando o adjetivo cultural, cujo uso não me parece "bárbaro", (Joseph Chappey), mas cômodo. Eu poderia, aliás, encher uma página inteira, remontando apenas até a Hegel, com nomes de autores de grande e menor porte, que, sem olhar muito para o fato, e malgrado definições prévias, empregaram as duas palavras, uma pela outra. Há, creio, confusões ou opiniões preconcebidas bem mais graves.

Tentativas de definição

Em todo caso, as palavras sendo o que são, manteremos sem esforço, em seu lugar, nossa liberdade de julgamento e de ação: esse primeiro ponto nos é adquirido. Mas estaremos menos à vontade com respeito às coisas significadas.

Digamo-lo contra a vontade: como os outros especialistas do social, os historiadores que se ocuparam da civilização nos deixam, quanto ao que entendem por isto, em meio de grandes incertezas. A "civilização" é para eles um meio – lícito ou não – de reduzir a História a grandes perspectivas – *suas* perspectivas. Donde as escolhas, as concepções autoritárias, justificáveis em si, mas que fragmentam o domínio da civilização, reduzem-no à cada vez a um só de seus setores. Que de um autor ao outro, o setor mude, conforme a escolha ou a intenção, isso não simplifica a tarefa de quem deve decidir, no fim de contas, da utilidade da história da civilização para o entendimento do mundo atual. Nenhum de nossos autores – nem mesmo Arnold Toynbee – parece sentir a necessidade de nos dar a definição, a visão de conjunto, do que constitui, para ele, a civilização. É tão claro, não é? Tão claro que nos será preciso descobrir por nossa conta, de livro em livro, segundo seu conteúdo, como os historiadores entendem sua tarefa e, por conseguinte, desenham a nossa.

Em Guizot. – Os belos livros de François Guizot, que sempre se tem prazer em ler, *Histoire de la civilisation en Europe, Histoire de la civilisation en France* (1829-1832) – a que é preciso ao menos acrescentar o prefácio que ele redigiu para a reedição do primeiro desses volumes em 1855 – esses belos livros podem nos servir de ponto de partida. Sem dúvida, não precisam claramente seu objeto, e é uma pena. Mas para Guizot, a civilização é antes de tudo, no sentido do século XVIII, um progresso. Progresso duplo na verdade: social e intelectual. O ideal seria uma harmonia, um equilíbrio entre esses dois pratos da balança. A Inglaterra não realizou antes um progresso social, a Alemanha um progresso intelectual, enquanto que a França enveredava, de sua parte, igualmente, por uma e outra via? Mas não é o que nos importa aqui. O interessante é ver como, para Guizot, a civilização, com seu duplo movimento, se incorpora num povo – a França – ou nesse outro "povo" (Lucien Febvre) que é a Europa, em suma, num corpo particular. Infelizmente, ele só capta esse jogo, limitado ao único quadro da história política, o que lhe restringe singularmente a abertura.

Visto que, em última análise, para Guizot, a própria política se coloca, como sem dúvida muito se lhe censurou, sob o signo maniqueísta da luta entre dois princípios: a autoridade, a liberdade, – a luta só se apaziguando graças a compromissos úteis, mais ou menos prudentes, como talvez a Monarquia de Julho. Grande teoria, pequeno resultado, dir-se-á, tão verdade é que o espetáculo do tempo presente raramente é visto na escala da História por um contemporâneo, ainda que seja historiador e homem de ação.

Duas grandes forças, escreveu Guizot, no seu Prefácio de 1855, dois grandes direitos, a autoridade e a liberdade, coexistem e se combatem no seio das sociedades humanas... Sou daqueles que, passando do estudo a uma cena mais agitada, procuraram, na ordem política, a harmonia ativa da autoridade e da liberdade, sua harmonia no seio de sua luta, de uma luta confessa, pública, contida e regulada numa arena legal. Não seria isto senão um sonho?...

Em Burckhardt. – *Die Kultur der Renaissance in Italien*, o livro de Jacob Burckhardt, "o espírito mais sábio do século XIX", como o diz, não sem razão, J. Huizinga, aparecia em 1860, com tiragem restrita. Abramo-lo: ele nos transporta para um mundo bem diferente do mundo de Guizot. O Ocidente, desta vez, não é posto em questão nem em todo o seu espaço, nem em todo o seu passado. Um instante somente, muito luminoso, foi retido, do vasto álbum da civilização do Ocidente. O Renascimento, nome que Jacob Burckhardt, depois de Michelet (1855), lança, é colhido em suas fontes italianas, com um luxo de pesquisas e especificações que a atual erudição sem dúvida ultrapassou mas não fez esquecer, de tal modo é a inteligência desse livro evidente, radiante, sempre além do que permitiam as perspectivas de ontem. Entretanto, Jacob Burckhardt, no meio de sua vida, estará então na inteira posse de sua visão da História, essa redução à "tríade" da qual dirá mais tarde, que todo o passado dos homens se relaciona: o Estado, a Religião, a Cultura? Largo espaço, maravilhoso espaço é concedido ao Estado, aos Estados da Itália do século XV e do XVI; em seguida, os valores artísticos da cultura são estudados com gosto e inteligência (para ele, dominam tudo); a religião, em contrapartida, é reduzida à porção côngrua. Há coisa pior: além dessa "tríade", nada é dito sobre os corpos materiais e sociais da Itália de Lourenço o Magnífico, nada ou quase nada. A "superestrutura" visada e atingida por esse livro, sempre ofuscante, permanece aérea, suspensa, à despeito do gosto pelo concreto que o anima... É razoável? Quero dizer, é razoável para nós, historiadores, ficar nisso, um século mais tarde, nessa imagem de conjunto que nenhuma outra substituiu verdadeiramente desde então?

Seria útil ver em que medida Jacob Burckhardt se situa, ou não, no próprio movimento da *Kulturgeschichte* alemã, esboçada desde Herder (1784-1791), vulgarizada pela aparição do livro de Gustav Klemm (1843-1852). A historiografia alemã de meados do século XIX cede a uma dicotomia bem perigosa, como o mostra claramente, por si só, o grande manual de *História Universal* de G. Weber (1853), que traduzido, representará um papel tão grande na Espanha. O manual de Weber distingue uma história externa (a política) de uma história interna (cultura, literatura, religião). Mas uma história "interna", por si só, constitui uma realidade em si?

Em Spengler. – É um tal mundo, em todo caso, que nos encerra, com duas voltas, o livro veemente, ainda ardente, de Oswald Spengler, o *Declínio do Ocidente* (1918-1922), no qual é preciso deter-se assaz longamente. Dediquei-me a relê-lo atentamente antes de escrever essas linhas. Parece-me que hoje, diferentemente de Lucien Febvre ontem, é possível julgá-lo fora das circunstâncias que acompanharam e seguiram seu nascimento. Irrefutavelmente, a obra guardou grande alcance, por seu tom, pela amplitude de suas concepções, por sua paixão de compreender, por seu gosto pelas alturas.

Para Spengler, cada cultura é uma experiência única. Mesmo se se trata de uma cultura filha de uma outra, ela se afirma, cedo ou tarde, em sua plena originalidade. Muito tarde, talvez. Assim, para nossa própria civilização ocidental: "foi preciso muito tempo para encontrar a coragem de pensar nosso próprio pensamento", isto é, para libertarmos das lições da Antiguidade. Mas enfim nos libertamos. Uma cultura se liberta sempre, ou então não é uma cultura.

E o que é uma cultura? Ao mesmo tempo uma arte, uma filosofia, uma matemática, uma maneira de pensar, todas realidades jamais válidas, jamais compreensíveis, fora do espírito que as anima. Há tantas morais, dirá Spengler, quanto culturas, fato que Nietzsche havia adivinhado ou sugerido; do mesmo modo, há tantas filosofias (diremos, sorrindo, tantas histórias, historiografias?), tantas artes, tantas matemáticas. O Ocidente se distingue assim por uma originalidade matemática inegável: sua descoberta do número-função. A colocação do cálculo infinitesimal é portanto apresentada nas mesmas páginas que abrem a obra: elas são, aliás, de uma beleza que nada embaciou.

Se uma cultura se define por algumas linhas originais, mais ainda pelo feixe particular dessas originalidades, o método do historiador das civilizações será simples: ele destacará, estudará essas originalidades. Bastar-lhe-á, em seguida, reaproximá-las, compará-las para comparar essas mesmas civilizações. De pronto, eis-nos arrastados em estranhas viagens ao longo do tempo, através dos séculos e milênios. Pensa-se nessas descrições, nessas antecipações que nos proporcionam, hoje, as viagens interplanetárias: bruscamente fora das leis da gravidade, todas as bagagens, todas os corpos deixam seu lugar, flutuam livremente, estranhamente lado a lado. Assim se chocam ou se acotovelam em Splenger a música de contraponto, a Monarquia de Luís XIV, o cálculo infinitesimal de Leibniz, a pintura a óleo e as magias da perspectiva, a colônia dórica, a cidade grega... Todas essas bagagens perderam seu peso histórico.

Nesse jogo que não pode causar ilusão, o mui criticável pensamento de Spengler, como o mais ordinário ou o mais sábio dos pensamentos históricos, colide sempre com o difícil, o irritante problema da ligação dos elementos culturais entre si e, mais ainda (mas aqui Spengler será discreto a não mais poder), com o de sua ligação com os elementos não culturais. Estes últimos, nosso autor os negligencia, como negligencia tudo o que, no espaço de um segundo, pudesse perturbar seu raciocínio. Assim o dinheiro não é mais que "uma grandeza anorgânica" e eis, ou pouco falta para isso, o que tem a dizer sobre toda a história econômica. Quanto aos eventos sensacionais, desembaraça-se deles de uma maneira não menos alegre, numa frase seguramente curiosa: "Pensem nas abanações do dei de Argel e outras chinesices (*sic*) semelhantes que preenchem a cena histórica de motivos de opereta". Portanto, sem operetas, a política desapareceu de pronto. Proceder-se-á não menos depressa com o social. O que falta? As "culturas", e seu feixe de ligações, tão evidentes, que é inútil analisá-las: elas são, um ponto é tudo. Não é evidente, por exemplo, que a música está no coração do "devir" ocidental no século XVIII? Spengler escreverá sem pestanejar:

> A Alemanha produziu os grandes músicos, por consequência, também os grandes arquitetos desse século: Pöppelmann, Schlüter, Bähr, Neumann, Fischer d'Erlach, Dienzenhofer.

Em resumo, "cada cultura particular é um ser unitário de ordem superior": a maior personagem da História. Mas, personagem seria um mau termo, organismo não seria melhor. Como se assinalava recentemente[8], as culturas, no pensamento de Spengler, são seres, mas de modo algum no sentido da biologia; antes, no sentido do pensamento medieval, corpos inertes, se uma alma não os anima (*a Kulturseele*). O que este livro apaixonado persegue sob o nome de cultura do Ocidente, é em definitivo um ser místico, uma alma. Daí suas afirmações rituais: "uma cultura nasce no momento em que uma grande alma desperta", ou, o que dá no mesmo: "uma cultura morre quando a alma realizou a soma total de suas possibilidades".

Eis-nos no centro do pensamento de Oswald Spengler, diante da explicação que o enfebreceu, inflamou. A história – ou melhor, o "destino" de uma cultura é um encadeamento, diríamos em nossa gíria de hoje, uma estrutura dinâmica e de longa duração. A vida lenta de uma cultura permite-lhe se estabelecer, depois de afirmar longamente, enfim morrer

---

8. Otto Brunner, p. 186.

tardiamente. Porque as culturas são mortais. Mas cada uma desenvolve, deve desenvolver, previamente, todas as possibilidades de um programa ideal que a acompanha desde os primeiros passos: o espírito "apoliniano" as civilizações antigas, o espírito "faustiniano" da ocidental... Para além de um certo termo, que comumente chega com lentidão, todo poder criador acaba esgotado, a cultura morrerá por não mais ter programa; "a cultura se coagula bruscamente, morre, seu sangue se esvai, suas forças se quebram: ela se torna civilização". A civilização se define portanto como um resultado inelutável, apresentado sob cores sombrias. Uma civilização é do *devenu*, não mais do *devenir**, é sem destino, porque "o destino é sempre jovem". Ela é o inverno, a velhice, Sancho Pança! Dom Quixote, certamente, é a cultura.

Esse destino negro é inelutável; impõe-se a todas as culturas, um pouco mais cedo, um pouco mais tarde, como um ciclo de vida cujas fases se repetem, semelhantes. De tal modo semelhantes que Spengler não hesita em aproximá-las através do espaço cronológico ou geográfico que as separa, mas que é preciso abolir em pensamento para vê-las e mostrá-las tais como são: "contemporâneas", gêmeas na verdade, assegura Spengler. Com a Revolução Francesa e Napoleão que, por mais de um século, vão dar feição à Europa, soa a hora da civilização do Ocidente. O evento é da mesma ordem que o que se anuncia com as decisivas conquistas de Alexandre e as grandes horas do helenismo: a Grécia era uma "cultura"; Roma, que em breve lhe faz a rendição, será uma "civilização". Admitamos portanto que Alexandre e Napoleão são "contemporâneos", que são um e outro "românticos ao umbral da *civilização*". Ou digamos, numa fórmula análoga: "Pérgamo faz parelha com Bayreuth", pois Wagner merece as iras de Nietzsche: ele é somente um homem da *civilização* ocidental.

Seria vão encarniçar-se, após tantos outros, nessas grandes e ingênuas simplificações. Para que? Comparar o *Déclin*

---

* Na impossibilidade de traduzir adequadamente *devem*, o que já veio a ser, mantivemos em francês o termo, assim como o infinito do verbo, *devenir*, que corresponde a vir-a-ser ou devir em português (N. do T.)

de l'Occident ao *Déclin de l'Europe* (1920), este livro de Albert Demangeon, seu racional contemporâneo, é opor, à poesia, a prosa. Deixemos a outros essa sabedoria. Mas resumamos: na tentativa de Oswald Splenger, cabe distinguir duas operações. Dos pretensos amontoados da história, de seus falsos encadeamentos, ele quis destacar, custe o que custar, o destino dos valores espirituais a que, para ele, se reduzem culturas e civilizações; em seguida, e era o mais difícil e o mais contestável, quis organizar *num* destino, numa sucessão coerente de fases, *numa* história, a florescência desses valores espirituais, que se destacam com lentidão, porém são mais fortes que toda força no mundo, e que, entretanto, um belo dia, continuam a viver apenas com base em seu antigo impulso. Desde logo, essa dupla operação não mais parece lícita a um historiador racional; voltarei a isso. Mas há, felizmente, historiadores menos racionais que outros. Creio que Arnold Toynbee, que não comete as imprudências de Oswald Spengler, figura entre eles. Sua atitude, acerca desses dois pontos precisos, não difere da de Spengler.

Em Toynbee. – Confesso ter lido e relido, por vezes com entusiasmo, os livros claros, as defesas hábeis, as evocações inteligentes de Arnold Toynbee. Gosto de suas lentidões calculadas, a arte que põe em construir e defender, custe o que custar, um sistema, de resto, bastante caprichoso. Mais ainda, gosto de seus exemplos (todos os historiadores raciocinam a partir de exemplos), seus esclarecimentos cujos lados frágeis frequentemente quase não aparecem, e ainda assim, à segunda reflexão. A revolução que as grandes descobertas acarretam, por volta de 1500, é verdadeiramente a vitória do navio da Europa sobre a circulação caravaneira do Velho Mundo, essa navegação terrestre sobre o "mar sem água"? Isto quando há uma poderosa navegação árabe, uma navegação chinesa... Pode-se escrever, mesmo por inadvertência ou com pensamentos ocultos: "Os albigenses foram esmagados para reaparecer de novo como huguenotes"? Mas pouco importa! Num livro, só contam os êxitos e, aqui, eles são numerosos. O leitor de Arnold Toynbee aproveita, ao lado de um guia prevenido, de uma riqueza inaudita de informação e de reflexão. Perto dele, a contemplação de vastos horizontes históricos se mostra salutar, mesmo saborosa.

Reconheçamos no entanto que Arnold Toynbee quase não desperdiça o talento para iluminar sua lanterna, ou a nossa. O que entende ele por civilização, pois que é daqueles que empregam civilização em lugar de cultura, de bastante bom grado? (a palavra cultura, como os antropólogos lhe censuram, não aparece nele no sentido que estes dão à palavra). Portanto, o que entende ele por civilização? Lucien Febvre já lhe perguntava há vinte anos, num artigo sem amenidades. Ora, nosso autor, que desde então escreveu tanto, não responderá a não ser ao acaso de capricho. Escreverá: "A civilização, tal como a conhecemos, é um movimento, não uma condição; é uma viagem, não um porto"; "Não se pode descrever (seu) objetivo porque jamais foi atingido". Ou bem: "Cada cultura é um todo, cujas partes são subitamente interdependentes", um átomo, com seus elementos e seu núcleo... eis-nos bem adiantados! Uma outra vez, ele sugere que as civilizações se deixam apreender por seus atos, seu próprio movimento, "seus nascimentos, seus crescimentos, seus deslocamentos, seus declínios, suas quedas". Elas *são* porque elas *agem*. Sim, certamente. Como morreriam se não existissem previamente?

Uma vez ao menos, contudo, o problema parece abordado de frente. "Antes de terminar (*sic*), escreve ele gentilmente, devo dizer uma palavra a propósito de uma questão que supus resolvida até agora (1947) e que é a seguinte: o que entendemos nós por civilização?" Não nos alegremos muito depressa, essas boas intenções tardias não irão além das magras explicações do primeiro tomo de seu grande livro *A study of History* (1934) que vão ser retomadas imperturbavelmente:

> Entendemos de fato por isto alguma coisa de claro, argumenta A. Toynbee, porque antes mesmo de ter tentado definir sua significação, essa classificação humana (a das civilizações) – a ocidental, a islâmica, a extremo-oriental, a hindu, etc. – parece-nos efetivamente dotada de sentido. Essas palavras evocam representações distintas em nosso espírito, em matéria de religião, de arquitetura, de pintura, de usos, de costumes.

Mas eis a confissão:

Entendo, por civilização, a menor unidade de estudo histórico a qual se chega quando se tenta *compreender* a história de seu próprio país.

Segue, em algumas rápidas páginas, a análise da Inglaterra e dos Estados Unidos. Se não se quer pôr em discussão, a seu propósito, todo o passado da Humanidade, essa unidade muito vaga, inacessível, em que limite devemos nos deter? De dedução em dedução, afastando a cada vez o limite cronológico decisivo, Toynbee chega a situá-lo no fim do século VIII, por volta dos anos 770, isto é, no nascimento de nossa civilização ocidental que, ao que tudo indica, se liberta então, ou vai se desprender das heranças da Antiguidade clássica. Essa civilização ocidental vale portanto como um limite curto (relativamente curto); ela nos permite, assim espero, ultrapassar os quadros habituais das histórias nacionais, nos quais os historiadores dignos desse nome não creem há muito tempo; oferece um quadro cronológico, um campo operatório, um meio de explicação, uma classificação, porém nada mais. Em todo caso, não vejo em que o procedimento que consiste em remontar da civilização inglesa à ocidental, responde à questão colocada. A "civilização" e seu conteúdo, para Toynbee, não se encontram, para tanto, definidos. À falta de algo melhor, julguemos o obreiro pela obra e sigamos seu caminho.

Na experiência, esse caminho é uma série de explicações encadeadas, mas chego aí num instante. Pois, tão importantes quanto os caminhos seguidos são os que recusamos a seguir, e eu gostaria de indicá-los em primeiro lugar: os silêncios de Toynbee, mais que suas claras tomadas de posição, desenham o verdadeiro movimento de sua obra. Frequentemente basta uma palavra, uma reflexão divertida para se desembaraçar de contradições ou de tentações perigosas.

Irra aos eventos! A. Toynbee reterá somente os eventos "salientes". É uma maneira, que não me desagrada, de afogar mais ou menos tudo o que é evento. Mas quais são, de fato, aqueles que, "salientes", têm o direito de sobrenadar?

A geografia, posta em causa, não será retida senão em segunda ou terceira instância. Verdadeiramente, pretender-se-ia, ousar-se-ia explicar as civilizações pelo meio? Nada tão material poderia comandá-las. É justamente quando o meio natural diz sim, prodigaliza seus favores – voltarei a isso num instante – que a civilização não responde. Mas quando a natureza se afirma selvagem, hostil, quando diz não, então, somente então, graças às reações *psicológicas* suscitadas, a civilização entra em cena.

Por razões diferentes, mas não menos peremptórias, serão deixadas de lado as transferências culturais, "a difusão", esse "método (*sic*), escreve ele, graças ao qual muitas técnicas, aptidões, instituições e ideias, desde o alfabeto até as máquinas de costura Singer, são comunicadas de uma civilização a outra". O alfabeto e as máquinas de costura são tão importantes assim? Não vamos mais pensar nisso! Só valem as grandes ondas religiosas de uma civilização à outra. O resto de suas trocas, de seus choques, de suas conversações, é secundário. Em lugar de nos interessarmos por esses detalhes, estudaremos "a História grega e romana como uma história contínua, seguindo uma trama una e indivisível". Que quer dizer isso? O que se tornam, precisamente, com uma tal e tão clara opinião preconcebida, as rupturas, as mutações, as descontinuidades ou, como gosta de dizê-lo Claude Lévi-Strauss, os escândalos, esses desafios às previsões, aos cálculos, às normas? Não teremos direito senão ao contínuo.

Do mesmo modo, nessa obra enorme, prolixa, não há uma palavra, ou quase, sobre as civilizações (ou culturas) primitivas, sobre o vasto campo da Pré-história. A passagem das culturas à civilização se faz, nos é dito, por *mutação*. Cabe a nós colocar, sob essa noção, a explicação que nos é recusada.

Tampouco se tratará seriamente da questão dos Estados, das sociedades, quero dizer, das estruturas sociais (se excetuarmos certas reflexões dogmáticas sobre as minorias atuantes, que fazem as civilizações, e sobre os proletariados, seja no interior, seja no exterior dessas mesmas civilizações); não se tratará muito menos das técnicas ou das economias. São outras tantas realidades efêmeras, demasiado efêmeras. Os Estados, por exemplo, têm apenas uma duração irrisória em face das civilizações de grande alento. "A civilização ocidental, escrevia Toynbee em 1947, tem, mais ou menos, mil e trezentos anos atrás de si, enquanto que o reino da Inglaterra não conta senão mil, o Reino Unido da Inglaterra e da Escócia menos de duzentos e cinquenta e os Estados Unidos não mais de cinquenta." Além disso, os Estados são susceptíveis de "vida curta e de morte súbita... ". Portanto, não percamos nosso tempo com os Estados, essas pessoas insignificantes de vida desprezível, e menos ainda com a economia ou a técnica. Uma ou duas pequenas frases, repetidas de propósito: "O homem não vive só de pão" ou: "O homem não pode viver só de técnica" e o jogo está feito.

Nesse jogo discreto, toda a base social e econômica é escamoteada, abandonada à mediocridade de sua sorte. Duas civilizações se chocam, "esses reencontros são importantes, não por suas consequências políticas e econômicas *imediatas*, mas por suas consequências religiosas a *longo* prazo". Sublinho as duas palavras hábeis, que tornam o pensamento de tal modo mais aceitável. Há, bem entendido, consequências religiosas curtas, e consequências econômicas ou políticas longas. Mas admiti-lo seria arriscar-se a subverter uma ordem estabelecida de uma vez por todas. Se se estuda "a História como um todo, deveria ser (relegada) a um lugar subalterno a história econômica e política, para dar a primazia à história religiosa. Pois a religião é, afinal de contas, o assunto sério da raça humana". "A peça central, lê-se alhures, quer dizer, a religião." Ainda assim seria preciso ficar de acordo, diremos, sobre o que se entende por religião.

Assim, de início, toda uma série de silêncios deliberados, de exclusivos premeditados, de execuções doces que dissimulam radicais tomadas de posições. Em algumas páginas, pouco claras ao meu ver, Arnold Toynbee nos diz, assim, que não há para ele uma civilização *una*, que o progresso é utopia. Não há senão diferentes civilizações, cada uma em luta com um destino cujas grandes linhas, todavia, se repetem e são, de alguma maneira, fixadas de antemão. Há, por conseguinte, compreenda-o quem puder, diferentes civilizações mas uma só "natureza espiritual do homem" e sobretudo um só destino, inexplicavelmente o mesmo, que engloba todas as civilizações, as extintas e, antecipadamente, as vivas. Essa maneira de ver exclui uma reflexão como esta de Marcel Mauss: "A civilização é toda a aquisição humana"; e, mais ainda, a afirmação de Alfred Weber, segundo a qual todas as civilizações são tomadas "no movimento unitário de um progresso geral e gradual", ou a sábia observação de Henri Berr: "Cada povo tem sua civilização: há, portanto, sempre um grande número de civilizações diferentes".

Arnold Toynbee conta, de sua parte, um número restrito dessas civilizações. Só ascendem à dignidade desse título vinte e uma, ou vinte duas, todas de longa duração e que puseram em jogo áreas bastante vastas. Desse número, cinco estão vivas ainda hoje: Extremo Oriente, índia, Cristandade ortodoxa, Islã, Ocidente. Para se ater a um grupo tão magro, foi preciso rejeitar muitas candidaturas possíveis: umas, por longevidade insuficiente, outras, por originalidade mitigada, outras, ainda, por fracasso evidente.

Mas aceitemos esse quadro reduzido. Se for exato, sua importância é excepcional. Se a história complicada dos homens se resume assim numa vintena de experiências mestras, que agradável simplificação, se ela fosse legítima! Em todo caso, desde esse primeiro contato com o pensamento construtivo de Arnold Toynbee, desde esse problema de contagem, se esboça sua maneira de proceder, muito próxima da de um cientista à procura de um sistema do mundo, um sistema com suas ordens nítidas, suas ligações exclusivas e que é preciso, de maneira autoritária, pôr no lugar, valha o que valer, de uma realidade esfuziante. Simplificar a História, primeiro cuidado. Em seguida, destacar regras, leis, concordâncias; fabricar, se quiser, no sentido dos economistas e dos sociólogos, uma série de "modelos", ligados uns aos outros. As civilizações, tal como os seres humanos, têm um só destino, irrefutável: nascem, se desenvolvem e morrem, sendo aliás cada etapa, felizmente para elas, de longuíssima duração: não cessam de vir à luz, não cessam de florir, não cessam de desaparecer...

Arnold Toynbee construiu, portanto, muito naturalmente, três grupos de modelos: os do nascimento, os do crescimento e os da deterioração, do declínio e da morte. A esse longo trabalho, terá dispensado muito tempo, paciência, agilidade. Pois, a cada instante, seus "sistemas" apresentam, como os motores, falhas. A lei, a regra tendencial são constantemente ameaçadas pelas exceções: há sempre exceções novas, inéditas, importunas. Vejam como Aristóteles se esforça em dominar, no seu universo reconstruído, o movimento aberrante de um simples pedregulho que se lança. Seu sistema não o previa. Há muitos pedregulhos desse gênero no jardim de Arnold Toynbee.

Desses três grupos de modelos – nascimento, florescimento, morte – os dois primeiros não parecem muito originais; o último é o mais interessante, ainda que não deva, finalmente, convencer-nos, ainda que seja o mais frágil de todos.

Uma civilização não chegará à vida, sustenta nosso autor, se não tiver, à sua frente, um entrave – ou natural, ou histórico – a transpor. Histórico, ele é de curta duração, mas por vezes, de extrema violência. Geográfico, o meio impõe entraves, desafios de longa duração. Se o desafio é levantado e enfrentado, a dificuldade transposta anima a civilização vitoriosa, mantém-na em sua órbita. A Ática é pobre por natureza, ei-la condenada aos esforços, convidada a superar-se a si mesma. Do mesmo modo o Brandemburgo deve seu rude vigor a suas saibreiras e a seus pântanos. As alturas andinas são duras para o homem, felizmente para ele: essa hostilidade vencida, é a própria civilização incaica.

Tal é o "modelo" do *challenge and response*; os tradutores dizem: "desafio e resposta". Ele reduz o papel do "meio" ao papel que atribuíam às varas alguns colégios ingleses: um severo, um eficaz educador moral... Mas há, respondem geógrafos como Pierre Gourou, tantos desafios magníficos que o homem não levantou. E Gerhard Masur ao sustentar ultimamente que a pretensa dureza das alturas andinas é brandura, facilidade, em face da selva amazônica.

Os Incas teriam escolhido a facilidade... Acrescento que se Heine Geldern tem razão, como é bem possível, as civilizações ameríndias se aproveitaram, antes de tudo, de contatos repetidos e *tardios* entre Ásia e América. Nessa perspectiva, como em determinada explicação de Pierre Gourou sobre a China do Norte, "encruzilhada típica", a *difusão* maltratada por Arnold Toynbee tomaria em relação a ele uma desforra inocente e justa. Penso, com efeito, quanto a mim, que as civilizações não se acendem somente na linha de sua filiação, a ocidental ou a muçulmana, por exemplo, nas chamas do antigo. Entre estrangeiras, as pequenas fagulhas podem acender vastos, duráveis incêndios. Mas o próprio Arnold Toynbee tem vigiado bastante o seu *challenge and response* para saber que é preciso, no uso, muitas precauções e arranjos. Só contam, tem ele o cuidado de dizer, os desafios que não excedem as forças do homem. Haverá, portanto, desafio e desafio, e com essa precaução adiantada, o modelo será salvo. Mas na verdade, ele não exprime mais que a sabedoria das nações.

Segundo tempo: cada civilização só progride na medida em que a animam uma minoria criadora ou indivíduos criadores. Eis alguém que nos leva para perto de Nietzsche ou de Pareto... Mas quando a massa não mais se deixa subjugar pela minoria ativa, quando esta perde seu "ímpeto vital", sua força criadora, isto é, mais ou menos, a *Kulturseele* de Oswald Spengler, então todas as deteriorações se afirmam. Tudo se desmorona, como de costume, por dentro.

Assim, atingimos não apenas os últimos modelos – os do declínio – mas o próprio coração do sistema, porque Arnold Toynbee, como o disse divertindo-se P. Sorokin, é um grande massacrador de civilizações. A morte destas lhe parece a hora decisiva, reveladora.

Uma civilização, para Arnold Toynbee, só morre depois de séculos de existência, mas essa morte, muito tempo antes, se assinala por perturbações interiores e exteriores, insistentes, das quais o narrador, se é que há narrador, não sai mais, das perturbações em cadeia, diremos. Essas perturbações se acalmam, um belo dia, pelo triunfo do gendarme, quero dizer, a instalação de um vasto Império. Mas esse Império "universal" é somente uma solução provisória, por dois, três ou quatro séculos, o que, medido pela escala temporal das civilizações, não é senão um instante, sem mais, "um piscar de olhos". Portanto, em breve o Império se esboroa no meio das catástrofes e de invasões bárbaras (a chegada, como diz nosso autor, do "proletariado exterior"). Mas, ao mesmo tempo, instalou-se uma Igreja universal; ela salvará o que pode ser salvo. Assim, ou pouco mais ou menos, terá terminada a civilização greco-latina, que Toynbee, com autoridade, chama de helênica. Temos, segundo o exemplo romano, um esquema, o esquema por excelência, o "modelo" da morte de uma civilização com seus quatro tempos: as perturbações, o Império, ou melhor, o Estado universal, a Igreja universal, os bárbaros. As estratégias alemãs do início desse século reduziam tudo, nos é dito, ao modelo da batalha de Cannes; Arnold Toynbee parece ter reduzido tudo ao fim, André Piganiol diria ao "assassinato", do Império romano.

Para cada civilização escoada, ele procurou, pois, e reconheceu, um a um, todos os "tempos" do modelo (é o caso do Império dos Aquemênidas, dos Incas, dos Abássidas, dos Guptas, dos Mongóis..., no total, 21 impérios), não sem recorrer, aqui ou ali, algumas deformações, ou algumas audácias. Quem pensará, entre os historiadores habituados a pequenas, mas precisas medidas cronológicas, que um milênio, entre o Império dos Aquemênidas e o califado de Bagdá, quase constituído num dia, não interrompe para sempre uma ligação substancial? Aceitar-se-á também que se suprima, sem dúvida porque pouco duráveis, da lista dos Estados universais, o Império Carolíngio, o Império de Carlos V, as conquistas de Luís XIV, o Império de Napoleão Primeiro? Aliás, todos aqueles que figuram na lista levantada por Toynbee, uma nova lista dos 21, e reconhecidos assim como elementos essenciais da vida das civilizações, das "verdadeiras civilizações", não têm direito a nenhuma indulgência, quaisquer que sejam. O preconceito do autor lhes é desfavorável. Daí a enegrecer sua verdadeira feição, não há mais que um passo, como o mostra, por si só, a sorte reservada ao Império Romano. "A paz romana, escreve, foi uma paz de esgotamento." Eis uma narrativa que, no mínimo, começa mal.

Tal é, resumido às pressas, o esquema dessa vasta obra, esquema suscetível de múltiplas aplicações, segundo o valor recorrente que seu autor lhe atribui. Vale para o passado e para o presente, também. A civilização ocidental, ainda viva, "dobra o joelho" (Clough), se esgota há mais de um século nas evidentes perturbações em cadeia. Obterá ela um sursis, graças a um Império universal? Bem entendido, um Império na escala do mundo, ou russo, ou americano, imposto amigavelmente, ou pela força. Um jovem historiador antropólogo, Philip Bagby, pergunta, nessa mesma linha de prognósticos, comum a Spengler e Toynbee, não somente se estamos à véspera de uma "prosa romana", mas verdadeiramente à véspera de um Império americano. Teremos um imperador americano?

Em vez de responder, coloquemos, por nossa vez, uma questão bastante longa. Suponhamos, entre 1519 e 1555, um observador lúcido que, cheio das convicções que animam os escritos de Arnold Toynbee, tenha meditado, à sua luz, sobre o seu tempo e sobre a longa experiência do reinado de Carlos Quinto. Quantas vezes não terá reconhecido, na Europa que o cerca, o retorno à ordem romana, ao império universal e mesmo a instalação de uma Igreja universal, porque a Igreja que acabará por se reformar em Trente é, tudo indica, conquistadora, nova, tanto quanto renovada? Nossos profetas são mais lúcidos e o Imperador americano terá mais possibilidades que Carlos Quinto?

Mas não nos despeçamos assim, com um sorriso, de Arnold Toynbee. Os historiadores não lhe têm dado muito boa acolhida, com algumas razões, e que procedem de sua profissão, mas também por vezes com um pouco de injustiça. Se não sou exceção à regra, compreendo, de minha parte, que Ernst Curtius tenha saudado essa obra com entusiasmo. Ela nos traz, na verdade, lições bastante preciosas: algumas explicações têm suas virtudes, mesmo para seus contraditores.

Num passado que ele simplificou, como deve fazê-lo todo construtor de sistema, sem, infelizmente, escapar sempre aos absurdos da simplificação, Arnold Toynbee atingiu por instinto os caminhos essenciais, mas perigosos, da longa duração; ateve-se às "sociedades", às realidades sociais, pelo menos a algumas dessas realidades sociais que não cessam mais de viver; ateve-se a eventos, mas que repercutem violentamente a séculos de distância e a homens bem acima do homem, ou Jesus, ou Buda, ou Maomé, homens também de longa duração. Sobre o milênio entre Aquemênidas e califas de Bagdá, serei menos disputador que Lucien Febvre ou Gerhard Masur. Emile-Félix Gautier pretendia, por sua vez, que a conquista árabe do Maghreb e da Espanha (do meio do século VII a 711) reencontrara, *grosso modo*, a um milênio de distância, a antiga área de dominação cartaginesa... O mérito de Arnold Toynbee é ter manejado, com o risco de aí se perder, essas enormes massas de tempo, de ter ousado comparar essas experiências a séculos de distância, vasculhado vastas rotas um pouco irreais e entretanto importantes. O que mal consigo admitir, e mesmo, o que não admito de modo algum, é que essas comparações só colocam à luz, com insistência, as semelhanças e reduzem, obstinadamente, a diversidade das civilizações a um modelo único, em suma, a *uma* civilização, ideal ao menos, estrutura necessária de todo esforço humano, capaz de realizar-se numa civilização, qualquer que seja ela. É uma maneira como outra qualquer – mas eu não a aprecio muito – de conciliar esse singular e esse plural que mudam de tal maneira o sentido da palavra civilização. "Acima de toda a variedade das culturas, escreverá Toynbee, existe uma uniformidade na natureza espiritual do homem."

Em Alfred Weber – É uma afirmação que não desmentirá a obra compacta, profunda, mas pouco conhecida entre nós, de Alfred Weber: *Kulturgeschichte ais Kultursoziologie*. Publicado em 1935, em Leyde, o livro, traduzido em espanhol sob o título *Historia de la Cultura*, já teve quatro edições de 1941 a 1948. É um livro sólido, poderoso. Irmão do grande Max Weber (1864-1920), Alfred Weber (1868-1958), sociólogo, fez-se, nessa ocasião, historiador e historiador muito atento. Também nos choca muito menos que um

Spengler ou um Toynbee. Não tem seu brilho, não tem tampouco suas imprudências ou seus caprichos. Entretanto, todos os obstáculos em que estes se chocavam lhe resistem igualmente, tanto mais que não lhes faz quase violência. Abre amplamente suas explicações à pré-história, à antropologia, à geografia, à sociologia, à economia, ao pensamento de Marx. E isto é bom: seu livro adquire uma solidez que falta aos outros. Mas se ele mostra admiravelmente, no início de sua explicação, a instalação das civilizações da Antiguidade: a egípcia, a babilônica, a hindu, a chinesa, é menos convincente quando, nesse Ocidente complicado (entenda-se, no bloco eurasiático, o Ocidente a oeste dos cumes e vales do Indukuch), mostra o desenvolvimento de civilizações na segunda ou na terceira geração, como se a explicação sintética, válida muito de longe, no tempo e no espaço, perdesse sua eficácia à medida que nos aproximamos do tempo presente e de nossa própria civilização.

Sobretudo, duvido que Alfred Weber tenha formulado, para ele e para nós, uma definição satisfatória (a meu ver) de uma civilização, ou, como ele diz, de uma cultura de alta classe. Vê nisso, sem mais, um "corpo histórico", portanto que se definiria na própria corrente da História. Mas o que vem a ser precisamente uma tal corrente às voltas com os destinos da humanidade inteira? E por que as civilizações formariam outros tantos "corpos"? Se Alfred Weber não quer um espírito transcendente, "objetivo" (como o espírito a Werner Sombart que, capaz de explicar, por si só, o capitalismo, poderia, *verbi gratia*, explicar *a* ou *as* civilizações, não aceita tampouco, à margem de seu pensamento e de suas explicações, "um espírito do tempo", um espírito do homem (sua consciência, seu sentimento de liberdade, sua possibilidade de se abstrair de si mesmo, sua aptidão de engenheiro, de *homo faber*). É esse espírito que anima o corpo histórico da civilização?

Em Philip Bagby – Mas abreviemos essa resenha, já muito longa e no entanto tão incompleta. Um livro acaba de aparecer (1958): é assinado com o nome de um jovem historiador, antropólogo além do mais, aluno de Kroeber, Philip Bagby. Terá a vantagem, que não é tênue, de nos pôr ao par das últimas discussões dos antropólogos, as quais dissemos, de antemão, nos parecem decisivas. Philip Bagby se propõe unir História e Antropologia, o que lhe dá uma posição original, certamente próxima, embora diferente, de nossa escola histórica dos *Annales*. Nos *Annales*, na linha de Lucien Febvre e de Marc Bloch, uma ciência histórica que se edifica lentamente, trata de se apoiar no conjunto das ciências do homem, não em uma dentre elas, fosse esta a antropologia. Ora, é apenas no casamento da História e da Antropologia que Philip Bagby pensa.

A seu ver, não há ciência histórica se o domínio demasiado vasto e demasiado diversificado da História não é simplificado, se não se lhe corta de maneira autoritária um setor científico, em seguida artificialmente isolado, mas, em virtude mesmo dessa operação, mais fácil de dominar. Assim procederam os físicos no seu mundo "objetivo", com os princípios de massa, de momento, de inércia, desprendendo, depois explorando um tipo de real transformado e que, no uso, revelou-se frutuoso. Que os historiadores se voltem portanto para o campo operatório privilegiado das civilizações! Privilegiado, porque autoriza comparações. Como não há no mundo dos seres vivos senão uma História, a do homem, é preciso que o homem se compare ao homem, que nossa investigação vá de uma experiência a outra, de uma civilização a outra. Com a condição, todavia, de só designar sob esse nome séries de destinos comparáveis entre si.

Como abertura de jogo, se impõe, portanto, uma escolha entre as civilizações; à frente, as muito grandes, as *major civilizations*; em seguida, as menores, sub-civilizações ou civilizações secundárias; enfim, as menorzinhas que só têm direito, com matizes, ao título de culturas. Trata-se, no interior de cada categoria, de pesá-las umas em relação às outras, de saber se obedecem a destinos comuns, se admitem inclinações análogas, estruturas dinâmicas regulares que possam ser aproximadas umas das outras de maneira útil. Antes de atacar essas grandes confrontações, será necessário afugentar as concepções fantasistas, as explicações metafísicas prévias. A título de exemplo, lançaram-se algumas críticas bastante vivas, sem malícia, mas não sem firmeza, contra Arnold Toynbee, acusado – mas que bela acusação! – de ser um historiador de formação humanista e, portanto, sem cultura antropológica.

Tudo isso para voltar às civilizações maiores. Mas como compreender por dentro essas grandes personagens? Philip Bagby, infelizmente, não tenta, tampouco, defini-las seriamente. Não retém, entre as civilizações encorpadas, senão nove personagens, contra as vinte e uma ou as vinte e duas eleitas de Arnold Toynbee. Não sei se isso é um progresso. Receio que seja pouco mais ou menos a mesma canção, a mesma colocação idealista dos destinos da humanidade. Com efeito, o que reter de um estudo comparativo apenas esboçado no término desse livro que, certamente, prometia mais? Que as civilizações, no seu lento desenvolvimento, passam regularmente de uma época religiosa a uma época que, de mais em mais, se submete à racionalidade? Max Weber já o dissera com respeito à Europa, e muitos outros antes dele, pensemos em Auguste Comte. Heinrich Freyer[9] afirmava ontem "que a racionalidade era o *trend* do pensamento do Ocidente": será o *trend* do pensamento do mundo? Aceito, ainda que diante desse dualismo mais rigoroso que o de Guizot (religiosidade, racionalidade), o historiador se inquiete de bom grado. Razão e religião, a oposição entre elas é sempre a do dia e da noite? Meditemos, para ser mais justo, sobre a reflexão de Heinrich Freyer: "O reino da razão começa no reino de Deus"[10]. Este alimenta aquele no decurso de incessantes secularizações.

Mas o leitor vê a que altura, uma vez mais, se quiséssemos crer num jovem, inteligente antropólogo, iríamos conduzir nossos passos. Tantas ascensões repetidas nos dariam, se fosse necessário, o gosto pelas baixas altitudes. O homem não vive somente de prece e de pensamento, ele também é praticamente "o que ele come" (*der Mensch ist was er isst*). Numa pontada análoga, Charles Seignobos dizia, um dia: "A civilização são rotas, portos, cais…" Não o acreditemos ao pé da letra. Mas esse prosaísmo nos con-

---

9. Otto Brunner, p. 17.
10. H. Freyer, *Weltgeschichte Europas*, II, p. 723.

vida a tornar a descer, e ver as coisas de perto, ao rés-do-chão, ao risco de observar o que as divide e as particulariza, e não mais as confunde.

2. A História na Encruzilhada

O leitor já terá visto onde eu quero chegar. Creio, com efeito, que a história das civilizações, como a História em geral, se encontra numa encruzilhada. Cumpre-lhe, queira ou não, assimilar todas as descobertas que as diversas ciências sociais, de nascimento mais ou menos recente, acabam de fazer, no domínio inesgotável da vida dos homens. Tarefa difícil, mas urgente, porque é somente se ela prosseguir firmemente nessa via, por onde já trilhava, que a história poderá servir, em primeiro plano, à inteligência do mundo atual.

Nessa linha, posso indicar o plano de trabalho que me pareceria se impor se, pelo maior dos acasos, tivesse que escrever, sob minha própria responsabilidade, *A Study of History*, ou uma outra vasta e interminável obra sobre *a* e *as* civilizações?

Primeira tarefa, negativa mas necessária: romper imediatamente com certos hábitos, tanto bons quanto maus, dos quais, a meu ver, é indispensável se desprender de partida, mesmo se for para voltar a eles; segunda tarefa, procurar uma definição da civilização, a menos má, entende-se a mais cômoda, a mais fácil de manejar, para prosseguir no melhor nosso trabalho; terceira tarefa, verificar a amplitude do domínio das civilizações, convocando, para esse efeito, além do historiador, todos os especialistas das ciências do homem; enfim, à guisa de conclusão, propor tarefas precisas.

Sacrifícios necessários

Renunciar, de partida, a certas linguagens: não mais falar de uma civilização como de um ser, ou de um organismo, ou de uma personagem ou de um corpo, mesmo histórico. Não mais dizer que ela nasce, se desenvolve e morre, o que volta a lhe dar um destino humano, linear, simples. Prefiro, não obstante suas imperfeições aos olhos de um historiador, voltar às meditações de Georges Gurvitch a propósito da sociedade global da Idade Média ocidental, por exemplo, ou a propósito de nossa sociedade atual. Ele vê o futuro de uma ou de outra hesitando entre vários destinos possíveis, muito diferentes, e trata-se, creio, de uma opinião razoável conforme a própria multiplicidade da vida: o futuro não é uma estrada única. Portanto, é preciso renunciar ao linear. Não crer tampouco, que uma civilização, porque original, é um mundo fechado, independente, como se cada uma representasse uma ilha no meio de um oceano, quando suas convergências, seus diálogos são essenciais, quando, de mais em mais, elas partilham todas ou quase todas, um rico fundo comum. "A civilização, dizia Margaret Mead (no próprio sentido da palavra de Mauss que citei), é aquilo que o homem, doravante, não poderá mais esquecer", a linguagem, o alfabeto, a numeração, a regra de três, o fogo, até mesmo o número-função, o vapor etc.; no total, as bases hoje comuns, impessoais, de toda cultura particular de um certo nível.

Eu renunciaria igualmente ao uso de qualquer explicação cíclica do destino das civilizações ou das culturas, na verdade, de qualquer tradução da frase habitual, tão insistente: elas nascem, elas vivem, elas morrem. Seriam assim rejeitadas tanto as três idades de Vico (idade divina, idade dos heróis, idade humana), como as três idades de Auguste Comte (teológica, metafísica, positivista), as duas fases de Spencer (coerção e liberdade), as duas solidariedades sucessivas de Durkheim (a exterior, a interior), as etapas da coordenação crescente de Waxweiller, as etapas econômicas de Hildebrant, de Frédéric List ou de Bücher, as densidades crescentes de Levasseur e de Ratzel, enfim, a corrente de Karl Marx: sociedades primitivas, escravagismo, feudalismo, capitalismo, socialismo... Não sem pesar, por vezes, e com o risco de voltar a isso, pois não pretendo condenar em bloco todas essas explicações, nem mesmo o princípio da explicação, do modelo ou do ciclo, ao contrário muito útil, a meu ver, mas essa exclusão, desde o início, vale como uma precaução necessária.

Para fechar o capítulo das exclusões, em que, naturalmente, figuram os esquemas de Spengler e de Toynbee, rejeito também as listas estreitas de civilizações que se nos propõem. Creio, com efeito, que a pesquisa, para ser frutuosa, deve compreender tudo, ir das culturas mais modestas às *major civilizations*, e principalmente que essas *major civilizations* devem ser divididas em subcivilizações e estas em elementos ainda menores. Numa palavra, cuidemos das possibilidades de uma micro-história e de uma história de abertura tradicional. Seria de grande interesse saber até a que elemento se poderia chegar embaixo da escala. A meio caminho, em todo caso, penso, hoje, sobretudo, que os Estados, os povos, as nações tendem a ter sua civilização própria, qualquer que seja, aliás, a uniformização das técnicas. Há, podem-lhe dar a etiqueta que se queira, uma civilização francesa, uma alemã, uma italiana, uma inglesa, cada uma com suas cores e contradições internas. Estudá-las todas, sob o vocábulo civilização ocidental, me parece demasiado simples. Nietzsche pretendia que desde a civilização grega não houvera, ao que tudo indica, evidência, outra civilização a não ser a francesa. "Isso não sofre objeção." Afirmação eminentemente discutível, penso-o, mas que é divertido aproximar-se do fato de que a civilização francesa não existe na classificação de Toynbee.

A ideia de Marc Bloch, que não creio trair, era, de uma parte, recolocar a civilização francesa no seu quadro europeu; de outra, decompor essa França, em Franças particulares, pois nosso país, como qualquer outro, é uma constelação de civilizações vivazes, ainda que de raio débil. Em última análise, o importante seria ver a ligação desses elementos, do menor ao mais vasto, compreender como se imbricam, se comandam, são comandados, como sofrem juntos, ou contratempo, como prosperam, ou não (contanto que existam critérios indubitáveis de semelhantes prosperidades).

Critérios a reter

Limpo o terreno, colocaríamos a pergunta: o que é uma civilização?

Conheço só uma definição boa, quer dizer, facilmente utilizável para a observação, suficientemente desprendida de todo juízo de valor. Ela se encontra, ao capricho do pesquisador, seja no ensinamento deste ou daquele antropólogo, seja em determinada exposição de Marcel Mauss, de quem eu a tomei emprestado, ontem, sem me arrepender depois por isso.

As áreas culturais. – Uma civilização é, antes de tudo, um espaço, uma "área cultural", dizem os antropólogos, um alojamento. No interior desse alojamento, mais ou menos vasto, mas jamais muito estreito, imaginem uma massa muito diversa de "bens", de traços culturais, tanto a forma, o material das casas, seu telhado, quanto determinada arte da flecha emplumada, quanto um dialeto ou um grupo de dialetos, gostos culinários, uma técnica particular, uma maneira de crer, uma maneira de amar, ou ainda, a bússola, o papel, o prelo do impressor. É o agrupamento regular, a frequência de certos traços, a ubiquidade desses traços numa área precisa, que são os primeiros signos de uma coerência cultural. Se a essa coerência no espaço se acrescenta uma certa permanência no tempo, eu chamo civilização ou cultura o conjunto, o "total" do repertório. Esse "total" é a "forma" da civilização assim reconhecida.

Bem entendido, a área cultural depende da geografia, muito mais do que pensam os antropólogos. Além disso, essa área terá seu centro, seu "núcleo", suas fronteiras, suas margens. E é à margem que se encontram, o mais das ocasiões, os traços, fenômenos ou tensões mais características. Por vezes essas fronteiras e a área que elas abrangem serão imensas. "Assim, quanto a nós, escrevia Marcel Mauss, ensinamos há muito que a possível crer na existência muito antiga de uma civilização de todas as costas e de todas as ilhas do Pacífico... Com efeito, há nesse domínio numerosas coincidências..." Numerosas variações também, donde a necessidade de dividir em seguida a enorme região, de analisar-lhe as oposições, os matizes, de marcar-lhe os eixos, as "cristas"... Mas o exemplo do Pacífico não poderia ser analisado de maneira conveniente, aqui, nem determinando outro exemplo de menor extensão. O interessante é que uma área agrupa sempre várias sociedades ou grupos sociais. Daí a necessidade, repito-o, de estar atento, se possível, à menor unidade cultural. Quanto, aqui ou ali, ela exige de espaço, de homens, de grupos sociais diferentes, qual é seu mínimo vital?

Os empréstimos. – Todos esses bens culturais, microelementos da civilização, não cessam de viajar (por aí se distinguem dos fenômenos sociais ordinários): alternadamente, simultaneamente, as civilizações os exportam ou os emprestam. Umas são glutonas, outras pródigas. E essa vasta circulação não se interrompe nunca. Certos elementos culturais são mesmo contagiosos, é o caso da ciência moderna, é o caso da técnica moderna, ainda que todas as civilizações não sejam igualmente abertas a trocas dessa ordem. Resta saber se, como o sugere P. Sorokin, os empréstimos de bens espirituais se mostram ainda mais rápidos que os das técnicas. Duvido.

As recusas. – Mas todas as trocas não progridem por si: há, com efeito, recusas de emprestar, seja uma forma de pensar, ou de crer, ou de viver, seja um simples instrumento de trabalho. Algumas dessas recusas se acompanham mesmo de uma consciência, de uma lucidez aguda, se outras são cegas, como que determinadas por soleiras ou ferrolhos que interditam as passagens... De cada vez, naturalmente, essas recusas, e tanto mais quanto são conscientes, repetidas, afirmadas, tomam um valor singular. Toda civilização, em semelhante caso, chega à sua escolha decisiva; por essa escolha ela se afirma, se revela. Os fenômenos da "difusão", tão pouco avaliados por Toynbee, me parecem assim uma das melhores pedras de toque para quem quer julgar a vitalidade e a originalidade de uma civilização.

Em suma, na definição que tomamos de empréstimos, se afirma um triplo jogo: a área cultural, com suas fronteiras; o empréstimo; a recusa. Cada um desses jogos abre possibilidades.

Possibilidades abertas à pesquisa por esse jogo triplo. – O estudo das áreas culturais e de suas fronteiras se revelará com um exemplo concreto, a dupla fronteira do Reno e do Danúbio. Roma deteve aí, outrora, sua conquista. Ora, *um milênio mais tarde, é* ao longo do velho limite que se dilacera aproximadamente a unidade da Igreja: de um lado, a hostilidade da Reforma, de outro, a fidelidade a Roma, além das poderosas reações da Contrarreforma. Aliás, quem não sabe que os dois rios marcam uma fronteira espiritual excepcional? Goethe o sabe, quando indo para a Itália, atinge, para transpô-lo, o Danúbio em Ratisbona. Madame de Staël o sabe, quando atravessa o Reno...

Segundo jogo: os empréstimos. Volumes inteiros não lhe esgotariam nem o interesse, nem o enorme dossiê. A civilização do Ocidente ganhou o planeta, tornou-se a civilização "sem margens", prodigalizou seus dons, bons ou maus, suas coerções, seus choques. Entretanto, outrora, tomara emprestado sem contar à sua volta ou longe, ao Islã, ou à China, até mesmo à Índia... Na França um pouco louca de Carlos VI chegavam da longínqua China dos T'ang os atavios "ao modo de cornos", as coifas do tipo *hennin*, os corpetes decotados; modas desvanecidas há muito tempo, em seu lugar de origem, esses bens frágeis haviam caminhado, durante meio milênio, através das rotas do Velho Mundo para ganhar, no século XIV, a ilha de Chipre e a brilhante corte dos Lusignan. Dali, os tráficos vivos do Mediterrâneo tinham quase num instante se encarregado desses viajantes estranhos.

Mas há exemplos mais próximos de nós. Assim, o historiador sociólogo brasileiro Gilberto Freyre se aprouve em enumerar todos os empréstimos feitos por seu país, entre os séculos XVIII e XIX, à Europa nutriz. Sua lista é divertida: a cerveja inglesa ou hamburguesa, as vestimentas de linho branco, os dentes artificiais, o gás de iluminação, o chalé inglês, o vapor (um barco a vapor circula desde 1819 nas águas da baía de São Salvador), mais tarde o positivismo, mais cedo as sociedades secretas (estas, originárias da França, tinham transitado pela Espanha e Portugal, depois pelo habitual rodízio das ilhas atlânticas). Essa história não está acabada, é claro. Desde 1945, e dessa vez através de toda a América Latina, se difunde, vindo da França, a mensagem do existencialismo, de Sartre ou de Merleau-Ponty. Na verdade, um pensamento alemão, mas relançado, difundido por intermédio de nosso país. Porque este tem ainda seus privilégios: a França, no jogo complicado das transferências e trocas culturais, continua sendo uma encruzilhada de escol, como que uma necessidade do mundo. Essa abertura da encruzilhada (os geógrafos dizem "o istmo") francesa é, sem dúvida, o signo dominante de nossa civilização. Ela faz ainda nossa importância e nossa glória. Marie Curie nasceu em Varsóvia, nessa pequena casa da velha cidade que a fidelidade polonesa soube reconstruir; Modigliani nasceu em Livorno; Van Gogh na Holanda; Picasso nos vem da Espanha; Paul Valéry tem antepassados genoveses...

Terceiro jogo, o mais revelador, e que nos situa em pontos precisos da História: a recusa. Assim, para a Reforma, essa divisão profunda, decisiva da Europa. A Itália, a Espanha, a França (esta depois de terríveis hesitações) dizem não à Reforma, às Reformas. E é um drama de uma amplitude, de uma profundeza imensas. Toca no âmago as culturas da Europa. Outro exemplo: em 1453 Constantinopla não quer ser salva pelos latinos, esses meio-irmãos detestados: a eles prefere ainda o turco. E aí também é o drama, que seria para nós vantagem rever, mesmo que fosse apenas através das notas intuitivas, "heréticas" e discutíveis, mas luminosas, do historiador turco Rechid Saffet Atabinen. Se tivesse que escolher um acontecimento para a batalha espiritual que reclama uma nova explicação das civilizações, não é o assassinato de Roma que eu reteria, mas o abandono de Constantinopla.

Sem querer construir tudo em torno da recusa, quem não pensará que é bem desta recusa que se trata, no caso dramático do marxismo militante, hoje? O mundo anglo-saxão lhe diz não, a uma grande profundidade. A Itália, a Espanha, a França não lhes são hostis mas também dizem não e bem mais que pela metade. Aqui os níveis econômicos, as estruturas sociais, o passado recente e suas contingências, não são os únicos a estar em jogo; as culturas desempenham seu papel.

Vê-se até onde me conduziria minha confiança com respeito à "difusão". Sem dúvida, uma vez mais, ao lado de Claude Lévi-Strauss. Não explica ele, ao acaso de uma polêmica, que as civilizações são, para ele, outros tantos jogadores em torno de uma mesa imensa, que dependem assim, de uma certa maneira, da teoria geral dos jogos? Suponham que os jogadores se ajudem, e comuniquem uns aos outros suas cartas, suas intenções: quanto maior a conivência mútua, mais facilmente um dentre eles terá probabilidade de ganhar. O Ocidente aproveitou, entre outras coisas, de sua posição no cruzamento de inumeráveis correntes culturais. Recebeu ao longo de séculos e de todas as direções, mesmo de civilizações extintas, antes de ser capaz, por sua vez, de dar, de irradiar.

Para um diálogo entre a história e as ciências do homem

Reconhecer no "cultural" toda sua extensão, tal seria nosso terceiro procedimento. O historiador não pode ser suficiente aí. Impor-se-ia uma "consulta" que agrupasse o conjunto das ciências do homem, tanto as tradicionais como as novas, do filósofo ao demógrafo e ao estatístico. É, com efeito, ilusório querer, à moda alemã, isolar a *cultura* de sua base, que seria a *civilização*. Se é absurdo negligenciar a superestrutura, não o é menos negligenciar, como tão frequentemente se faz, a infraestrutura. As civilizações repousam sobre a terra. Para aventurar uma fórmula rápida, nos é preciso, valha o que valer, obrigar a ir no mesmo passo que Toynbee, ou Lucien Febvre de uma parte, quer de outra, os sociólogos, os antropólogos, os economistas, os próprios marxistas. O desdém para com Karl Marx, em todo esse excesso idealista que nos vale, quase regularmente, o estudo das civilizações, que infantilidade! De fato, é uma série de diálogos que devemos, nós historiadores, encetar com cada um dos grandes setores das ciências do homem.

Primeiramente com a geografia. O alojamento das civilizações, é algo bem diverso do que um acidente; se comporta um desafio, é um desafio repetido, de longa duração. Uma tarde, nos *Annales*, em 1950, no decorrer de uma amigável discussão sobre o vasto tema da civilização, entre Federico Chabod, Pierre Renouvin, John U. Nef e Lucien Febvre, a geografia foi colocada em jogo. No fundo de cada civilização, Lucien Febvre insistia marcar essas ligações vitais, incessantemente repetidas, com o meio que ela cria, ou melhor, que deve recriar ao longo de seu destino, essas relações elementares e como que primitivas ainda com os solos, os vegetais, as populações animais, as endemias...

Um mesmo diálogo se impõe com os demógrafos: a civilização é filha do número. Como é possível que Toynbee só se inquiete com isso de maneira incidental? Um avanço demográfico pode acarretar, acarreta fraturas, mutações. Uma civilização está abaixo ou acima de sua carga normal de homens. Todo excesso tende a produzir essas vastas, essas insistentes migrações que, como o explicaram os irmãos Kulischer, correm sem fim sob a pele da História.

Diálogo também com a sociologia, com a economia, com a estatística. Contra Lucien Febvre, que ele me perdoe, sou a favor de Alfredo Niceforo, mesmo que seus índices sejam más medidas das civilizações: não há medidas perfeitas. Sou igualmente a favor das "aproximações" de Georges Gurvitch relativamente às "sociedades globais", esse *corpo* (mas tenha o direito de empregar, por minha vez, essa palavra?) das civilizações. Mesmo se essas aproximações permanecem ainda muito tímidas, para o meu gosto, como parecem cingir o real, se as compararmos ao alegre idealismo de P. Sorokin! Cumpre, ademais, retomar todo um debate para decidir das relações entre civilizações e estruturas ou classes sociais. Sustento enfim que não há civilização sem uma forte armadura política, social e econômica que, aliás, inflete sua vida moral, intelectual, no bom ou no mau sentido, e mesmo sua vida religiosa. Logo depois de 1945, franceses repetiram que nos restava, para além do vigor perdido, a cintilação intelectual. Não sou o único a ser de uma opinião contrária. A força não basta para assegurar a radiação. Mas tudo se mantém. Uma civilização também exige força, saúde, poder. Eis por que, não obstante a admiração que conservo pelo livro de Jacob Burckhardt, penso que deve ser, reescrito, ao menos por uma razão essencial: é preciso tornar a dar seu ou seus corpos *materiais* ao Renascimento italiano. Uma cultura não vive de ideias puras. Shepard Bancroft Clough tem razão: toda cultura requer um excelente, um supérfluo econômico. A cultura é consumo, até mesmo desperdício.

Quebrar as fronteiras entre especialistas

Mas em que programas práticos poderíamos pensar, para pôr à prova esse conjunto contestável de precauções, de exclusivos, de adesões? Para aceder também a concepções mais amplas e sobretudo mais sólidas?

Há necessidade de dizê-lo, em primeiro lugar é em programas prudentes que eu me demoraria, em fases curtas da vida cultural, em "conjunturas" culturais, se pudermos estender a esse domínio, como eu o farei de bom grado, a expressão que, até aqui, não vale senão para a vida econômica. Veria uma grande vantagem em escolher, por essas tomadas de contato, períodos dotados de uma iluminação minuciosa, de uma estacagem cronológica precisa. Não abramos imediatamente, peço-lhes, o compasso dos séculos ou dos milênios, mesmo se ele tem sua utilidade! Uma vez escolhido o espaço cronológico, cumpre ver, sem posição preconcebida, como jogam uns em relação aos outros, esses setores culturais no sentido estrito (a arte, a literatura, as ciências, os sentimentos religiosos…) e os outros, quer se lhes conceda ou não, pouco importa, a dignidade da "cultura": quero dizer, a economia, a geografia, a história do trabalho, a técnica, os costumes, etc. Todos esses setores da vida humana são estudados por especialistas, o que é um bem, mas quase exclusivamente por especialistas, como outras tantas pátrias particulares ao abrigo de sólidas fronteiras, o que é um mal. Romper essas fronteiras, é mais fácil desejá-lo, do que realizá-lo.

Henri Brunschwig deu um bom exemplo disso na sua tese sobre as origens sociais do romantismo alemão. Mostra aí como a civilização alemã é invertida, entre os séculos XVIII e XIX, qual uma enorme ampulheta. Ei-la no início racional, sob o signo da *Aufklarung*, da inteligência à francesa; depois, ei-la preferindo ao que foi até ali sua regra, preferindo o instinto, a imaginação, o romantismo. O importante é ver então, através de todos os comportamentos, através de todas as estruturas sociais e de todos os encadeamentos econômicos, o que, na base, acompanha essa ampla inversão dos valores. Não é exatamente o que fez num livro célebre e seguramente magnífico, J. Huizinga, quando estudou o fim, o "outono", da Idade Média ocidental, uma "agonia" de civilização, dirá mais tarde. De fato, a agonia, se houve agonia, não será irremediável: ela se me afigura pessoalmente como uma etapa, um momento da civilização ocidental. Mas o que eu mais censuro a J. Huizinga é ter conservado os olhos levantados tão alto que só considerou, obstinadamente, o último estádio do espetáculo, o cimo da fogueira. Que infelicidade, que não tivesse à sua disposição esses estudos demográficos e econômicos, hoje clássicos, sobre o poderoso recuo do Ocidente no século XV: ter-lhe--iam dado a base que falta a seu livro. Pois, é preciso repeti--lo, os grandes sentimentos, os mais altos e os mais baixos, aliás, não levam jamais uma vida plenamente independente.

É por isso que saúdo a admirável terceira parte da última grande obra de Lucien Febvre: *La religion de Rabelais*, onde se esforça em marcar o que foi o "ferramental mental" da própria época de Rabelais, o repertório das palavras, dos conceitos, dos raciocínios, das sensibilidades ao seu alcance. Trata-se no caso de um corte no sentido horizontal. Mas a lição somente foi dada ao entardecer de uma longa vida de trabalho (1942) e Lucien Febvre sempre pensou que a completaria um dia, dar-lhe-ia "sua plena dignidade". Restava-lhe, com efeito, destacar esse corte, essa apreciação, do caso interessante, mas em si restrito, de Rabelais, ver se, em suma, mais cedo ou mais tarde, o mesmo nível fora, ou não, a regra; enfim, quando, por que, onde, em que medida houvera modificação... Esse nível intelectual da primeira metade do século XVI nos parece, com efeito, encantoado, se se pode assim dizer. Por que é ele assim? A inteligência, sem dúvida, traz em si suas próprias explicações, seus próprios encadeamentos, estou de acordo com isso, mas talvez se ilumine também, como o sugere a obra inteira de Lucien Febvre, pelas inércias da vida social, da vida econômica ou essas inércias particulares da longa duração, tão características das próprias civilizações onde tantos elementos pesam com peso enorme, inconcebível *a priori*.

A busca sistemática das estruturas. – Eis como eu procederia, e com prudência. E em seguida? Em seguida, variam os riscos decisivos, necessários com a pesquisa sistemática das estruturas, daquilo que se mantém, de fato, para além das tempestades do tempo curto, se quisermos, para além dos "saltos e dos recuos" de que fala A. Toynbee. Logicamente, a propósito dessa pesquisa necessária das estruturas, eu pensaria em construir modelos, isto é, sistemas de explicações ligadas umas às outras. Antes de tudo para determinada civilização; em seguida, para uma outra. Pois nada nos assegura antecipadamente, que todas admitem estruturas semelhantes ou seguem, ao longo da história, o que recairia quase no mesmo, encadeamentos idênticos. É antes o contrário que seria lógico. Georges Gurvitch fala da "ilusão da continuidade e da comparabilidade entre os tipos de estrutura global (isto é, em resumo, as civilizações) que permanecem, na realidade, irredutíveis". Mas todos os historiadores, com a diferença de minha pessoa, não lhe darão de bom grado ou aproximadamente, razão neste ponto.

3. *A História Face ao Presente*

Ao termo dessas análises necessárias, dessas prudências e, por que não confessá-lo, ao termo dessas hesitações, não me sinto no direito de concluir de maneira muito viva. Tanto mais quanto não se trata de retomar o que acaba de ser dito mais ou menos bem. Cumpre-nos, realmente, nessas últimas páginas, com o risco de contradizer raciocínios já difíceis, cumpre-nos responder à insidiosa questão que orienta não apenas o presente capítulo, mas ainda o volume inteiro. A História está intimada a mostrar suas utilidades face ao atual, portanto um pouco fora dela. Digo a História, porque a civilização é mais ou menos a História. É mais ou menos também, ou pouco falta para isso, essa "sociedade global", ápice da sociologia eficaz de Georges Gurvitch. Eis algo que não simplifica uma resposta difícil e que não preparei pacientemente. Um historiador, com efeito, tem uma maneira singular de se interessar pelo presente. Via de regra, é para se desprender dele. Mas como negar que ele também é útil, e como, dar, por vezes meia volta, e arrepiar caminho? Em todo caso, a experiência vale a pena de ser tentada. Eis-nos portanto face ao tempo presente.

Longevidade das civilizações

O que nós conhecemos, talvez melhor que qualquer observador do social, é a diversidade entranhada do mundo. Cada um dentre nós sabe que toda sociedade, todo grupo social, com relações próximas ou remotas, participa fortemente de uma civilização, ou mais exatamente, de uma série de civilizações superpostas, ligadas entre si e por vezes muito diferentes. Cada uma delas e seu conjunto nos inserem num movimento histórico imenso, de longuíssima duração, que é, para cada sociedade, a fonte de uma lógica interna, que lhe é própria, e de incontáveis contradições. Utilizar assim a língua francesa como um utensílio preciso, tentar tornar-se senhor de suas palavras, é conhecê-las; cada um faz a experiência, a partir de suas raízes, de suas origens, a centenas, a milhares de anos de distância. Mas esse exemplo da língua vale entre uma centena de outros. Por isso mesmo, o que o historiador das civilizações pode afirmar, melhor que nenhum outro, é que as civilizações são realidades de longuíssima duração. Elas não são "mortais", sobretudo na escala de nossa vida individual, não obstante a frase muito célebre de Paul Valéry. Quero dizer que os acidentes mortais, se existem – e existem, bem entendido, e podem deslocar suas constelações fundamentais – tocam-nas infinitamente menos frequentemente do que se pensa. Em muitos casos, trata-se somente de adormecimentos. De ordinário, só são perecíveis suas flores mais esquisitas, seus êxitos mais raros, mas as raízes profundas subsistem para além de muitas rupturas, de muitos invernos.

Realidades de longa, de inesgotável duração, as civilizações, incessantemente readaptadas a seu destino, ultrapassam portanto em longevidade todas as outras realidades coletivas: elas lhes sobrevivem. Do mesmo modo que no espaço, transgridem os limites das sociedades precisas (que mergulham assim num mundo regularmente mais vasto que elas próprias e recebem, sem estar sempre conscientes disso, um impulso, impulsos particulares), do mesmo modo se afirma no tempo, em seu benefício, um excesso que Toynbee notou bem e que lhes transmite estranhas heranças, incompreensíveis para quem se contenta em observar, em conhecer "o presente" no sentido mais estrito. Dito de outro modo, as civilizações sobrevivem às perturbações políticas, sociais, econômicas, mesmo ideológicas que, aliás, comandam insidiosa, poderosamente por vezes. A Revolução Francesa não constitui um corte total no destino da civilização francesa, nem a Revolução de 1917 no da civilização russa, que alguns intitulam, para alargá-la ainda mais, a civilização ortodoxa oriental.

Não creio muito quanto às civilizações, em rupturas ou em catástrofes sociais que seriam irremediáveis. Portanto, não digamos muito depressa, ou muito categoricamente, como Charles Seignobos o sustentava um dia (1938) numa discussão amigável com o autor dessas linhas, que não há civilização francesa sem uma burguesia, o que Jean Cocteau[11] traduziu à sua maneira: "... A burguesia é a maior cepa de França... Há uma casa, uma lâmpada, uma sopa, lareira, vinho, cachimbos, por traz de toda obra importante entre nós". E entretanto, como as outras, a civilização francesa pode, a rigor, mudar de suporte social, ou criar um novo. Perdendo tal burguesia, ela pode mesmo ver crescer uma outra. Quando muito mudaria, nessa experiência, de cor em relação a si mesma, mas conservaria quase todos os seus matizes ou originalidade em relação à outras civilizações;

---

11. "Le Coq et l'Arlequin", in *Le Rappel à l'ordre*, Paris, 1926, 7ª ed., p. 17.

persistiria, em suma, na maior parte de suas "virtudes" e de seus "erros". Pelo menos, eu o imagino...

Em suma, para quem aspira à inteligência do mundo atual e, com maior razão, para quem aspira inserir nele uma ação, é uma tarefa "compensadora" saber discernir, no mapa do mundo, as civilizações hoje estabelecidas, fixar-lhes os limites, determinar-lhes os centros e periferias, as províncias e o ar que ai se respira, as "formas" particulares e gerais que aí vivem e aí se associam. Do contrário, quantos desastres ou equívocos em perspectiva! Em cinquenta, em cem anos, até mesmo em dois ou três séculos, essas civilizações ainda estarão, segundo toda probabilidade, mais ou menos no mesmo lugar sobre o mapa do mundo, quer os azares da História as tenham, ou não, favorecido, dando tudo na mesma coisa, aliás, como diz a sabedoria dos economistas, e salvo evidentemente se a humanidade, nesse ínterim, não tiver se suicidado, como infelizmente ela tem, desde hoje, os meios de fazê-lo.

Assim, nosso primeiro gesto é crer na heterogeneidade, na diversidade das civilizações do mundo, na permanência, na sobrevivência de seus personagens, o que importa em colocar na primeira ordem do atual esse estudo de reflexos adquiridos, de atitudes sem grande flexibilidade, de hábitos firmes, de gostos profundos que só uma história lenta, antiga, pouco consciente (como esses antecedentes que a psicanálise situa no âmago dos comportamentos do adulto) explica. Seria preciso que nos interessassem por isso desde a escola, mas cada povo sente demasiado prazer em examinar-se no seu próprio espelho, com exclusão dos outros. Na verdade, esse precioso conhecimento continua sendo pouquíssimo comum. Obrigaria a considerar fora da propaganda, válida somente, e ainda, a curto termo – todos os graves problemas das relações culturais, essa necessidade de encontrar, de civilização para civilização, linguagens aceitáveis que respeitem e favoreçam posições diferentes, pouco redutíveis umas às outras.

O lugar da França. – Ontem, a França foi essa linguagem aceitável; ela o permanece ainda hoje. Foi o "helenismo moderno" (Jacques Berque) do mundo muçulmano, ontem. Foi a educadora de toda a América Latina – a outra América, também tão atraente. Na África, o que quer que se diga, ela foi, ela remanesce uma luz eficaz. Na Europa, a única luz comum: uma viagem à Polônia, ou à Romênia, o prova de sobejo; uma viagem a Moscou ou a Leningrado o prova devidamente. Podemos ser ainda uma necessidade do mundo, se o mundo quer viver sem se destruir, se compreender, sem se irritar. A longuíssimo termo, esse futuro permanece nossa oportunidade, quase nossa razão de ser. Mesmo se os políticos com olhos de míope sustentam o contrário.

Permanência da unidade e da
diversidade através do mundo

No entanto, todos os observadores, todos os viajantes, entusiastas ou enfadonhos, nos falam da uniformização crescente do mundo. Apressemo-nos em viajar antes que a terra tenha o mesmo aspecto em toda a parte! Aparentemente, não há nada a responder a esses argumentos. Ontem, o mundo abundava em pitoresco, em matizes; hoje, todas as cidades, todos os povos se assemelham de uma certa maneira: o Rio de Janeiro está invadido há mais de vinte anos pelos arranha--céus; Moscou faz pensar em Chicago; por toda parte, aviões, caminhões, automóveis, ferrovias, fábricas; os costumes locais desaparecem, uns após os outros... Entretanto, para além das constatações evidentes, não é cometer uma série de erros bastante graves? O mundo de ontem já tinha suas uniformidades; a técnica – e é dela que se vê por toda parte a feição e a marca – não é seguramente senão um elemento da vida dos homens, e, sobretudo, não nos arriscamos, uma vez mais, a confundir *a* e *as* civilizações?

A terra não cessa de se encolher e, mais do que nunca, eis os homens "sob um mesmo teto" (Toynbee), obrigados a viver juntos, uns sobre os outros. Nessas aproximações devem partilhar bens, utensílios, talvez mesmo certos preconceitos comuns. O progresso técnico multiplicou os meios ao serviço dos homens. Por toda parte *a* civilização oferece seus serviços, seus estoques, suas mercadorias diversas. Oferece-os sem dá-los sempre. Se tivéssemos diante dos olhos um mapa da distribuição das grandes fábricas, dos altos fornos, das centrais elétricas, amanhã, das usinas atômicas, ou ainda, um mapa do consumo no mundo, dos produtos modernos essenciais, não haveria dificuldade em constatar que essas riquezas e que esses utensílios são muito desigualmente repartidos entre as diferentes regiões da Terra. Há, aqui, os países industrializados, e ali, os subdesenvolvidos que tentam modificar sua sorte com maior ou menor eficácia. *A civilização não se distribui igualmente.* Ela espalhou possibilidades, promessas, suscita cobiças, ambições. Na verdade, instaurou-se uma corrida, que terá seus vencedores, seus alunos médios, seus perdedores. Abrindo o leque das possibilidades humanas, o progresso ampliou assim a gama das diferenças. Todo o pelotão se reagruparia se o progresso fizesse alto: essa não é a impressão que ele dá. De fato, só as civilizações e as economias competitivas estão na corrida.

Em resumo, se há efetivamente, uma inflação *da* civilização, seria pueril vê-la, para além de seu triunfo, eliminando as civilizações diversas, esses verdadeiros personagens, sempre no lugar, e dotados de longa vida. São eles que, a propósito do progresso, iniciam a corrida, carregam sobre os ombros o esforço a realizar, atribuem-lhe ou não um sentido. Nenhuma civilização diz *não* ao conjunto desses novos bens, mas cada uma lhe dá uma significação particular. Os arranha-céus de Moscou não são os *buildings* de Chicago. Os fornos improvisados e os altos fornos da China popular não são, analisadas as semelhanças, os altos fornos de nossa Lorena ou os do Brasil de Minas Gerais ou de Volta Redonda. Há o contexto humano, social, político, até mesmo, místico. O utensílio significa muito, mas o operário também significa muito, e a obra, bem como o ânimo que se põe ou que não se põe nisso. Seria preciso ser cego para não sentir o peso dessa transformação maciça do mundo, mas não é uma transformação onipresente e, lá onde ela se realiza, é sob formas, com uma amplitude e uma ressonância humana raramente semelhantes. Isto equivale a dizer que a técnica não é tudo, coisa que um país velho como a França sabe, demasiado bem sem dúvida. O triunfo *da* civilização no singular, não é o desastre dos plurais. Plurais e singular dialogam, se juntam e também se distinguem, por vezes a olho nu, quase sem que haja necessidade de ser atento. Nos caminhos intermináveis e vazios do Sul argelino, entre Laghouat e Ghardaia, guardei a lembrança daquele motorista árabe que, nas horas prescritas, freava seu ônibus abandonava os passageiros a seus pensamentos e levava a cabo, a alguns metros deles, suas preces rituais...

Essas imagens, e outras, não valem como demonstração. Mas a vida é muitas vezes contraditória: o mundo é violentamente impelido para a unidade; ao mesmo tempo, permanece fundamentalmente dividido. Já era assim ontem: unidade e heterogeneidade coabitavam, valha isso o que valer. Para inverter o problema por um instante, assinalemos essa unidade de outrora que tantos observadores negam tão categoricamente, quanto afirmam a unidade de hoje. Pensam que ontem, o mundo estava dividido contra si próprio pela imensidade e a dificuldade das distâncias: montanhas, desertos, extensões oceânicas, escarpas florestais constituíam outras tantas barreiras reais. Nesse universo dividido, a civilização era forçosamente diversificada. Sem dúvida. Mas o historiador que se volta para essas idades passadas, se estende seus olhares ao mundo inteiro, não deixará ele de perceber as semelhanças espantosas, ritmos muito análogos a milhares de léguas de distância. A China dos Ming, tão cruelmente aberta às guerras da Ásia, está mais próxima da França dos Valois, seguramente, que a China de Mao Tse--tung o está da França da V República. Não esqueçamos, ademais, que mesmo nessa época, as técnicas viajam. Os exemplos seriam inumeráveis. Na verdade, o homem permanece sempre prisioneiro de um limite, do qual não se evade quase. Esse limite, variável no tempo, é sensivelmente o mesmo, de uma ponta a outra da terra, e é ele que marca com seu selo uniforme todas as experiências humanas, qualquer que seja a época considerada. Na Idade Média, ainda no século XVI, a mediocridade das técnicas, dos utensílios, as máquinas, a raridade dos animais domésticos reduzem toda a atividade ao próprio homem, às suas forças, a seu trabalho; ora, o homem, também ele, por toda parte, é raro, frágil, de vida miserável e curta. Todas as atividades, todas as civilizações se desdobram assim num domínio estreito de possibilidades. Essas coerções envolvem toda aventura, restringem-na de antemão, lhe dão, em profundidade, um ar de parentesco através do espaço e tempo, pois o tempo foi lento no deslocamento desses obstáculos.

Justamente, a revolução, a conturbação essencial do tempo presente, é o estouro desses "invólucros" antigos, dessas múltiplas coerções. A essa conturbação nada escapa. É *a* nova civilização, e ela põe à prova todas as civilizações.

As revoluções que definem o tempo presente

Mas, entendamo-nos sobre esta expressão: o tempo presente. Não julguemos esse presente pela escala de nossas vidas individuais, como essas fatias diárias, tão delgadas, insignificantes, translúcidas, que representam nossas existências pessoais. Na escala das civilizações e mesmo de todas as construções coletivas, precisamos servir-nos de outras medidas para compreendê-las ou atingi-las. O presente da civilização de hoje é essa enorme massa de tempo cuja aurora se marcaria com o século XVIII e cuja noite ainda não está próxima. Por volta de 1750, o mundo com suas múltiplas civilizações, se envolveu numa série de conturbações, de catástrofes em cadeia (elas não são o apanágio somente da civilização ocidental). Estamos nisso ainda hoje.

Essa revolução retomada, essas perturbações repetidas, não é apenas a revolução industrial, é também uma revolução científica (mas que toca tão-somente às ciências objetivas, enquanto as ciências do homem não tiverem encontrado seu verdadeiro caminho de eficácia), uma revolução biológica enfim, de causas múltiplas, mas de resultado evidente, sempre o mesmo: uma inundação humana como o planeta jamais viu. Logo mais, três bilhões de seres humanos: eram apenas 300 milhões em 1400.

Se ousamos falar de movimento da História, há de ser, ou alguma vez, a propósito dessas marés conjugadas, onipresentes. O poder material do homem levanta o mundo, levanta o homem, arranca-o a si mesmo, empurra-o para uma vida inédita. Um historiador habituado a uma época relativamente próxima – o século XVI por exemplo – tem a sensação, desde o século XVIII, de abordar um planeta novo. Justamente, as viagens aéreas da atualidade nos habituaram à falsa ideia de limites intransponíveis, que se transpõem um belo dia: o limite da velocidade do som, o limite de um magnetismo terrestre que envolveria a Terra a 8.000 km de distância. Tais limites, povoados de monstros, cortaram ontem, no fim do século XV, o espaço a conquistar do Atlântico... Ora, tudo se passa como se a humanidade, nem sempre se apercebendo disso, houvesse franqueado, a partir do século XVIII até nossos dias, uma dessas zonas difíceis, uma dessas barreiras que, aliás, ainda se erguem diante dela, nesta ou naquela parte do mundo. O Ceilão acaba apenas de conhecer, com as maravilhas da medicina, a revolução biológica que agita o mundo, em suma, o prolongamento miraculoso da vida. Mas a queda da taxa de natalidade, que em geral acompanha essa revolução, ainda não tocou a ilha, onde essa taxa permanece muito alta, natural, no seu *maximum*... Esse fenômeno reaparece em muitos países, tais como a Argélia. Somente agora, a China efetua sua verdadeira entrada, maciça, na vida industrial. Enquanto isso, nosso próprio país nela se entranha com ímpeto.

É necessário dizer que esse novo tempo rompe com os velhos ciclos e os hábitos tradicionais do homem? Se me ergo tão fortemente contra as ideias de Spengler ou de Toynbee, é porque elas reduzem obstinadamente a humanidade às suas horas antigas, prescritas, ao já visto. Para aceitar que as civilizações de hoje repetem o ciclo da dos Incas, ou de outra qualquer, é preciso ter admitido, previamente, que nem a técnica, nem a economia, nem a demografia têm grande coisa a ver com as civilizações.

De fato, o homem muda de aspecto. A civilização, as civilizações, todas as nossas atividades, as materiais, as espirituais, as intelectuais, são afetadas com isso. Quem pode prever o que serão amanhã o trabalho do homem e seu estranho companheiro, o lazer do homem? o que será sua religião, presa entre a tradição, a ideologia, a razão? quem pode prever o que se tornarão, para além das fórmulas atuais, as explicações da ciência objetiva de amanhã, ou a feição que tomarão as ciências humanas, ainda hoje, na infância?

Para além das civilizações

No amplo presente ainda em devir, uma enorme "difusão" está portanto em obra. Ela não mistura apenas o jogo antigo e calmo das civilizações umas em relação às outras; mistura o jogo de cada uma em relação a si mesma. Essa difusão, nós ainda a chamamos, em nosso orgulho de ocidentais, a irradiação de nossa civilização sobre o resto do mundo. Só se pode excetuar dessa irradiação, ao que dizem os especialistas, os indígenas do centro da Nova Guiné, ou os do leste himaláio. Mas essa difusão em cadeia, se o Ocidente foi seu animador, escapa-lhe doravante, ao que tudo evidencia. Essas revoluções existem agora fora de nós. São a vaga que aumenta desmesuradamente a civilização básica do mundo. O tempo presente é, antes de tudo, essa inflação da civilização e, parece, a desforra, cujo termo não se percebe, do singular sobre o plural.

Parece. Porque – já o disse – essa nova coação ou essa nova liberação, em todo caso, essa nova fonte de conflitos e essa necessidade de adaptações, se atingem o mundo inteiro, provocam nele movimentos muito diversos. Imaginam-se sem esforço, as conturbações que a brusca irrupção da técnica e de todas as acelerações por ela acarretada, pode engendrar no jogo interno de cada civilização, no interior de seus próprios limites, materiais ou espirituais. Mas esse jogo não é claro, varia a cada civilização e, cada uma, em face dele, sem o querer, por causa de realidades muito antigas e resistentes, porque elas são a sua própria estrutura, cada uma se vê colocada numa posição particular. É do conflito – ou da harmonia entre atitudes antigas e necessidades novas – que cada povo faz diariamente seu destino, sua "atualidade".

Que civilizações domarão, domesticarão, humanizarão a máquina e também essas técnicas sociais de que falava Karl Mannheim no prognóstico lúcido e sábio, um pouco triste, que arriscou em 1943, essas técnicas sociais que o governo das massas necessita e provoca, mas que, perigosamente, aumentam o poder do homem sobre o homem? Essas técnicas estarão a serviço de minorias, de tecnocratas, ou a serviço de todos e, portanto, da liberdade? Uma luta feroz, cega, inicia-se sob diversos nomes, em diversas frentes, entre as civilizações e a civilização. Trata-se de subjugar, de canalizar esta, de lhe impor um humanismo novo. Nessa luta de uma amplitude nova – não mais se trata de substituir por um golpe de mão, uma aristocracia por uma burguesia, ou uma burguesia antiga por uma quase nova, ou muitos povos insuportáveis por um Império sábio e moroso, ou então, uma religião que se defenderá sempre por uma ideologia universal – nessa luta sem precedentes, muitas estruturas culturais podem rebentar, e todas ao mesmo tempo. A comoção ganhou as grandes profundezas e todas as civilizações, as muito antigas ou, antes, as mais gloriosas, com casas que dão para as grandes avenidas da História, e igualmente as mais modestas.

Desse ponto de vista, o espetáculo atual mais excitante para o espírito é, sem dúvida, o das culturas "em trânsito" da imensa África Negra, entre o novo Oceano Atlântico, o velho Oceano Indico, o velhíssimo Saara e, para o Sul, as massas primitivas da floresta equatorial. Que essas civilizações sejam "culturas", no sentido de P. Bagby, explica, de passagem, que nem Spengler, nem Toynbee, nem Alfred Weber, nem Félix Sartiaux, nem o próprio Philip Bagby não nos tenham falado delas. O mundo das "verdadeiras" civilizações tem essas exclusões... Essa África Negra sem dúvida, para uma vez mais reduzir tudo à difusão, perdeu suas antigas relações com o Egito e com o Mediterrâneo. Em direção ao Oceano Índico se elevam altas montanhas. Quanto ao Atlântico, esteve longo tempo vazio e foi preciso, após o século XV, que a imensa África oscilasse em sua direção para acolher suas dádivas e seus malefícios. Mas hoje, há alguma coisa mudada na África Negra: é, ao mesmo tempo, a intrusão das máquinas, a instalação dos ensinos, o surto de verdadeiras cidades, uma messe de esforços passados e presentes, uma ocidentalização que abriu amplas brechas, ainda que ela não tenha por certo penetrado até as medulas: os etnógrafos enamorados da África Negra, como Marcel Griaule, bem o sabem. Mas a África Negra tornou-se consciente de si mesma, de sua conduta, de suas possibilidades. Em que condições essa passagem se opera, à custa de que sofrimentos, também com que alegrias, vocês o saberão dirigindo-se para lá. De fato, se eu tivesse que procurar uma melhor compreensão dessas difíceis evoluções culturais, em lugar de tomar como campo de batalha os últimos dias de Bizâncio, partiria para a África Negra. Com entusiasmo.

Rumo a um humanismo moderno. – Na verdade, teríamos hoje necessidade de uma nova, de uma terceira palavra, afora cultura e civilização, das quais, uns ou outros, não mais queremos fazer uma escala de valores? Nessa metade do século XX, temos insidiosamente necessidade, como o século XVIII em seus meados, de uma palavra nova para conjurar perigos e catástrofes possíveis, dizer nossas esperanças tenazes. Georges Friedmann, e ele não é o único, nos propõe a de humanismo moderno. O homem, a civilização, devem superar a intimação da máquina, mesmo da maquinaria – a automatização – que arrisca condenar o homem aos lazeres forçados. Um humanismo é uma maneira de esperar, de querer que os homens sejam fraternais uns com respeito aos outros e que as civilizações, cada uma por sua conta, e todas juntas, se salvem e nos salvem. É aceitar, é desejar que as portas do presente se abram amplamente para o futuro, para além das falências, dos declínios, das catástrofes que estranhos profetas predizem (todos os profetas dependem da literatura macabra). O presente não poderia ser essa linha de parada que todos os séculos, pesados de eternas tragédias, veem diante de si como um obstáculo, mas que a esperança dos homens não cessa, desde que há homens, de franquear

BIBLIOGRAFIA

BAGBY, Philip. *Culture and History.* Londres, 1958.
BRUNNER, Otto. *Neue Wege der Sozialgeschichte.* Göttingen, 1956.
CHAPPEY, Joseph. *Histoire de la Civilisation en Occident.* 1, *La crise de l'histoire et la mort des civilisations* Paris, 1958.
COURTIN, René. *La civilisation économique du Brésil.* Paris, 1952.
CUVILLIER, Armand. *Manuel de Sociologie,* t. II. Paris, 1954.
DUBY, Georges e MANDROU, Robert. *Histoire de la civilisation française.* Paris, 1958.
FREYER, Hans. *Weltgeschichte Europas.* t. II, Stuttgart, 1954.

HISTÓRIA NA PERSPECTIVA

Nova História e Novo Mundo
    Frédéric Mauro (D013)
História e Ideologia
    Francisco Iglesias (D028)
A Religião e o Surgimento do Capitalismo
    R. H. Tawney (D038)
1822: Dimensões
    Carlos Guilherme Mota (D067)
Economia Colonial
    J. R. Amaral Lapa (D080)
Do Brasil à América
    Frédéric Mauro (D108)
História, Corpo do Tempo
    José Honório Rodrigues (D121)
Magistrados e Feiticeiros na França do Século XVII
    Robert Mandrou (D126)
Escritos sobre a História
    Fernand Braudel (D131)
Escravidão, Reforma e Imperialismo
    Richard Graham (D146)
Testando o Leviathan
    Antonia Fernanda Pacca de Almeida Wright (D157)
Nzinga
    Roy Glasgow (D178)
A Industrialização do Algodão em São Paulo
    Maria Regina C. Mello (D180)
Hierarquia e Riqueza na Sociedade Burguesa
    Adeline Daumard (D182)
O Socialismo Religioso dos Essênios
    W. J. Tyloch (D194)
Vida e História
    José Honório Rodrigues (D197)
Walter Benjamin: A História de uma Amizade
    Gershom Scholem (D220)
De Berlim a Jerusalém
    Gershom Scholem (D242)
O Estado Persa
    David Asheri (D304)
Falando de Idade Média
    Paul Zumthor (D317)
Nordeste 1817
    Carlos Guilherme Mota (E008)
Cristãos Novos na Bahia
    Anita Novinsky (E009)
Vida e Valores do Povo Judeu
    Unesco (E013)
História e Historiografia do Povo Judeu
    Saio W. Baron (E023)

O Mito Ariano
    Léon Poliakov (E034)
O Regionalismo Gaúcho
    Joseph L. Love (E037)
Burocracia e Sociedade no Brasil Colonial
    Stuart B. Schwartz (E050)
De Cristo aos Judeus da Corte
    Léon Poliakov (E063)
De Maomé aos Marranos
    Léon Poliakov (E064)
De Voltaire a Wagner
    Léon Poliakov (E065)
A Europa Suicida
    Léon Poliakov (E066)
Jesus e Israel
    Jules Isaac (E087)
A Causalidade Diabólica I
    Léon Poliakov (E124)
A Causalidade Diabólica II
    Léon Poliakov (E125)
A República de Hemingway
    Giselle Beiguelman (E137)
Sabotai Tzvi: O Messias Místico I, II, III
    Gershom Scholem (E141)
Os Espirituais Pranciscanos
    Nachman Falbel (E146)
Mito e Tragédia na Grécia Antiga
    Jean-Pierre Vernant e Pierre Vidal-Naquet (E163)
A Cultura Grega e a Origem do Pensamento Europeu
    Bruno Snell (E168)
O Anti-Semitismo na Era Vargas
    Maria Luiza Tucci Carneiro (E171)
Jesus
    David Flussser (E176)
Em Guarda Contra o "Perigo Vermelho"
    Rodrigo Sá Motta (E180)
O Preconceito Racial em Portugal e Brasil Colônia
    Maria Luiza Tucci Carneiro (E197)
A Síntese Histórica e a Escola dos Anais
    Aaron Guriêvitch (E201)
Nazi-tatuagens: Inscrições ou Injúrias no Corpo Humano?
    Célia Maria Antonacci Ramos (E221)
1789-1799: A Revolução Francesa
    Carlos Guilherme Mota (E244)
História e Literatura
    Francisco Iglesias (E269)
A Descoberta da Europa pelo Islã
    Bernard Lewis (E274)
Tempos de Casa-Grande
    Silvia Cortez Silva (E276)
O Mosteiro de Shaolin
    Meir Shahar (E284)
Notas Republicanas
    Alberto Venancio Filho (E288)
A Orquestra do Reich
    Misha Aster (E310)
Eros na Grécia Antiga
    Claude Calame (E312)
A Revolução Holandesa: Origens e Projeção Oceânica
    Roberto Chacon de Albuquerque (E324)
A Mais Alemã das Artes
    Pamela Potter (E327)
Mistificações Literárias: "Os Protocolos dos Sábios de Sião"
    Anatol Rosenfeld (EL003)
O Pequeno Exército Paulista
    Dalmo de Abreu Dallari (EL011)
Galut
    JtzhackBae r(EL015)
Diário do Gueto
    Janusz Korczak (EL044)
Xadrez na Idade Média
    Luiz Jean Lauand (EL047)
O Mercantilismo
    Pierre Deyon (K001)
Florença na Época dos Mediei
    Alberto Tenenti (K002)

O Anti-Semitismo Alemão
  Pierre Sorlin (K003)
Os Mecanismos da Conquista Colonial
  Ruggiero Romano (K004)
A Revolução Russa de 1917
  Marc Ferro (K005)
A Partilha da África Negra
  Henri Brunschwig (K006)
As Origens do Fascismo
  Robert Paris (K007)
A Revolução Francesa
  Alice Gérard (K008)
Heresias Medievais
  Nachman Falbel (K009)
Armamentos Nucleares e Guerra Fria
  Claude Delmas (K010)
A Descoberta da América
  Marianne Mahn-Lot (K011)
As Revoluções do México
  Américo Nunes (K012)
O Comércio Ultramarino Espanhol no Prata
  Emanuel Soares da Veiga Garcia (K013)
Rosa Luxemburgo e a Espontaneidade Revolucionária
  Daniel Guérin (K014)
Teatro e Sociedade: Shakespeare
  Guy Boquet (K015)
A Revolução Espanhola 1931-1939
  Pierre Broué (K017)
Weimar
  Claude Klein (K018)
O Pingo de Azeite: A Instauração da Ditadura
  Paula Beiguelman (K019)
As Invasões Normandas: Uma Catástrofe?
  Albert D'Haenens (K020)
O Veneno da Serpente
  Maria Luiza Tucci Carneiro (K021)
O Brasil Filosófico
  Ricardo Timm de Souza (K022)

Schoá: Sepultos nas Nuvens
  Gérard Rabinovitch (K023)
Dom Sebastião no Brasil
  Marcio Honorio de Godoy (K025)
Espaço (Meta)Vernacular na Cidade Contemporânea
  Marisa Barda (K026)
Os Druidas
  Filippo Lourenço Olivieri (K027)
História dos Judeus em Portugal
  Meyer Kayserling (PERS)
A Alemanha Nazista e os Judeus, Volume 1: Os Anos da Perseguição, 1933-1939
  Saul Friedländer (PERS)
A Alemanha Nazista e os Judeus, Volume 2: Os Anos de Extermínio, 1939-1945
  Saul Friedländer (PERS)
Associações Religiosas no Ciclo do Ouro
  Fritz Teixeira de Salles (LSC)
Manasche: Sua Vida e Seu Tempo
  Nachman Falbel (LSC)
Em Nome da Fé: Estudos In Memoriam de Elias Lipiner
  Nachman Falbel, Avraham Milgram e Alberto Dines (orgs.) (LSC)
Inquisição: Prisioneiros do Brasil
  Anita Waingort Novinsky (LSC)
Cidadão do Mundo: O Brasil diante do Holocausto e dos Judeus Refugiados do Nazifascismo
  Maria Luiza Tucci Carneiro (LSC)

Este livro foi impresso na cidade de Cotia,
nas oficinas da Meta Brasil,
para a Editora Perspectiva.